# 歷代聖哲所講論之心學述要

朱維煥 述要

臺灣學生書局印行

# 自序

我華族歷代聖哲之論道講學，大多著落於生命之實踐。論生命之實踐於生活，就所著落於生活之客觀領域言之，實遍及於政治、社會、經濟、教育、人倫、價值、自然、……各層面；所表現者，則千頭萬緒，變化莫測，蓋極其駁雜故也。自所呈現於生命之主觀作用言之，則一方面順是以分判其功能，廓清其層次；一方面反省以體現其本源，而安立一主宰義之「心」。

駁雜之生命實踐，所呈現其生命主觀作用之本源，所謂主宰義之「心」者，既經先聖先哲之功能分判，層次廓清；至於近代，復與西方學術之相互對照，於是，通體達用之架構，乃豁然明朗，即：

㈠、心理反應、生理要求、生物本能諸行爲，屬於感性作用一層次。

㈡、抽象化、概念化；分析、比較、推理、歸納、判斷諸思惟，屬於知性作用一層次。

㈢、穎悟事理、契會天道、涵攝萬物、實踐價值諸能力，屬於悟性作用一層次。

先聖先哲對駁雜之生命實踐，主觀作用之功能逐漸分判，層次逐漸廓清；在此歷史行程中，亦同步相應反省體現其本源、所謂「心」之性質、內容，（包涵功能）而完成其開拓，即：

㈠、相應感性行爲一層次，則於「心」之內容，亦屬感性作用一層次，其性質乃屬實然性作用者。

㈡、相應知性思惟一層次，則於「心」之內容，亦屬知性作用一層次，其性質及屬純粹理性作用者。

㈢、相應悟性能力一層次，則於「心」之內容，亦屬悟性作用一層次，其性質有屬純粹悟性作用者，有屬價値實踐作用者。

「心」之性質、內容（包涵功能）之反省、體現，既與生命實踐主觀作用之功能分判、層次廓清同步完成；至於「心」之作用實現於生命實踐，如果就不同層次分解言之：

㈠、「心」之感性作用層，每爲不自覺之直覺反應於感性行爲。

㈡、「心」之知性作用層，則轉出「意識」作用，自覺運用於思惟。

㈢、「心」之悟性作用層，或超自覺之直覺實現於純粹悟性能力。或超自覺之直覺實現價値實踐能力。（此段諸義，參見本書第六章）

如果總不同層次綜合言之，「心」之實現，實爲一整全之作用，唯方其隨乎機宜特顯某一層次之作用爲涵蓋原則，其他各層次之作用，亦莫不相機而應焉，以投注於其客觀之領域。夫各層次作用之或寂而藏，或作而用，莫不闔闢自如，至「靈」焉，故可以謂之「心靈」。

我華族多少先聖先哲，自原始洪荒，經歷百千歲月，竭盡無限心智，以反省體現此生命實踐之本源——「心靈」；並各依其自己學術、宗教之性格，開發其獨特之內容，（包涵功能）貞定其稟賦之性質。由是，牟宗三先生則依據各家之不同學術、宗教性格，所開拓不同內容、(包涵功能)不同性質之「心靈」，並會通西方學術所呈現之「心智」，判釋先聖先哲所反省、體現之「心靈」，爲下列諸家數：(參見本書、第六章)

㈠、儒家所反省、體現者爲「道德心」，此屬於悟性層之價値實踐能力。

㈡、道家所反省、體現者爲「道心」，此屬於悟性層之價値實踐能力。

㈢、佛家所反省、體現者爲「佛心」，其中華嚴宗、天臺宗、禪宗所反省、體現者，相當屬於悟性層之價値實踐能力。(唯識宗之前六識，相當於知性層、感性層之作用)

㈣、藝術家所透顯之「藝術心靈」，此屬於悟性層之純粹悟性能力。

㈤、政治家所透顯之「政治心靈」，此屬於知性層之純粹理性作用。

以上諸家數所分別反省、體現或透顯者，雖各有其內容、(包涵功能)性質之獨特涵義。然而，復經牟宗三先生之判釋、會通，則「心靈」唯一。故統體言之，牟宗三先生已爲人類開拓一致其廣大、極其玄深、且盡其精微之「心靈宇宙」。

夫儒家所反省，體現之「道德心」，道家所反省、體現之「道心」，佛家所反省、體現之「佛心」，由於各有其學術或宗教之性格所規定；且各有其獨特之「心靈宇宙」，斯爲絕對性、價値性之境界，足以爲其精神所遨遊；故其主宰生命實踐，即在實踐價値於生活，因是，其具體生活，自能由現實化、世俗化之層次自我超昇，以臻於「善」之高格。藝術家所透顯之「藝術心靈」，亦屬悟性作用一層次，所以觀照自然景象，人間情態，以鑄造其意境，而使自然景象、人間情態，呈現「美」之神韻。政治家所透顯之「政治心靈」，則屬知性作用一層次，所以運用於制定客觀之法律，規範社會之行爲；且對國民之權利與義務，加以規定，使於政治上成爲有限之存在，然後能各安其位，各盡其分，共遵「法」之秩序。

然而，「心靈」之呈現自己，以實踐爲具體化之價值行爲，必須通過生命之氣質層之持載，始得具體化。而「氣質」隨各個體生命之差異，而或厚、或薄、或清、或濁、……因而，其持載價值行爲之實踐，亦難免有不同程度之夾雜，以致其價值行爲，難於達到至純至粹之境地。於是，不論儒家、道家、佛家之講論價值實踐，皆必須重視修養功夫，即如何變化其氣質、消融其夾雜？以期價值實踐於氣質之持載中，能降低夾雜、減少滯礙；達到如理如分以實踐之。至於藝術家之藝術創作，政治家之政治行爲，亦須視其消融氣質夾雜、滯礙之程度，始能提高其境界。（氣質之持載作用與變化氣質，乃宋明理學家所講論之主題之一。參見本書、第三章）

凡此者，二千多年以來，聖聖哲哲之論論講講，已成一門學問，是爲「心學」，即「心靈學問」。

本書原爲筆者多年以來之讀書札記，然後整理成書。蓋選擇我華族自孔子以下，對「心靈學問」獨有慧悟所載錄之典籍，⑴、參照上文所述牟宗三先生所分判之諸家數，略作增減調整，安排爲第二章、第三章、第四章、第五章、計四章，以及其屬之諸節、目；分別以「性質」、「內容」、（包涵功能）「修養」爲綱領；首先選取原始資料爲論據，然後如實述敘介紹之。⑵、第六章，則專收牟宗三先生之宏論，蓋牟宗三先生遍釋諸家數之義旨，分別予以定性、定位、定分；並綜合諸家數之義旨，而完成爲人類開拓「心靈宇宙」之偉構，自成一家之言。故爲之單獨設立一章，下分節、目；亦以「性質」、「內容」、（包涵功能）「修養」

爲綱領，亦選取牟宗三先生大著宏論以爲依據，然後如實述敘介紹之。是以本書之主旨，即在述介我華族歷代聖哲所講論之「心靈學問」之要義。庶幾探討諸家數之先聖先哲、對人類「心靈宇宙」於開拓過程中、所展示之各層面特殊涵義與貢獻，以及終於完成之全體宏富大觀。緣是，亦所以瞻仰先聖先哲於躬行實踐所啓示之內蘊精神光輝，上契天地化道，外開人間德業；以爲人類建設之「參贊化育」之義理途徑。至於義有未諦、辭有未盡，則爲筆者之過。是爲序。

中華民國八十四年、九月，朱維煥自序於臺中市

# 歷代聖哲所講論之「心學」述要 目錄

# 第一章　引言

我華族大概自三千年以前，即已認知一「心」之觀念，是爲生命之主宰。歷代繼起之聖哲，又復講之論之，至於如今，已發展成爲一門豐富而輝煌之學問。

東漢、許慎、說文解字、第五〇六頁，❶「心」字條下，曰：「心，人心，土臧也。在身之中，象形。」高鴻縉先生、中國字例、第二篇、象形、第一三〇頁，❷「心」字條下、曰：「按字本心肺之心，而其用恆爲心思之心。心肺之心，爲循環系之中樞；心思之心，爲神經系之中樞。二者截然不同，古人不知，昧爲一事，後人習用，視爲固然。」又據高鴻縉先生、中國字例、第二篇、象形、第一三〇頁，「心」字條下所示，「心」字最早出現西周初年之鐘鼎文。綜上諸端，可知：①、「心」，自西周初年之鐘鼎文中出現時，其本意應是指稱生理學之器官「心臟」而言。②、以後，則引申以形容心理學之官能「心思」而言。孟

---

❶ 見段玉裁、許慎、說文解字、註，臺北市、黎明文化事業股份有限公司出版，民國八十一年、十月、九版。

❷ 高鴻縉先生、中國字例，臺北市、三民書局印行，民國七十九年、八月、八版。

子、告子篇、上、第一七〇頁，❸曰：「心之官則思。」即屬此一意義。夫古人以爲「心思」乃屬心官之作用。其作用每爲神而明之之「靈」，故曰：「心靈」。

心之思既至靈，而內在於生命爲主宰，以主宰生命之活動；則生命活動之歷程，有源有委，有秩有序。

「心靈」既言乎「心官」作用之最靈者，而「心官」之作用，可能出自不自覺之本能反應，亦可能表現爲自覺之思惟活動、以及超自覺之價值實踐。不自覺之本能反應姑勿論之。自覺之思惟活動，以及超自覺之價值實踐，每每於生活上指導其言行，及其一旦表現於人間社會，則必須接受價值判斷。我華族之先聖先哲，則善於執持其價值觀，以判斷其言行之價值，並反以規定「心官」之性質、內容。（包涵功能）當然，「心官」之思惟活動、價值，實踐，至爲複雜，而先聖先哲所反以規定者，僅爲各取其某一層面而已。亦即就其所取之某一層面，判斷其性質，開發其內容，（包涵功能）並建設其規範，庶幾「心官」之思惟活動、價值實踐，得以有所遵循。繼之，爲求複雜之思惟活動、價值實踐，有所澄滌駁雜，臻於純淨之境，於是乃復提示其修養之功夫。

不過，先聖先哲所取於「心官」之某一層面，以判斷其性質，開發其內容；（包涵功能）至於對待「心官」既爲所取之某一層面以外之其他層面，以其各具性質，各涵內容，（包涵功能）各備作用，故於不相排斥之狀況下，則亦涵攝之、消融之，以期對於所取之某一層面，

❸ 見朱熹、四書集註、孟子集註，臺北市、世界書局印行，民國五十八年、十月、十五版。

有所提昇其作用，擴大其內容，(包涵功能)而極成其性質。

「心官」唯一，先聖先哲各取其某一層面，並涵攝、消融其他層面，以各成就其爲一無限之整全，並呈現其最「靈」之作用。

# 第二章　先秦儒家所言之「心」

我華族之典籍，最善於反省「心靈」而作義理分解者，則有書經之大禹謨篇、第一四頁，❹其言曰：「人心惟危，道心惟微；惟精惟一，允執厥中。」大禹謨篇屬古文尚書，而今本古文尚書則出於後人所僞造。雖然，僞書不可盡信，但總算亦爲我華族之政治哲學智慧所表現者。至於其言之分解「心靈」爲「人心」與「道心」兩層次，可能爲戰國時代「人心觀」成熟以後所體悟者，（案：荀子、解蔽篇、第二六六頁，❺亦曰：「故道經曰：『人心之危，道心之微。』」）但對探討「心靈」之性質、內容，實具啓示之意義。可惜，由於其創作之時代，一時不能確定，是以不能作爲立論之依據。無奈，退而求其次。

「心」，自西周時代，已引申以稱心理學官能之「心思」，如詩經、小雅、巧言篇、第九六頁，❻曰：「他人有心，予忖度之。」此對「心」之作用，已作「心思」之綜稱解；

❹見蔡沈、書經集傳，臺北市、啓明書局景印，民國四十六年、十月、再版。
❺見王先謙、荀子集解，臺北市、世界書局印行，民國四十六年、十一月。
❻見朱熹、詩經集傳，臺北市、啓明書局景印，民國四十六年、十月、再版。

尚未至於作層次性、條理性之義理分解。

時至春秋時代之末期，孔子出，其言行大部分記載於可信度極高之論語。論語一書，主要者在指導踐「仁」，但亦提及「心」之觀念。孔子於論語中所言之「仁」，至精至純；所言之「心」，則猶滯於「綜稱」而已。

## 第一節　孔子所言之「仁」

記錄孔子之言行者，當以論語爲最直接之素材。論語中提及「心」者有三，即：論語、雍也篇、第三五頁，❼曰：「子曰：『回也，其心三月不違仁。其餘，則日月至焉而已矣。』」又，論語、憲問篇、第一〇三頁，曰：「子擊磬於衞，有荷蕢而過孔氏之門者，曰：『有心哉，擊磬乎！』既而曰：『鄙哉！硜硜乎！莫己知也，斯已而已矣！深則厲，淺則揭。』子曰：『果哉！末之難矣。』」又，論語、陽貨篇、第一二五頁，曰：「子曰：『飽食終日，無所用心，難矣哉！不有博奕者乎，爲之猶賢乎已！』」

綜觀大部分是記錄孔子言行之論語，其言「心」，不論是孔子之言，或爲荷蕢者所言，猶屬未經分解之綜稱形態。不過，論語既然是大部分記錄孔子之言行，而孔子則是一位道德理想主義者，故大部分記錄孔子言行之論語，自然彌綸一片道德意識。上引論語中三處出現

❼ 見朱熹、四書集註、論語集註。

之「心」，於彌綸一片道德意識之烘襯中，亦隨之而有道德意識之傾向；唯其仍然停留於未經分解之綜稱形態。是以「心」與「仁」未能合一，不得稱「仁心」，故未能透顯挺立爲「道德心靈」。

至於論語中之所以彌綸一片道德意識，實緣於孔子一生不論是論道或講學，皆以指點踐「仁」爲歸趣。茲就論語中記錄孔子所言之「仁」，略作述介。

### ㈠、孔子所言之「仁」之性質

論語、憲問篇、第一〇一頁，曰：「子曰：『……仁者不憂，知者不惑，勇者不懼。』……」

論語、里仁篇、第二〇頁、曰：「子曰：『不仁者，不可以久處約，不可以長處樂；仁者安仁，知者利仁。』」

論語、里仁篇、第二〇頁、曰：「子曰：『苟志於仁，無惡也。』」

論語、學而篇、第二頁、曰：「子曰：『巧言、令色，鮮矣仁！』」

論語、顏淵篇、第七九頁，曰：「司馬牛問『仁』，子曰：『仁者，其言也訒。』」

論語、子罕篇、第五五頁，曰：「子罕言利、與命、與仁。」（朱子、集註、曰：「……皆夫子所罕言也。」）

論語、公冶篇、第二六頁、曰：「孟武伯問『子路仁乎』？子曰：『不知也。』又問，子曰：『由也，千乘之國，可使治其賦也，不知其仁也。』『求也何如？』『求也，千室之邑，百乘之家，可使爲之宰也，不知其仁也。』『赤也何如？』子曰：『赤也，束帶立於朝，可使與賓客言也，不知其仁也。』」

(1)、孔子所言之「仁」，爲一體天道而有得之「仁道」——「天道」，天即是道，或合稱「天道」。「天道」，①、其體義，乃宇宙萬物化化生生之本源，宇宙萬物之化化生生皆出於天道。②、其規律義，即天道之運行，有其規律，宇宙萬物即遵循天運之規律，以化化生生。禮記、樂記、第二〇五頁、❽曰：「德者，得也。」體天道而有得，則爲其「德」，爲其「內容」。孔子所言之「仁」，即體天道而有得，是爲「仁道」，是爲「仁德」。孔子所言之仁，既是體天道而有得，如果準天道而申之，則，①、其體義，乃承天道爲化生萬物之本源，亦爲道德行爲之本源。②、其規律義，乃爲承天道運行之規律，而爲道德行爲之規律。是以仁道即是天道。

(2)、孔子所言之「仁」，爲一道德價值觀念——仁，既是體天道而有得之「德」，(義見上文)故爲「道德」。天道之化生萬物，通體達用，生機洋溢；價值上爲至善焉，亦至眞至美。體天道而有得之「仁」，亦以生機爲其義，爲其德，爲其內容；亦以至善爲規定，而至眞與至美屬焉。此以至善、至眞、至美爲規定，而具足暢旺生機義之仁，所以爲道德價值觀念。



---

❽ 見陳澔、禮記集說，臺北市、啓明書局景印，民國四十六、十月、再版。

我華族，道德價值觀念之發端甚早，例如，詩經、大雅、烝民篇、第一四五頁、即曰：「天生烝民，有物有則；民之秉彝，好是懿德。」至乎春秋後期之孔子，始於師徒相處指點踐「仁」之中，廣化、深化以盛言之。

孔子之教化，既在日常生活指點踐仁，其理想即在塑造具足道德價值人格之「仁者」。孔子之以教化塑造「仁者」人格，由於孔子迄未分解以透顯「道德心靈」，以作爲道德實踐之內在根據，故其教化，是以體天道而有得之「仁道」、「仁德」，建立一道德價值之精神規範，就日常生活隨機指點其實踐，庶幾受教者能於立身處世、待人接物之間，有所積善以成德，而超化其自己。

孔子於指點教化中，屢言「仁者」如何如何，「不仁者」如何如何。仁者與不仁者相對而舉，其所著落處，乃在「自然生命」。自然生命爲實然存在，其行爲，①、可能隨順情欲而恣縱，致爲「不仁者」。②、可能服從規範而循禮，成爲「仁者」。③、至於爲維持自然生命以滿足生理需求者，則勿論矣。孔子之指點「仁者」當如何如何，指點「不仁者」爲如何如何，蓋是非雙照也。是非雙照，所以教「仁者」所當爲所當守；亦所以使「不仁者」所當惕所當勵。是故，孔子所言之「仁」，爲一道德價值觀念，爲一道德價值判斷之標準；「仁者」、「不仁者」，即是依據此一道德價值標準，對人格所作之價值判斷。

(3)、孔子所言之「仁」，爲一道德精神境界——孔子所言之「仁」，既是體天道而有得之仁道，故仁道即是天道。天道之化生萬物，乃自然而渾然，唯見宇宙間一片欣欣向榮。仁道之潤澤蒼生，既著落於「自然生命」，其歸趣則在消融情欲與氣質，遵循理性與情誼，以呈現其道德精神境界。

論語、憲問篇、第一〇一頁、曰：「子曰：『……仁者不憂。』」但，論語、述而篇、第四一頁：曰「子曰：『德之不修，學之不講，聞義不能徙，不善不能改，是吾憂也。』」孔子既言「不憂」，又言「憂」。其實，孔子所憂者，乃屬千秋之基業，固當憂也。而仁者所不憂者，則指一時之得失。夫世事多變，境遇無常，斯亦天運之自然。仁者遵循天運，順應自然，故於一時之得失無所憂。正由於對一時之得失無所憂，故能凡事遵循天運，順應自然。天運之自然，所以化生萬物，仁者能凡事遵循之、順應之，仁者之精神與天運而自然之精神相應契矣。天運而自然以化生萬物爲道，仁者應契之以潤澤養生爲德，此仁者之「不憂」所呈現之道德精神境界。

仁者，其精神既與天運而自然之精神相應契，則其語默動靜，無不隨機隨緣，合理合度，風化所至，即潤澤所及。如果自反面言之，則無爲惡之事，無巧飾之容，無浮躁之辭。如論語、子罕篇、第五六頁之言：「子絕四：毋意，毋必，毋固，毋我。」蓋敞開胸懷，映照日月，不事而自然，是爲「仁者安仁」。

「仁者安仁」，蓋不事而自然。不事而自然，如天運之健行不已，無所限止。故孔子之教化，唯隨機勉人以行仁，從未以「仁」許人。是以論語、公冶篇、第二六頁，孔子答孟武伯之問，由也、求也、赤也，唯稱各有其才氣，而繼之則曰：「不知其仁也」。其實，仁者之所以爲仁者，其精神固然與天運之自然相應契。天運之自然，既在化育宇宙萬物，仁者之恩澤，亦當成就人間德業。故孔子所稱者，「由也，千乘之國，可使治其賦也」，「求也，千室之邑，百乘之家，可使爲之宰也」，「赤也，束帶立於朝，可使與賓客言也」，即示各具安邦定國之才氣，各皆爲仁者之所必涵。反之，如能掌握機緣，展現才氣，於人間社會成就安邦定國之德業，正足以充實「仁者」精神生命之內容。經此一番曲折過程，孔子雖未許之爲「仁」，卻是「仁者」之開拓其道德精神境界，所必須於人間社會所奠定之基礎。

## ㈡、孔子所言之「仁」之內容

論語、顏淵篇、第八五頁，曰：「樊遲問仁，子曰：『愛人。』」

論語、里仁篇、第二十頁，曰：「子曰：『唯仁者，能好人，能惡人。』」

論語、憲問篇、第九四頁，曰：「子曰：『……仁者必有勇，勇者不必有仁。』」

⑴、孔子所言之「仁」，其具體化實踐即是「愛」——「愛」，乃一心理行爲之行程，即關懷之，致力之，成就之。愛之行程，①、其直覺形態，每出於感情，或投注於物，或投注於人，或投注於家國天下；施之與受，每見感情之直接交流。②、其曲折形態，固然亦出於感情，然而，方其「致力」處，則必須發揮理性，轉出人間德業，建立所謂「外王」之道。如論語、爲政篇、第六頁、曰：「爲政以德」。論語、顏淵篇、第八三頁、曰：「政者，正也」。論語、子路篇、第八八頁、曰：「富之」，「教之」。論語、顏淵篇、第八〇頁、曰：「足食，足兵，民信之矣」。……即轉出政治、社會、經濟、教化、……之建設，以開發生命，造福人群，是爲「大愛」。

天地之化生萬物，其德無邊，即其愛無限；然而，物類不齊，其成長過程中，未必有合適之環境、充足之資源。因此，孔子所言之「仁」，既是體天道而有得之「仁道」。方其體天道而有得之時，即爲等天道之道德精神境界；方其具體實踐之時，則當營造合適之環境，供應充足之資源，以期各適其性，各遂其生。若是，不論是直覺形態之投注感情於個別對象，或爲曲折形態之經營人間德業，普澤蒼生，皆是「愛」，皆爲仁道所必涵。

(2)、孔子所言之「仁」，必須能好善惡惡——孔子所言之「仁」，既是體天道而有得之道德價値標準。天道生機洋溢以化育，至善者也；仁道亦生機暢旺以潤澤，亦至善者也。至善之仁者，於現實社會之立身處世，待人接物，所接之人，所遇之事，未必盡通其情，必盡合其理。「仁」，既是道德價値標準；「仁者」則當能執持此道德價値標準，即，凡通其情，合其理，以有功德於生民者，是爲「善」，則當知所好之，並且能所好之。反之，如果不通其情，不合其理，反而有害於生民者，則當知所惡之，並且能所惡之。凡此知所好、惡，能所好、惡，乃所以爲人間社會呈現一片清明理則，亦所以如孟子所言之「與人爲善」。

好善惡惡，於孔子之學問中，乃轉出爲「義道」。義者，楊倞、荀子、強國篇、註、第一九四頁、曰：「義謂各得其宜。」「宜」之與否？固然出於自由心證，而其所依據之標準，因時，因地，因人，因事，……各有差別，殊難盡舉，要之不外乎情、理、法。例如，孔子作春秋，其志即在張明義道。故司馬遷、史記、卷一百三十、自序、第八頁、❾曰：「夫

❾ 司馬遷、史記，臺北市、中華書局印行。

春秋上明三王之道，下辨人事之紀，別嫌疑，明是非，定猶豫，善善、惡惡，賢賢、賤不肖，存亡國，繼絕世，補敝起廢，王道之大者也。」孔子即春秋時代二百四十二年之史實，以微言大義之筆法成春秋，情、理、法之準繩既蘊涵於其中，好善惡惡之義道則彰明於其外。而司馬遷、史記、自序稱之爲「王道之大者也」，蓋所以垂王道之大端以爲萬世法，此孔子之仁也。

仁者，固然於具體實踐即是「愛」，然而，「愛」所投注之人間社會，如果以價值觀念衡量之，其所呈現者，僅爲原始諧和者。如何促使人間社會有所進境，則必須以道德價值標準判斷之，即好善惡惡之義道是也。亦唯好善惡惡之義道，始能極成仁道之「愛」，合情合理以愛其所當愛。故義道乃仁道所必涵，此孔子之學，所以「仁義並建」。

(3)、孔子所言之「仁」，必須兼備智與勇——論語、里仁篇、第二〇頁、孔子曰：「知(智)者利仁」。所謂「智」者，廣義言之，當包含：①、感性作用，即眼耳鼻舌身五官之感覺其相應之對象而覺之，此所以覺識外物。②、知性作用，即意識接受五官所覺者，於是印象化、抽象化、概念化；繼之，運用概念以分析、比較、推理、綜合、判斷，此所以成就知識。③、悟性作用，即智慧之運用舊經驗以慧悟新道理。此又可分爲慧悟自然界新道理之自然性智慧，此所以發見新知識；另者慧悟道德界新道理之道德性智慧，此所以建立道德新觀念。

「感性作用」乃自然生命之原始能力，無論也。「知性作用」，其累積知識，不管是自然界者、道德界者，皆爲慧悟新道理之基礎。「悟性作用」，如果所慧悟者，爲自然界新道理，因以「利用、厚生」，當爲仁道所必涵。如果所慧悟者，爲道德界新道理，則爲仁道之展現其所蘊涵之豐富內容，以實踐於人間社會。

孔子曰：「知者利仁」，知（智）者，當包含知性作用之成就知識以爲基礎。包含悟性作用之開發自然，曲折成就仁道；（利仁）以及展現仁道內容，並指導實踐。

論語、憲問篇、孔子曰：「仁者必有勇」。所謂「勇」者，推拓阻難之氣概。「氣概」乃由於生命之鼓盪其氣機而見。蓋生命之活動，即鼓盪其氣機，氣機之強度，每視生命活動之強度而定。生命活動之強度，則每爲境遇之順逆所影響。尤其每當阻難當前，壓迫生命之活動，方此之時，生命之活動，或者畏懼而退避，或者奮起而推拓。當其奮起推拓之時，則氣機隨之而鼓盪，以激起其推拓之力量，遂見勇者之氣概，故曰「勇氣」。

「勇氣」，既屬氣機之鼓盪，凡屬「氣」者，則爲實然性者，爲非理性。故勇氣之表現，可分爲兩層次：①、血氣之勇，即生命之活動，順自然反應而鼓盪氣機。其偶然表現者，如怒氣、英氣、霸氣、……。其持續表現於事業者，則見「氣魄承當」。②、義理之勇，即先由心智（悟性作用）湧現道德理想、道德觀念，方其實踐於人間以成就德業，難免有所曲折、有所阻難，有待開拓變化，是時，亦當然鼓盪其氣機。如此，湧現道德理想、道德觀念爲涵蓋原則，而隨之以鼓盪其氣機，是爲「以理帥氣」。以理帥氣之勇則爲「義理之勇」。義理之勇表現於人間德業之開拓變化，即爲「義理承當」。

孔子曰，「仁者必有勇，勇者不必有仁」。「勇者不必有仁」之「勇者」，當指血氣之勇者，以其純然爲氣機所鼓盪，故爲實然性者，爲非理性者，故「不必有仁」。至於「仁者必有勇」，則指義理之勇者，蓋仁者之既湧現其道德理想、道德觀念，以有所實踐，則必須「帥」生命活動所鼓盪之氣機，以爲具體化呈現之勁力。故義理之勇，乃仁者所應具備之必要條件。

總之，「知者利仁」，乃謂智者利於踐仁之提升境界，擴展局格。「仁者必有勇」，則謂仁者定然具備生命活動、氣機鼓盪所轉化之勁力。故孔子所言之仁，必須兼備智與勇，始能成就其爲充量踐仁之「仁者」。

### ㈢、孔子所言之「仁」之修養

論語、顏淵篇、第七七頁、曰：「子曰：『克己復禮爲仁。一日克己復禮，天下歸仁焉。爲仁由己，其由人乎哉！』」

論語、陽貨篇、第一二一頁、曰：「子曰：『……好仁不好學，其蔽必愚。』」

論語、學而篇、第二頁、曰：「子曰：『弟子入則孝，出則弟，謹而愼，汎愛衆，而親仁；行有餘力，則以學文。』」

論語、里仁篇、第二〇頁、曰：「子曰：『里仁爲美，擇不處仁，焉得知。』」

論語、憲問篇、第九八頁、曰：「子曰：『桓公九合諸侯，不以兵車，管仲之力也。如其仁！如其仁！』」

論語、衛靈公篇、第一〇七頁、曰：「子曰：『志士仁人，無求生以害仁，有殺身以成仁。』」

⑴、孔子所言之「仁」，其修養，首要者在「克己復禮」——「克己復禮」，朱子、論語、顏淵篇、集註、第七七頁、曰：「克，勝也。己，身之私欲也。復，反也。禮，天理之節文也。」夫生命爲一綜合體之存在，精神生命是一層面，自然生命是一層面。「克己」，即克勝私欲，私欲乃自然生命之實然要求，有其維持生命活動生存之價値；然而，如果泛濫而無節，則爲生命之墮落。克己，即安頓而消融之，使之適度滿足，以維持自然生命之平衡。「復禮」，即反復天理之節文，期於生心動念、立身處世，無不合理合度，是爲精神生命之展現。因此，克己復禮即是通徹自然生命與精神生命而理性化之。

至於「克己復禮」之功夫，主之者，端賴「我」之道德意志，故論語、學而篇、第四七頁、曰：「子曰：『仁遠乎哉？我欲仁，斯仁至矣！』」由於「我」之道德意志之要求，即克己，即復禮；即復禮，即克己，即仁斯至矣。

⑵、孔子所言之「仁」，其發展過程中則有賴於「學」——「學」，所以求知也。求知，或經由經驗，或運用解悟，以或增進知識，或累積觀念。蓋孔子所言之仁，爲一道德精神境界，道德精神境界必須建基於具體生活與人間德業，而具體生活之接觸，人間德業之經營，於道德精神境界涵蓋下，必須轉出運用知識，以極盡事理之委婉曲折，始能成其廣；必須相應透顯觀念，以指導行爲之中規中矩，始能致於善。凡此，皆踐仁之所涵，故好仁必須好「學」。

「……行有餘力，則以學文」，「文」者，於孔子之時，乃學術之總稱。夫孔子於四十七歲之時，周遊列國不得志而返魯，以詩書禮樂教弟子。詩書禮樂即其時之學術，所謂「文」

也。學文，對於修積仁德，乃所以成其廣，致於善。故「學」，爲「仁」之發展過程中之助緣。

「里仁爲美」，朱子、論語、里仁篇、集註、第二〇頁、曰：「里有仁厚之俗爲美。」所謂「俗」者，乃積習而成風，風向所趨則爲俗。仁厚之風俗，固由仁厚之德行所匯成，而提煉爲一系列之觀念上所「當然」者，爲居民之所共同崇尙。此一里民所共同崇尙之系列觀念上所「當然」者，亦反而對居民產生一勸勉、規範之作用。如此仁厚風俗之風化所及，對居民，實爲一不自覺之「學」。故論語、顏淵篇、第八三頁、曰：「孔子對曰：『……君子之德風，小人之德草，草上之風必偃。』」

(3)、孔子所言之「仁」，其極致在開創人間德業——孔子所言之「仁」，是體天道而有得之「仁道」。天道在化生萬物，仁道亦在德澤萬物。故仁之涵義，非觀解之概念所可窮盡，必須通過實踐始得充量呈現。是以孔子師徒之論道講學，大多在相勉以踐仁，而期於成爲一「仁者」。所謂「仁者」，①、如果是在日常生活之立身處世、待人接物，累積其仁德，此屬主觀之踐履，乃其固然。②、如果轉出政治上之安邦定國，經濟上之利用厚生，學術上之研究發明，……始爲客觀之推擴。蓋有功德於生民，則其爲「仁」也大矣。

(4)、孔子所言之「仁」，其實踐，必要之時，當奉獻生命以證明其尊嚴——仁者之湧現其理想，而期實踐於人間社會，其境遇未必完全稱心如意；尤其當橫逆之來，艱困之阻，現實與理想，乃處於相對之局格。方此之際，可能之一，是如果不負直接責任者，則韜光隱晦，以待時來運轉。可能之另一，是仁人志士，振臂而起，直下承當，鞠躬盡瘁，死而後已，此即孔子所謂之「殺身以成仁」。則踐仁之志節，見其尊嚴。至於貪生避禍，變節求榮者，則爲孔子所言之「求生以害仁」。

綜上所述，可知孔子於論語，雖言「心」，但並未賦予道德意義，故未透顯「道德心靈」，亦即未曾建立內在之道德主體。但孔子盛言「仁」，孔子所言之仁，乃體天道而有得之仁道。以其「體天道」，故涵生機之義；以其「而有得」，故蘊潤澤之德。此孔子爲宇宙蒼生所建立之道德價值之精神境界。

## 第二節　孟子所言之「心」

「心」之觀念，至孟子時已甚成熟。孟子言「心」，已兼及各層面之意義。

### (一)、孟子所言之「心」之性質

孟子、離婁篇下、第一一一頁、曰：「孟子告齊宣王曰：『君之視臣如手足，則臣視君如腹心。……』」

孟子、公孫丑篇上、第四三頁、曰：「孟子曰：『……以力服人者，非心服也，力不贍也；以德服人者，中心悅而誠服也，如七十子之服孔子也。』」

孟子，離婁篇上、第一〇七頁、曰：「孟子曰：『……惟大人爲能格君心之非。』」

孟子、告子篇上、第一六八頁、曰：「孟子曰：『仁，人心也；義，人路也。舍具路而弗由，放其心而不知求，哀哉！』」

孟子、離婁篇下、第一二〇頁、曰：「孟子曰：『君子所以異於人者，以其存心也。君子以仁存心，以禮存心。仁者愛人，有禮者敬人。』」

孟子、告子篇上、第一七〇頁、曰：「（孟子答公都子之問）耳目之官不思，而蔽於物，物交物則引之而已矣。心之官則思，思則得之，不思則不得也。此天之所以與我者。先立乎其大者，則其小者不能奪也。此為大人而已矣。」

孟子所言之「心」，已兼及下列各層面之意義。

(1)、孟子所言之「心」，為生理學、個體生命中之重要部位（分）——「心」字之始造，即指生理學之「心臟」而言。（參見上文）而「心臟」於個體生命中，乃為重要之器官，為重要之部位（分）。其後，則每藉以比喻人際關係於意識中之重要地位、重要分量。孟子於離婁篇下、第一一一頁，告齊宣王曰：「君之視臣如手足，則臣視君如腹心。」即以手、足、腹、心形容關係之密切，蓋以「心」與手、足、腹同屬生理學之概念也。

(2)、孟子所言之「心」，為心理學、情意之總名——「心」，由生理學之器官，（心臟）引申以言心理學之官能，為情意之主宰。蓋為心理學官能之「心」，於相對外在事物之接觸感應中，所以表達其情意也。情意之表達，可能出於主觀之感應，未必合理合度。亦可能合乎客觀之規範，而中規中矩。因此，為心理學、情意主宰之「心」，其性質當屬於實然性者。

孟子於公孫丑篇上、第四三頁，所言：「以力服人者，非心服也」，「以德服人者，中心悅而誠服也」。此所謂「心」之「服」或「不服」，乃相應所服人者之「以德」或「以力」而定。此示「心」之情意表達，乃出於主觀之感應，以調整、維持生存空間之平衡，屬於實然性之心理作用。

　　孟子、離婁篇上、第一〇七頁，又曰：「惟大人爲能格君心之非。」朱子、集註、曰：「惟有大人之德，則能格其君心之不正，以歸於正，而國無不治矣。」國君亦人，既爲人，其心理活動，每因出自欲望之有所求，或者由於環境之有所感，交相引發其反應，而表現於行爲之間，此亦屬於實然性之心理作用。然而，於價值標準之判斷下，其行爲之或善或惡，即示其「心」之或正或非。故待大人爲能所格之「君心之非」，當屬實然性之心理現象。

(3)、孟子所言之「心」，具備仁道、是爲「仁心」——孔子論道、講學，其旨歸莫非爲指點踐仁，踐仁所最高成就之人格，即爲「仁者」。所謂「仁者」，乃指實踐仁道以成就仁德，於生命活動中展現其道德精神境界。孔子於論語中雖亦言「心」，但孔子指點實踐仁道以成就仁德，並未於生命中安立一內在之根據。故孔子所言之「心」，實非「仁心」。換言之，孔子並未自原始諧和之綜合形態之「心」，經過分解以透顯一再度諧和之全幅是仁道之「仁心」。此一辯證之發展，有待於孟子。

　　「心」之觀念，至孟子之時已漸成熟。孟子繼承孔子之學說而弘揚之，於離婁篇下、第一二〇頁，曰：「君子以仁存心」，又於告子篇上、第一六八頁、曰：「仁，人心也」。此示孟子已自覺攝孔子所言之「仁」，而歸之於「心」，則「心」備仁道之義明矣。既然「以仁存心」，如果用之於立身，則爲公孫丑篇上、第四六頁、所謂之「不忍人之心」；如果施之於牧民，則爲梁惠王篇下、第二九頁，公孫丑篇上、第三五頁，滕文公篇上、第六九頁，所稱之「仁政」。而孟子、公孫丑篇上、第四六頁，又曰：「人皆有不忍人之心。……以不忍人之心，行不忍人之政，治天下可運之掌上。」由是可知，具備仁道之「仁心」，既爲人之普遍稟賦，且能廣施及於天下。

「人皆有不忍人之心」，朱子、集註、曰：「天地以生物爲心，而所生之物，因各得夫天地生物之心以爲心，所以人皆有不忍人之心也。」「不忍人之心」，即是人之「仁心」，乃得之於「天地生物之心」；「天地生物之心」，即是天地之「仁心」。夫「仁」者以生機爲義，天地之「仁心」之呈現，所以化生萬物；人之「仁心」之呈現，所以成就萬事。人之「仁心」，乃得之於天地之「仁心」，即爲天地之「仁心」所賦予，而各自得其貞定。故孟子、告子篇上、第一六一頁、曰：「非由外鑠我也，我固有之也。」是以具備仁道之「仁心」，乃「得」自天地，爲「人皆有之」者。

總之，孟子所言之「心」，其性質，乃承孔子所言之「仁」而攝之以存於心，是爲「仁心」。並肯定其爲「人皆有之」，以彰顯其爲得之於「天地生物之心」，而爲人所普遍具有者。人既普遍具有此「仁心」，則可以成己成物矣，⑩期爲價值創造之本源。因此，孟子於告子篇上、第六八頁、定之爲「本心」。

---

⑩ 朱熹、四書集註、中庸章句、第二十五章、第二頁、曰：「誠者，非自成己而已也，所以成物也。成己，仁也；成物，知也。」

以上，申述孟子所言之「心」，實兼及於生理學之部位義、心理學之情意義、以及具備仁道爲「仁心」義。夫生理學之部位義、心理學之情意義，皆屬於實然生命之實然現象，乃探討生命學問者所週知之共同理論基礎，非爲孟子所開闢之特殊領域，故僅如實介紹如上述。唯具備仁道之「仁心」，始爲孟子所致力弘揚者。下文即據此以論敘其內容、以及修養功夫。

## ㈡、孟子所言之「心」之內容

孟子所言之「心」，具備仁道以爲「仁心」，其所具備之「仁道」，則爲道德性質之形容。至於其內容所涵備者，則有待孟子之開拓。

孟子、公孫丑篇上、第四六頁、曰：「孟子曰：『……惻隱之心，仁之端也；羞惡之心，義之端也；辭讓之心，禮之端也；是非之心，智之端也。人之有是四端也，猶其有四體也。』」

孟子、盡心篇上、第一九四頁、曰：「孟子曰：『……君子所性，仁義禮智根於心，其生色也，睟然見於面，盎於背，施於四體，四體不言而喻。』」

孟子、告子上篇、第一七〇頁、曰：「(孟子)曰：『耳目之官不思，而蔽於物；物交物則引之而已矣。心之官則思，思則得之，不思則不得也，此天之所以與我者。』」

孟子所言之「心」，既具備仁道，以爲道德性質者，其內容可自兩方面言之。

(1)、孟子所言之「心」，具備仁義禮智四端——孟子既攝孔子所言之「仁」於「心」，以透顯其「道德心靈」，並分析其內容爲「四端」，即仁、義、禮、智，此乃「天之所以與我」者。「天之所以與我」，以決定其所以爲人之「性」。⓫夫「性」者以本質爲義。孟子即相應道德實踐，而分析此「天之所以與我」者之「性」，爲仁義禮智四端，而反以規定此「性」之爲善。至於天之如何能以此四端與人以爲其性，蓋出於其運行之秩序、與生物之理則；⓬天既以之與人，孟子即據此以分析、並條理化確定之。所謂「四端」，蓋舉其大者而已。其實，「天之所以與我」者，豈僅止於此四端而已？孟子、盡心篇上、第一八九頁、曰：「萬物皆備於我矣。」朱子、集註、曰：「此謂理之本然也。大則君臣、父子；小則事物細微，其當然之理，無一不具於性分之內也。」此所謂「萬物」，即指萬事當然之理。夫天，本其運行之秩序、生物之理則，與人以爲其性。孟子予以條理化分析，爲仁、義、禮、智四端。四端，相應天之與於人者，是爲「性」，相應生活上之踐履，則爲「理」，故朱子、孟子、告子篇上、第一六二頁，引程子曰：「性即理也。」性分中所涵之理，舉其大者，固爲仁義禮智四端；如果相應生活踐履之「事」，則又何止於「萬」？朱子、中庸、書名、章句、第一頁、引程子、曰：「其書始言一理，中散爲萬事，末復合爲一理；放之則彌六合，卷之則退藏於密。」此示其所以爲無盡藏也。

⓫ 朱熹、四書、孟子、公孫丑篇上、集註、第四七頁、曰：「仁義禮智，性也」

⓬ 詩經、大雅、蒸民篇、第一四五頁、曰：「天生蒸民，有物有則，民之秉彝，好是懿德。」

「性」者，乃指生命之本質，仁義禮智四端，以及「皆備於我」之萬事當然之理，皆所以規定生命質性之價値爲「善」者。生命之質性既善，及其呈現，則規範行爲，不論隨機隨緣而莫不皆善。然而，「性善」，僅爲形容生命之本質；及其「呈現」之「機」，則轉而名之曰「心」。性分中所涵之仁義禮智四端、以及萬事當然之理，則無不涵備於「心」中。故孟子、盡心篇上、第一九四頁、曰：「君子所性，仁義禮智根於心。」又第一八九頁曰：

「萬物皆備於我矣。」

「心」者，以主宰爲義，乃所以主宰乎生命之活動。既涵備四端、萬理，及其發用以主乎行爲，則隨機、隨緣而見意念之貫注、情感之流露。例如：

「仁」之理，其發用，則爲惻隱之情。

「義」之理，其發用，則爲羞惡之情。

「禮」之理，其發用，則爲辭讓之情。

「智」之理，其發用，則爲是非之情。⑬

又如：

---

⑬ 朱熹、四書、孟子、公孫丑篇上、集註、第四六頁、曰：「惻隱、羞惡、辭讓、是非，情也；仁、義、禮、智，性也。心統性情者也。」

君仁臣義之理，規範君臣之關係。
父慈子孝之理，規範父子之關係。

「心」既涵備四端、萬理，則其內容全幅是道德理性。及其發用，於人間生活，其客觀方面之價值，乃爲貞定人倫之秩序。其主觀方面之價值，則在規範行爲之原則。是以盡乎此「心」，則實然性之人間生活，呈現一清明之理性宇宙。

(2)、孟子所言之「心」，具備「思」之能力——論「心」之功能，大概可分爲三層次：

①、感性作用——「心」之功能，最原始者，即通過感官眼耳鼻舌身，以感知外在之事與物。孟子於告子篇上、第一七〇頁，答公都子之問曰：「耳目之官不思，而蔽於物，物交物則引之而已矣。」蓋謂耳目，以及鼻舌身，其功能在感知聲色香味觸諸事物。此爲「心」之感性作用所必須假借者，故爲「心」之功能所統屬。

②、知性作用——「心」既假借感官以感知外在事物，則外在事物之形象，莫不一一映入於「心」中。「心」對於所映入之外在事物諸形象，具有抽象化、概念化，以及分析、比較、推理、綜合、判斷……諸功能，蓋所以成就經驗知識。

③、悟性作用——「心」於知性作用之活動中，既爲成就經驗知識。所謂經驗知識，即爲經由感性作用以感知外在事物，提供知性作用之思惟活動，自外在事物諸形象所獲得之理則。亦即即事窮理，(事理)即物窮理。(物理)所窮之事理、物理，皆屬於超越乎具體事物以上之另一層次。「心」之窮之，即所以悟之，此「心」之悟性作用。

總之，孟子所言之「心」，其功能乃通貫於感性層之感性作用、知性層之知性作用、悟性層之悟性作用，並交錯運作，渾然以「思」，此所以為「靈」，而謂之「心靈」。

孟子、告子篇上、第一七〇頁、曰：「心之官則思，思則得之，不思則不得也。」此所謂「思」者，即示「心」能交錯運用感性、知性、悟性諸作用，以「思」之。所謂「得」者，即得其「理」也。⑭觀乎孟子所言是語之意，蓋相應生命之實然性活動，透顯其「心官」以「思」，則得其「理」。此「理」，乃涵備於我「心」，即所謂「四端」、「萬物（事）」之「理」，皆涵備於「心」以為其內容；而且彌綸於人間，以為其秩序；條貫於生活，以為其原則。「思則得之」，即合內外而呈現於「心」中。

依孟子學，具備仁道一層面之「仁心」，其實踐，固為承體起用之直覺形態。然而，亦必須於實際生活中多所歷鍊，始能日臻精熟。因此，「思則得之」之「思」，一則既為「仁心」所統攝，一則本其（心）功能，交錯運用感性作用、知性作用、悟性作用，以感知外在事物之形象，成就經驗之知識，透顯其彌綸於人間生活而涵備於我「心」之理則，是為「踐仁」之必要基礎。然後，「仁心」之通徹於實際生活，始能極盡曲折，消融障礙，以呈現其晶瑩剔透自己。故「思則得之」，乃謂「仁心」於自覺活動之歷程中呈現其自己。

由是可知，「思」之作用，乃為「踐仁」所必涵；亦即「心」（仁心）具「思」之能力。

⑭ 朱熹、四書、孟子、告子篇上、集註、第一七一頁、曰：「心則能思，而以思為職。凡事物之來，心得其職則得其理。」

### ㈢、孟子所言之「心」之修養

「心」爲生命之主宰，相對生命活動之或爲道德性者、或爲實然性者，則「心」亦可分析爲兩層面，其具備「仁道」之一層面，是爲道德性之「仁心」，亦即書經、大禹謨篇所言之「道心」，是爲「道德心」。其未具備「仁道」之另一層面，屬於實然性者，是爲「實然心」。「心」之主宰生命活動，其作用每包涵此兩層面。

孟子既繼承孔子，就「道德心」一層面以開拓其內容如上述。至於如何常保「道德心」之剛健，則有待於修養之功夫。

孟子、盡心篇上、第一八七頁、曰：「孟子曰：『盡其心者，知其性也；知其性，則知天矣。存其心，養其性，所以事天也。』」

孟子、公孫丑篇上、第四七頁、曰：「孟子曰：『……凡有四端於我者，知皆擴而充之矣，若火之始然，泉之始達。』」

孟子、盡心篇上、第一八九頁、曰：「孟子曰：『萬物皆備於我矣，反身而誠，樂莫大焉。』」

孟子、盡心篇下、第二一五頁、曰：「孟子曰：『養心莫善於寡欲，其爲人也寡欲，雖有不存焉者寡矣。其爲人也多欲，雖有存焉者寡矣。』」

孟子、告子篇上、第一七〇頁、曰：「（公都子）曰：『鈞是人也，或從其大體，或從其小體，何也？』（孟子）曰：耳目之官不思，而蔽於物，物交物則引之而已矣。

心之官則思，思則得之，不思則不得也。此天之所與我者，先立乎其大者，則其小者不能奪也。此爲大人而已矣。』」

孟子論「心」之修養，相應其主宰生命活動之道德性與實然性兩層面，亦可以分爲下述兩方面。

(1)、孟子所言之「心」，其修養，在於「盡」之（「盡心」）——「心」之修養，自道德性一層次言之，「盡」之（「盡心」）而已矣。所謂「盡心」者，全幅呈現之也。蓋「心」之內容，既涵備四端、萬理，（已申述於上文）誠如書經、大禹謨篇、第一四頁，所謂，「道心惟微」，蔡沈、集傳、曰：「道心難明而易昧，故微。」以「微」，故「難明而易昧」。因此，孟子盡心篇教人「盡其心」。其實，「盡其心」，乃自覺其「心」既涵之四端、萬理而全幅呈現之，此爲自性功夫，不待假借，而自自然然見其「心」境之朗然、理境之湧現。然而，自覺全幅呈現之，必須通徹貫注於生活踐履之間，以成就其價值。亦即以是之故，「盡其心」者，落實言之，相應生活踐履，則難免不能無滯。故孟子於公孫丑篇上、第四七頁、曰：「凡有四端於我者，知皆擴而充之矣，若火之始然，泉之始達。」「擴而充之」，即道德意志之自覺，自性功夫之作用。孟子於盡心篇上、第一八九頁，亦曰：「萬物皆備於我矣，反身而誠，樂莫大焉。」「反身而誠」，即道德意志之自覺，自性功夫之極致，故「樂莫大焉」。因此，以「盡其心」爲修養者，實爲道德意志之自覺，以全幅呈現其「心」之無盡藏內容。

孟子於盡心篇上、第一八七頁，繼之曰：「盡其心者知其性也，知其性則知天矣。」「知」者，以契會爲義。夫「心」乃涵備四端、萬理以爲內容；而此四端、萬理，則爲「天」之本其運行秩序、生物理則以賦予於人，以爲人之「性」；「性」即以此「天」所賦予之四端、萬理爲本質；「性」之呈現其「機」則爲「心」。是以四端、萬理者，於「天」則爲其運行之秩序、生物之理則，於「性」則爲其本質，於「心」則爲其內容。因此，「盡其心」，即全幅呈現此「心」所涵備之四端、萬理諸內容。「心」所涵備之四端、萬理既已呈現，即是契會其所稟於「天」之四端、萬理以爲本質之「性」而見其彰顯，故曰，「盡其心者知其性也」。依乎此理以推之，「心」之既盡以契會（知）其所稟於「天」之四端、萬理以爲本質之「性」、而見其彰顯，則亦契會（知）其四端、萬理所自稟之本其運行秩序、生物理則以賦予於人之「天」，而見其彌綸，故曰，「知其性則知天矣」。

由「盡其心」以呈現此「心」之全幅內容，而「知其性」以契會、彰顯其「性」之本質，而「知天」以契會、明著其「天」之功化。斯爲孟子所建立以爲「心」（道德心）之修養之義理途徑，循是，則道德實踐之精神作用可廣被及於無疆。

(2)、孟子所言之「心」，其修養在於「養」之（「養心」）——「心」之修養，自日常生活一層次言之，「養」之（養心）而已矣。所謂「養心」者，此「心」乃指「道德心」與「實然心」兩層面之綜合形態而言。至於如何以「養」之？

孟子、盡心篇下、第二一五頁、曰：「養心莫善於寡欲，其爲人也寡欲，雖有不存焉者寡矣；其爲人也多欲，雖有存焉者寡矣。」「欲」者，出於心理上之要求，如孟子、梁惠王篇所言者，梁惠王之好利、好戰，齊宣王之好貨、好色，……等皆屬之。其實，凡此皆爲自然生命之實然要求。蓋自然生命之活動，必須服從強度原則而鼓盪其「氣機」，「氣機」既已鼓盪，即一則消耗其原始性生命力，一則向外追逐其生存、生活所需資費之滿足，以補充其所消耗之原始生命力，而維持自然生命之平衡。此一因「氣機」之鼓盪而有所追逐之意願，即所謂「欲望」也。「欲望」之強弱，每視自然生命活動所鼓盪「氣機」之程度而定。「欲（欲望）」既出於心理上之要求，「欲望」屬於自然生命之實然性活動，其所自出之心理亦屬於實然心。

「心」固唯一，孟子所言之「心」，實涵「道德心」與「實然心」二層次。而「欲望」之多者、強者，即示其爲「實然心」之主宰以追逐。「心」既放任實然性一層面之「實然心」以追逐，相對而言則道德性一層面之「道德心」，因而被排斥而隱晦，故孟子、盡心篇下、第二二五頁、曰：「其爲人也多欲，雖有存焉者寡矣。」反而言之，「欲望」之少者、淡者，固亦爲「實然心」之主宰，但唯可視之爲適度滿足自然生命活動之實然需要。夫自然生命活動實然需要之適度滿足，乃所以養欲、養身，應爲道德價值之行爲所包含。雖爲「實然心」之主宰，亦爲「道德心」所涵攝；其實，「道德心」一層面之實踐，每亦涵攝「實然心」之作用，以兼及生命之道德性活動與實然性活動。「實然心」之作用以主宰生命之實然性活動，既爲「道德心」之實踐所涵攝，則爲其所超化而見其道德價值。故孟子、盡心篇下、曰：「其爲人也寡欲，雖有不存焉者寡矣。」孟子、盡心篇下、曰：「養心莫善於寡欲。」「寡欲」者，蓋肯定「欲望」之適度滿足，對於自然生命之實然需要有其價值；對於「實然心」之作用而言，亦為正常而必須；「實然心」之正常作用，則為「道德心」之所涵攝。因此，如果使「欲望」獲致適度之滿足，正可使「實然心」獲得合宜之調護，斯為「實然心」之得其「養」也。「實然心」之既得其「養」，即為「道德心」實踐所須之助緣具備而充實，斯亦「道德心」之同得其「養」。蓋「道德心」之實踐，不能孤懸於自然生命活動之實然需要之外也。是故，「養心」者，相應「寡欲」而言，乃既養「實然心」，且養「道德心」，而孟子、盡心篇下則綜言之曰「養心」。「寡欲」者，則在超化「實然心」之「欲望」，以為「道德心」實踐之助緣，於焉而見其為不可或缺之價值，即「心」「身」俱得其「養」。

(3)、孟子所言之「心」，其修養在於「思」之——孟子所言之「心」，其內容既有「思」之能力，所謂「思」之能力，乃屬「心」之功能。「心」之功能可以分為「感性作用」、「知性作用」、「悟性作用」三層次。(已申述之於前文)其中之「感性作用」，即孟子、告子篇上所謂之「耳目之官不思，而蔽於物。物交物則引之而已矣。」其中之「知性作用」、「悟性作用」，即孟子、告子篇上、所謂之「心之官則思」。是以「心」之「思」之，當包括「知性作用」、「悟性作用」兩層次。

孟子、告子篇上所謂「心之官則思」，原則上當包括「知性作用」、「悟性作用」兩層次。然而由其繼之下一句曰，「思則得之，不思則不得也」，則可知此所謂「思」，乃指以「知性作用」為基礎之「悟性作用」而言。夫孟子所以言「心之官則思」，乃相對「耳目之官不思」，以「耳目——實為兼指鼻舌身、合為五官——之官」僅為職司「感性作用」，屬於非理性作用，每為聲色香味觸所蒙蔽、引誘，以致自我陷溺於感性生活之中。「心之官則思，思則得之，不思則不得也」，「得」，據朱子集註，乃謂「得其理」。此「理」當指「天」所賦予而爲「心」所涵備以爲內容之四端、萬理，亦即相應生活踐履，以爲「當然之理」。此「思」固屬「悟性作用」，然而，相應「得其理」之功能言之，則此「悟性作用」當爲「仁心」（道德心）所統攝者；亦唯有爲「仁心」（道德心）所統攝之「悟性作用」，始能「得」此「當然之理」。而此「當然之理」又實爲「道德心」之內容。是故，「心之官」，如果不「思」，則唯緣耳目鼻舌身以追逐聲色香味觸，以致每爲所蔽、所引，而陷溺焉。如果則「思」，即透顯其「道德心」（仁心——本心），而統攝以「知性作用」爲基礎之「悟性作用」，以呈現其涵備「當然之理」之全幅內容。因此，「思」者，既爲「心」之能力，亦爲「心」之修養功夫。

孟子、告子篇上、繼上文復曰：「此天之所與我者。先立乎其大者，則其小者不能奪也。」「此」者，朱子、集註以爲乃指耳、目、心三者。誠然，但細審之似乎有所不妥。蓋「耳目之官」（兼合鼻舌身爲五官）乃由「自然天」所與我，「心之官」則爲「道德天」所與我者。「先立乎其大者」之「大者」，當指「道德天」所與我之「道德心」，「立」，即自覺以透顯之。「則其小者不能奪也」之「小者」，則指「自然天」所與我之「耳目之官」。「耳目之官」之功能，可能僅止於聞見之實然作用，亦可能爲聲色所蔽而牽引耳目之欲，而陷溺於是，以致奪其「大者」（道德心）。「先立乎其大者」，即自覺透顯其「道德心」，以爲主宰，然後，「其小者不能奪也」。至於「先立乎其大者」，其「機」乃繫乎「心之官則思」之「思」。是以「心之官」其「機」既「思」，則「道德心」自覺以透顯之。而「小者」

「耳目之官」唯止於其聞見之實然性功能。故「思」者，乃「心」之自覺透顯其自己之「機」，爲「心」之修養功夫所落實處。

綜上所述，依孟子之學，「心」之修養功夫，在於「盡之」、「養之」、「思之」。其積極性價值，乃在透顯自己，呈現自己，以上知乎天、外宰諸物（事）。其消極性價值，則在順應「欲望」之實然要求，「耳目」之實然作用，皆得其調理而滿足、消融而超化。

## 第三節　荀子所言之「心」

荀子屬儒家之大儒，雖然，其意識形態則可以分爲兩層面瞭解之，即，①、基本精神，乃在接受道家之自然主義觀點，以建立其天道觀與心性觀。②、文化理想，則爲嚮往儒家之道德主義，以禮義教化安頓人生，治理社會。於此基本精神與理想嚮往之發展歷程中，其「心」之形態可得而解矣。

### ㈠、荀子所言之「心」之性質

荀子、解蔽篇、第二六五頁、曰：「心者，形之君也，神明之主也，出令而無所受令。」

荀子、解蔽篇、第二六三頁、曰：「故治之要，在於知道。人何以知道？曰心。心何以知？曰虛壹而靜。心未嘗不臧也，然而有所謂虛。心未嘗不滿也，（王先謙、集解曰：『滿當爲兩，兩謂同時兼知。』）然而有所謂一。心未嘗不動，然而有所謂靜。……虛壹而靜，謂之大清明。」

荀子、正名篇、第二八一頁、曰：「……辯說也者，心之象道也；心也者，道之工宰也；道也者，治之經理也。……」

荀子、性惡篇、第二九一頁、曰：「若夫目好色，耳好聲，口好味，心好利，骨體膚理好愉佚，是皆生於人之情性者也。」

⑴、荀子所言之「心」，乃自然生命之官能，爲自然生命與精神作用之君主——荀子雖爲儒家之大儒，而其意識之基本形態，乃以道家自然主義之觀點，解釋宇宙、人生。荀子、天論篇、第二○六頁、曰：「天有其時，地有其財，……列星隨旋，日月遞炤，四時代御，陰陽大化，風雨博施，萬物各得其和以生，各得其養以成，不見其事而見其功，夫是之謂神。皆知其所以成，莫知其無形，夫是之謂天，（楊倞、注、曰，天下脫『功』字。）唯聖人爲不求知天。天職既立，天功既成，形具而神生。好惡喜怒哀樂臧焉，夫是之謂天情。耳目鼻口形能，（王先謙、集解、曰：『能讀爲態。』）各有接而不相能也，夫是之謂天官。心居中虛以治五官，夫是之謂天君。財非其類以養其類，夫是之謂天養。順其類者謂之福，逆其類者謂之禍，夫是之謂天政。」由是可知荀子之自然主義天道觀，包括下列諸義：①、天其運焉。②、陰陽其化焉。（案：陰陽爲氣，陰陽之化即是「氣化」）③、萬物各得其和養以生成。④、「人」得之而有「形具」之一面。「形」者耳目鼻口形能（態），是爲「天官」；又得之而有「神生」

之一面。「神」者好惡喜怒哀樂，是爲「天情」。（於「人」則爲精神作用）⑤、「『心』居中虛，以治五官。」是爲「天君」。⑥、「心」能「財非其類，以養其類」，是爲「天養」。

道家所言、而爲荀子所承之「天」，乃爲自然義之「天」，爲「自然天」。自「天」言之，天職、天功、天情、天養，乃「天」所運之實然現象；自「人」言之，天官、天君，爲「人」所稟之實然官能。是以「心」者，乃爲陰陽之化、其氣結聚爲生命、而爲其君主。故「心」亦爲實然性者，與氣爲同質。夫「天」所運而爲「人」所稟者，於荀子學即決定生命之本質，亦所以規定人所以爲人之「性」。此荀子所以肯定其自然主義之人性觀也。「心」即自然主義人性之官能化，以其爲「官」也，乃「居中虛」；其所「能」也，在「治五官」、「財非其類以養其類」。是以荀子、解蔽篇、第二六五頁、曰：「心者，形之君也，神明之主也，出令而無所令。」亦即以「心」爲自然生命與精神作用之君主。

(2)、荀子所言之「心」，其體爲「虛壹而靜」之「大清明」——荀子所言之「心」，既爲人性之官能化；而人性者，乃生命所稟於「天」以爲人所以爲人之本質。荀子所言之「天」，既爲自然義者，則人性亦爲自然義者；人性既爲自然義者，官能化之「心」，即以此「自然」爲其本質。所謂「自然」者，即體乎天道之運、陰陽之化之自自然然。故荀子狀之曰「虛」、曰「壹」、曰「靜」，曰「大清明」。（此義容後申述）及其官能化，則呈現其大用矣，（此義容後申述）而見其「靈」焉，是則亦可以稱之爲「心靈」。

(3)、荀子所言之「心」，有「徵知」之作用，「好利」之傾向——荀子所言之「心」，其本質既爲「虛壹而靜」、「大清明」之「自然」。循此「自然」之質性，其官能化之作用，則有二端：

①、「心」有「徵知」之作用——「徵知」者，楊倞、荀子、正名篇、注、第二七七頁、曰：「徵，召也，言心能召萬物而知之。」自其「能知」言之，是其官能化之「靈」也。自其所知者在「召萬物」，示其僅爲實然性之作用而已。亦即，「心」者，能呈現其實然性之「靈」，以認知外在之事物。（此義容後申述）

②、「心」有「好利」之傾向——荀子所言之「心」，既爲人性之官能化；而荀子所言之人性，乃謂天道之自然而賦予個體生命以爲其本質者。是以人性乃以「自然」爲規定。自然義之人性，其官能化則有耳、目、鼻、舌、身、心諸官能。⑮諸官能之作用，乃本乎生命之自然質性之應接事物。自然性質之生命。其活動每每服從「趨利避害」之原則。「心」既爲官能之一，當然亦服從「趨利避害」之原則，故有「好利」之傾向，蓋亦屬於自然生命之實然現象。（此義容後申述）

夫「心」，既有「徵知」之作用，此見其能也；且有「好利」之傾向，蓋順其性也。二者皆自然意義質性所表現之實然機能。

---

⑮ 荀子、正名篇、第二七六頁、曰：「……然則何緣而以同異？曰，緣天官。」楊倞、註、曰：「天官，耳目鼻舌心體也，謂之官。言各有所司也。」

## ㈡、荀子所言之「心」之內容

荀子、正名篇、第二七七頁、曰：「……說故喜怒哀樂愛惡欲以心異。心有徵知；徵知，則緣耳而知聲可也，緣目而知形可也。然而徵知必將待天官之當簿其類，（王先謙、集解、引俞樾、曰：『疑天官乃五官之誤。』）然後可也。五官簿之而不知，心徵之而無說，則人莫不然謂之不知，此所緣而以同異也。然後隨而命之。同則同之，異則異之。單足以喻則單，單不足以喻則兼。單與兼無所相避則共，雖共不爲害矣。……」

荀子、解蔽篇、第二六四頁、曰：「心未嘗不臧也，然而有所謂虛。心未嘗不滿也，（王先謙、集解曰：『滿當爲兩，兩謂同時兼知。』）然而有所謂一。心未嘗不動，然而有所謂靜。人生而有知，知而有志；志也者，臧也；然而有所謂虛；不以所已臧害所將受，謂之虛。心生而有知，知而有異；異也者，同時兼知之；同時兼知之，兩也；然而有所謂一；不以夫一害此一；謂之壹。心臥則夢，偷則自行，使之則謀。故心未嘗不動也，然而有所謂靜；不以夢劇亂知，謂之靜。未得道而求道者，謂之虛壹而靜。」

荀子、解蔽篇、第二六六頁、曰：「故道經曰：『人心之危，道心之微。』危、微之幾，惟明君子而後能知之。故人心譬如槃水，正錯而勿動，則湛濁在下，而清明在上，則足以見鬒眉而察理矣。（王先謙、集解、引郝懿行曰：『理上當脫膚字。』）微風過之，湛濁動乎下，清明亂乎上，則不可以得大形之正也，心亦如是矣。故導之以理，養之以清，物莫之傾；足以定是非，決嫌疑矣。」

荀子、正名篇、第二七四頁、曰：「……性之好惡喜怒哀樂謂之情。情然而心爲之擇，謂之慮。心慮而能爲之動，謂之僞。慮積焉，能習焉而後成，謂之僞。正利而爲謂之事，正義而爲謂之行。所以知之在人者謂之知，知有所合謂之智。」

荀子所言之「心」，其質性既爲「虛壹而靜」之「大清明」。「虛」者，無所藏而無所不藏之無盡藏。「壹」者，渾然之絕對。「靜」者，超越層之存在。此一超越而絕對且無盡藏之「心」，固爲一「大清明」之境界，實乃蘊涵豐富之內容。唯其內容非「天」所命之「固有」，乃緣自經驗生活中累積而得者。其功能則有下列數端。

(1)、荀子所言之「心」，能「徵知」以思辨——荀子一方面自生理學之立場，以「心」與耳目鼻舌身同視爲自然生命之官能，並各有所司。一方面自心理學之立場，提高「心」之地位與功能。即，耳目鼻舌身分別各自感知其所相對之事物，以盡其感性之作用。「心」則能「徵知」，楊倞、正名篇、注、第二七七頁、曰：「徵，召也。言心能召萬物而知之。」所謂「召萬物而知之」，即緣耳目鼻舌身所感知者而認知之，以盡其知性之作用。

「心」既緣耳目鼻舌身以認知外在事物，外在事物之被「心」所認知而藏於「心」中者，其形象也。凡諸形象之藏於「心」者，蓋爲「心」所抽象化。「心」既認知外在事物而抽象化之，並繼以概念化之。且能就其所認知之「概念」，加以分析、比較、推理、歸納、判斷、……，以成就「知識」：此思辨之作用也。由於「心」之思辨，就其認知外在事物所得之「概念」，類其同，別其異；則對外在事物，可藉單名、兼名、大共名、大別名、……以掌握其所涵之內容、意義，而組織成知識系統。夫「知識」無盡，莫不兼藏之於「心」中，爲「心」之無盡藏。而凡此「知識」，乃「心」之緣於耳目鼻舌身於經驗生活中累積而得者，故荀子所言能「徵知」以「思辨」之「心」，爲「認知心」，於生命則爲「認知主體」。（此牟宗三先生之說）是以荀子於正名篇曰：「所以知之在人者謂之知，知有所合謂之智。」

(2)、荀子所言之「心」，能見「理」以知「道」——荀子所言之「心」，既爲「虛壹而靜」之「大清明」。此一質性之心，實自「人心」中分析而提出。蓋荀子相應生命以言「心」，生命爲自然義者，生命之本質——「人性」則亦爲自然義，及其官能化爲「心」，則「心」亦爲①、自然義之質性，故狀之爲「虛壹而靜」之「大清明」。②、實然性之作用，故有「好利」之傾向。（此二義俱已申述於上文）是故荀子解蔽篇、第二六七頁、喻之曰，「人心譬如槃水」，並分解爲「湛濁」（楊倞、注、曰：「湛讀爲沈，泥滓也。」）與「清明」兩層面。案「湛濁」一層面，表現其實然性作用，乃出於自然生命之本能反應。「清明」一層面，（不爲「湛濁」所亂）則表現其「靈」焉；一則「徵知」外在事物，一則思辨其理則。故荀子喻之曰「見鬚眉而察（膚）理」，即「見理」也。

清明之「心」所見之「理」，包括兩大領域：①、自然現象之理——荀子所言之「認知之靈」，「徵知」外在事物，「思辨」其同異，則自然現象之「理」見焉。（已申述於上文）②、文化理想之理——荀子之「心靈」，乃以自然主義爲基礎，然後轉而嚮往儒家之文化理想，故其「心靈」中實充滿文化意識。荀子所嚮往於儒家之文化理想者，乃在禮義教化。夫儒家所瞭解之宇宙、人生，亦以自然意義爲基礎，其理想則在實踐道德價值。因此，乃先於生命中肯定一通於天道之仁心善性。依據此一仁心善性，而實踐其道德於人間生活，則人間生活彌綸一倫理秩序。此一倫理秩序之客觀形態即爲禮樂制度與儀節，其實踐之歷程則每每假借教化之實務。蓋期於以道德價值善化人生、善化宇宙。而荀子所嚮往而擇取於儒家者，即在「禮義教化」。故荀子於不苟篇、第三〇頁、言「禮義之統」，於儒效篇、第九二頁、言「知統類」。所謂「禮義」，實兼備政治社會之制度義，與人間生活之儀節義，以爲共同遵守之規範，而期建立其秩序。而「統類」者，即禮義制度與儀節，而相應於政治社會，人間生活諸規範、秩序之「共理」。「知統類」，即知此「禮義之統」之「共理」。此亦清明之「心」之所見者。

荀子清明之「心」所見之「理」，既包括上述自然現象之「理」，與文化理想之「理」。然而，荀子之學，終究以實踐儒家之文化理想爲宗旨，此「禮義之統」即其所謂之「道」。⑯故見此文化理想——「禮義之統」之「理」，即是知「道」。

(3)、荀子所言之「心」，能起僞以化性——荀子所言之「性」，乃有待於「化」者；其所以有待於「化」者之故，乃由於荀子、正名篇、第二八四頁、曰：「性者，天之就也；情者，性之質也；欲者，情之應也。」所謂「性」者，乃「自然天」所賦予人以爲生命之本

---

⑯ 楊倞、荀子、解蔽篇、註、第二六三頁、曰：「道，謂禮義。」見王先謙、荀子集解。

質，故「性」爲自然義者。所謂「情」者，乃「性」之質體，⓱蓋謂「情」源於「性」，亦爲「性」所以爲「性」之質體。荀子、正名篇、第二七四頁、又曰：「性之好惡喜怒哀樂謂之情。」即示「性」實涵「情」以爲質體，然後發而爲「情」。所謂「欲」者，乃「情」之感應。(包括內在之要求，與外在之引誘) 因此，「性」固爲自然義者，及其發而爲「情」，應而有「欲」，亦生命活動之實然表現與實然反應。凡此自然而實然者，其性質原屬中性者，就其自己而論之，實無所謂善或惡。雖然，荀子竟有「性惡篇」之作，觀乎荀子之本意，亦以「性」爲中性者。然後，荀子於申論中，設立一假然推理之命題，即自然義之「性」，其實然表現而爲「情」，實然反應而有「欲」，但是，如果「順是而無節」，於價值標準之判斷下，則爲「惡」矣。荀子即依據此一設立之假然推理命題，反以判斷「人之性惡」。既然，人之「性」惡，則有待於「化」矣。

　至於「化」性之道，則在起僞。荀子、性惡篇、第二八九頁、曰：「人之性惡，其善者僞也。」所謂「僞」者，王先謙、集解、引郝懿行、曰：「僞，作爲也。」而荀子、性惡篇、第二八九頁，則曰：「今人之性惡，必將待師法然後正，得禮義然後治。」夫「師法」者，所以教化；「禮義」者，所以規範。蓋期於①、內在方面，其「心」於「情」之發、「欲」之動，即知所擇慮，⓲然後由「才能」表現於行爲。⓳則爲「僞」。此爲清明之「心」之有

⓱「情者，性之質體」，乃楊倞、荀子、正名篇、註文、第二八四頁之語。

⓲荀子、正名篇、第二七四頁、曰：「性之好惡喜怒哀樂謂之情；情然而心爲之擇，謂之慮。」

所「知」而「爲」，乃屬「化性」之自性功夫。②、外在方面，以「禮義」規範行爲。荀子、性惡篇、第二九一頁、曰：「聖人積思慮，習僞故，以生禮義而起法度；然則禮義法度者，是生於聖人之僞。非故生於人之性也。」此示「禮義」乃生於聖人之「僞」。聖人之所以「生禮義」，乃本其清明之「心」，知所擇慮；並以其「才能」累積作爲而制作也。⑳而「禮義」之規範行爲，則屬「化性」之外緣功夫。

由是觀之，「起僞」者，「心」之自覺以超化其「情」「欲」而歸於善也。聖人本其自覺、清明之「心」，超凡之「才能」，累積其經驗，以制作禮義，而規範行爲，庶幾共歸於善也。既歸於善、共歸於善，則其性化矣。

是以，由「人之性惡」，至「其善者僞也」，荀子於其間開闢一廣闊之文化意識活動空間矣。

### ㈢、荀子所言之「心」之修養

荀子、修身篇、第一五頁、曰：「治氣養心之術，血氣剛強，則柔之以調和。知慮

⑲ 荀子、正名篇、第二七四頁、曰：「心慮而能爲之動，謂之僞。」又、二七五頁、曰：「智（王先謙、集解、引盧文弨曰：『句首智字衍』）所以能之在人者，謂之能。」楊倞、註、曰：「能，才能也。」

⑳ 王先謙、荀子、性惡篇、「禮義積僞者」句、集解、第二九四頁、曰：「禮義積僞者，積作爲而起禮義也。」

漸深，則一之以易良。(王先謙、集解、曰：『郝懿行曰：漸與潛古字通，韓詩外傳、二、作潛是。良作諒亦古字通用。』)勇膽猛戾，則輔之以道順。(王先謙、集解、引俞樾、曰：『順當讀爲訓。』)齊給便利，則節之以動止。(楊倞、注、曰：『爾雅云，齊，疾也。齊給便利，皆捷速也。』)狹隘褊小，則郭之以廣大。卑濕重遲貪利，則抗之以高志。庸衆駑散，則刦之以師友。怠慢僄棄，則炤之以禍災。愚款端愨，則合之以禮樂，通之以思索。(王先謙、集解、引俞樾、曰：『通之以思索』爲衍文)凡治氣養心之術，莫徑由禮，莫要得師，莫神一好。夫是之謂治氣養心之術也。」

荀子、不苟篇、第二八頁、曰：「君子養心，莫善於誠，致誠則無它事矣。唯仁之爲守，唯義之爲行。誠心守仁則形，形則神，神則能化矣。誠心行義則理，理則明，明則能變矣。變化代興，謂之天德。」

荀子、解蔽篇、第二六九頁、曰：「故仁者之行道也，無爲也；聖人之行道也，無彊也。仁者之思也恭，聖人之思也樂：此治心之道也。」

荀子既以人之「性」爲自然義者，及其實然表現而爲「情」，實然反應而有「欲」；並「順是而無節」，則爲「惡」矣。荀子即據是而斷之曰「性惡」。荀子既設「性惡」之論，乃於正名篇言「心」能擇慮而「僞」以治「性」。於性惡篇言聖人能積習以生禮義而化「性」。今復於修身篇言「治氣養心」，於不苟篇曰「養心」，於解蔽篇言「治心」。蓋示「心」亦有待於修養。

荀子於解蔽篇、第二六七頁，嘗以「槃水」喻「人心」，其間，湛濁是一層次，清明是一層次。復於正名篇以「心」爲「天官」之一，即以「心」爲自然義之「性」之官能化。而於天論篇則以「性」爲天道之運，陰陽之化所結聚於人以爲生命之本質，即其性質屬「氣」。「性」既屬「氣」，則官能化之「心」亦當屬「氣」。「心」既屬「氣」，故可以「槃水」爲喻、而有湛濁或清明之分別，此其所以有待於「治」，有待於「養」之故也。

(1)、荀子所言之「心」，其養之作用在於「治氣」——「心」既爲「性」之官能化，其性質屬「氣」。所謂「氣」者，陰陽也。陰陽之結聚而成形體，「心」亦屬之，陰陽之鼓盪爲「氣機」，而有活動。方心之君乎形，主乎神明，㉑即，表現其精神作用之時，每爲氣習（氣機之習慣性反應）所影響，難免有所偏差。故荀子於修身篇、第一五頁，論「治氣養心」之術，列舉氣習偏差之九例，蓋有待於治者，（治氣，即方氣機之鼓盪，能自覺以歸於沖和。）依乎荀子之學，氣習之偏差，即是「心術」之疏失，是以「治氣」即是「養心」，「養心」即是「治氣」。因此，「養心」之作用即在「治氣」。

(2)、荀子所言之「心」，其養之助緣在於「由禮」、「得師」——「心」既爲精神作用之主宰，然因每爲氣習之影響，而有所偏失。荀子、性惡篇、第二八九頁，曰：「人之性惡，其善者僞也。……故必將有師法之化，禮義之道。」荀子又於修身篇、第二〇頁、曰：「禮者，所以正身也；師者，所以正禮也。」夫「禮義」者，乃聖人本其清明之「心」，累

㉑ 荀子、解蔽篇、第二六五頁、曰：「心者，形之君也，而神明之主也。」

積其經驗；相應氣習之偏差、心術之疏失，而制作制度義、儀節義之禮義，蓋所以作爲政治社會、人間生活之規範，以收「化性」、「治心」之效。至於「師法」者，荀子、儒效篇、第九一頁、曰：「人有師有法，而知則速通，勇則速威，云能則速成，察則速盡，辯則速論。故有師法者，人之大寶也。」是故「師法」者，相應「禮義」而言，所以「正禮」也；相應政治社會、人間生活而言，所以「教化」也。因此，「由禮」、「得師」者，乃「養心」之助緣。

荀子、修身篇、第一六頁、曰：「凡治氣養心之術，莫徑由禮，莫要得師，莫神一好。夫是之謂治氣養心之術也。」此示「治氣養心」之術，「由禮」，乃其直捷途徑；「得師」，即其切要實務。至於「莫神一好」者，王先謙、集解、引王念孫曰：「一好，謂所好不二。儒效篇曰：『并一而不二，則通於神明。……皆其證。』」案儒效篇、第九一頁，所謂「并一而不二」，據楊倞、注、曰：「并，讀爲併。一謂師法，二謂異端。」而修身篇之「一」，當指「禮」與「師」；「莫神一好」，即未有併「由禮」「得師」之好，更能通於神明。

(3)、荀子所言之「心」，其養之要道在於「致誠」——「養心」，當有待於「由禮」、「得師」，而禮義規範，師法教化乃屬外在之助緣，所以輔佐其「心」之澄澈，庶幾日臻於清明。清明之「心」，即是荀子「養心」之最高境界。

荀子所養最高境界之清明之「心」，於不苟篇、第二八頁、則謂之「致誠」。王先謙、集解、引劉台拱、曰：「誠者，君子所以成始而成終也。以成始，則大學之誠其意是也；以成終，則中庸之至誠無息是也。此言養心莫善於誠，即誠意之事。」又，楊倞、注、曰：「致，極也。極其誠……」案孟子於離婁篇上、第一〇三頁，先言「誠」，而後荀子不苟篇承之。朱子、孟子、離婁篇上，第一〇三頁、集註、曰：「誠者，理之在我者，皆實而無僞，天道之本然也。」夫此一註文，其性質固適於孟子，而未必合於荀子；其思路則可爲孟子、荀子所通用。準是以觀荀子不苟篇所言者。「誠」者，①、指「心」之體，澄澈清明。蓋天運之氣化，結聚爲人之「性」，「氣」之性質即是一片清明，「性」之性質亦爲一片清明。「性」之官能化而有「心」，「心」之澄澈不爲湛濁所亂，則亦見其性質之清明，此荀子本其道家義人心觀所謂之「誠」。②、指「心」之用，「實而無僞」，故曰，「致誠則無它事矣」。③、指「心」之要道，在於「唯仁之爲守，唯義之爲行」。「仁」「義」，原爲孔子並建之道德綱領，孟子繼之，力倡「仁」「義」內在之說。荀子嚮往孔孟之教化，乃擇取以爲「心」之修養功夫；依荀子之學，「仁」「義」未能於「心」「性」植根，故唯視之爲外在之德目，藉爲「心」之所守、所行而已；凡能「守仁」、「行義」，則爲「心」之「致誠」。④、指「心」之盛德，通於「天德」。荀子、不苟篇、第二八頁、曰：「……誠心守仁則形，形則神，神則能化矣。誠心行義則理，理則明，明則能變矣。變化代興，謂之天德。」夫「仁」以生機爲義，「誠心守仁」則生機流露於外，而顯其神焉，斯爲化育之功；「義」以裁正爲義，「誠心行義」則裁正彰著其理，而見其明焉，此乃變革之效。「變」「化」迭代而繁興，則謂之「天德」。是以「誠心守仁、行義」所至之盛德，即是「變化代興」之「天德」。

「誠」，於荀子之學，實指自然義之「天」、「性」、「心」之清明性質。「君子養心莫善於誠，致誠則無它事矣」，蓋謂誠「心」。「心」誠，則其「心靈」之終始歷程，莫非一片清明。

(4)、荀子所言之「心」，其養之之境界在於自然——荀子、解蔽篇、第二六九頁，論「治心之道」曰：「……故仁者之行道也，無爲也；聖人之行道也，無彊也。仁者之思也恭，聖人之思也樂。此治心之道也。」「無爲」、「無彊」，順應自然之謂也。「思也恭」，王先謙、集解、引郝懿行、曰：「恭則虛壹而靜。」即知慮之體道；「思也樂」，即心思之隨化。其所體者亦即自然之道，其所隨著亦即自然之化。是以「養心」之最高境界，乃在臻於自然之化道。

荀子、解蔽篇、第二六三頁、又曰：「聖人知心術之患，見蔽塞之禍，故無欲、無惡、無始、無終、無近、無遠、無博、無淺、無古、無今，兼陳萬物，而中縣衡焉。……何謂衡？曰道。故心不可以不知道。」夫無之而至於無所不無，則自然之境界見矣。

槃水人心，湛濁、清明兼容於其中。養「心」之術者，自「治氣」至於順應自然之化道，即在呈現其「虛壹而靜」之「大清明」境界。

## 第四節　易傳所言之「心」

易傳者，乃所以闡釋周易古經，周易古經之成書年代，大約在西周初年，而易傳諸篇，則可能完成於戰國中期以後，至西漢中期之間。其作也，蓋未必爲同一時，亦未必爲同一人。

周易古經中，已有卦辭、爻辭數則之文中提及「心」字。觀乎周易古經所言之「心」，莫非各該卦辭、爻辭於啓示筮占者既遇是一卦辭或爻辭時，可能遭遇之境況，而隨機提及。是以其所提及之「心」，皆屬於心理作用之心理現象而已，此外，別無深意寓焉。例如，周易古經、旅卦、九四、第四〇二頁、㉒曰：「旅于處，得其資斧，我心不快。」

易傳既爲闡釋古經者，其彖傳、象傳，乃爲闡釋卦辭、爻辭者，則其所言之「心」，部分僅爲相應所釋卦辭、爻辭而闡述申明之。而卦辭、爻辭所言之「心」，既爲心理作用之心理現象，則彖傳、象傳之闡釋之者，亦僅爲及於心理作用之心理現象而已。例如，上引周易古經、旅卦、九四之象傳曰：「旅于處，未得位也。得其資斧，心未快也。」

凡此周易古經、易傳所言屬於心理作用、心理現象之「心」，僅爲隨機提及，別無深意，姑勿論之。此外，易傳所言之「心」，除相應所闡釋之卦辭、爻辭，同屬心理作用、心理現象者外，另有部分，則實自周易古經之涵義中提煉而出者，茲據以申述之。

## (一)、易傳所言之「心」之性質

易經、復卦、彖傳、第一八〇頁、曰：「反復其道，七日來復，天行也。利有攸往，剛長也。復其見天地之心乎！」

易經、繫辭上傳、第十一章、第四八一頁、曰：「是故蓍之德圓而神，卦之德方以

㉒ 見朱維煥、周易經傳象義闡釋，臺北市、學生書局印行，民國七十五年、十月、第二次印刷。

知，六爻之義易以貢；聖人以此洗心，退藏於密，吉凶與民同患，神以知來，知以藏往，其孰能與於此哉！古之聰明叡知神武而不殺者夫！是以明於天之道，而察於民之故，是與神物以前民用，聖人以此齋戒以神明其德夫！」

(1)、易傳所言之「心」，爲「天地之心」——易經、復卦、彖傳、第一八〇頁、曰：「復其見天地之心乎！」此示所謂「天地之心」，實由復卦而見。夫「復其見天地之心乎！」乃所以傳乎復卦、卦辭之「反復其道，七日來復」句。所謂「七日來復」之「七日」；實爲「七個月」之意。㉓「七日來復」，據孟喜、卦氣圖，係就周易古經六十四卦中，選取象徵陰氣依次遞長，陽氣相對依次遞消，至乎其極；繼之，一陽復生於下之七卦，以象徵五月、六月、七月、八月、九月、十月、十一月，共七個月之氣候演變。其圖如下：

䷫姤卦——五月之卦　　䷠遯卦——六月之卦

䷋否卦——七月之卦　　䷓觀卦——八月之卦

䷖剝卦——九月之卦　　䷁坤卦——十月之卦

䷗復卦——十一月之卦

---

㉓ 李鼎祚、周易、復卦、彖傳、集解、第九二頁、引侯果、曰：「豳詩曰：『一之日觱發，二之日栗烈。』『一之日』，周之正月也。『二之日』，周之二月也。則古人呼月爲日明矣。」又，李鼎祚、周易集解，臺北市、學生書局景印、民國五十六年、九月。

觀乎此圖，可知由象徵五月之姤卦、一陰始生，歷象徵六月之遯卦、二陰生起，……至於象徵十月之坤卦、則陰氣盛極。（相對陰氣由始生至盛極，陽氣則亦由始消至衰極。）繼之，象徵十一月之復卦、一陽復生。夫十一月，於周曆爲「正月」，於十二地支中則爲「子月」。許愼、說文解字、第七四九頁，「子」字下解曰：「十一月陽氣動，萬物滋也。」復卦、一陽復生於五陰之下，正所以象徵陽氣經歷衰極而復生。作彖傳者，乃傳之曰，「見天地之心」，可謂徹悟天地之化道也。

天地之化道，於周易古經中之表現方式，即以六十四卦之卦象爲架構。六十四卦之卦象，由分別或陰爻、或陽爻重疊而成；陰爻、陽爻分別象徵陰氣、陽氣；其重疊則象徵陰氣、陽氣於某一「特定境況」中之結構與交感。六十四卦之卦象，則分別象徵宇宙現象、人間遭遇之六十四種「特定境況」，以及六十四種「特定境況」彼此間相承相繼之關係，於是宇宙、人間各皆呈現一清明之秩序。凡此諸端，即是周易古經中所結構而成之「易象系統」。「天地之心」，即在「易象系統」所展布之宇宙、人間清明秩序中，於陰氣盛極而籠罩下，鼓盪其陽氣之氣機而見焉。

是以易傳所言「天地之心」者，乃自「易象系統」中，象徵冬去春來，陰消陽復之復卦中見之；實則亦主宰此「易象系統」所展布之清明秩序，以及其所象徵天地間時序推移、陰陽消長之化道。

⑵、易傳所言之「心」，爲聖人之「洗心」（絜靜精微之心靈——易心）——易經、繫辭上傳、第二章、第四五五頁、曰：「聖人設卦觀象，繫辭焉而明吉凶。」然則「易」者，（當

包括①、卦象。②、卦辭、爻辭。③、演蓍成卦之術）聖人之所作也。（此相傳之舊說）易經、繫辭上傳、第十一章、第四八一頁、曰：「是故蓍之德圓而神，卦之德方以知，六爻之義易以貢；聖人以此洗心，退藏於密，吉凶與民同患，神以知來，知以藏往，其孰能與於此哉？古之聰明叡知神武而不殺者夫！」依此可知聖人之作「易」也，①、於演蓍成卦之術，表現其變化圓通，乃有如莫測之神。②、於群卦所涵之德性，表現其序列定體，而呈現周知之智。③、於各卦六爻所具之意義，表現其隨機變易，以啓示吉凶之告。此「易」之道也。由此「易道」，即可知作「易」之聖人，實體「圓而神」、「方以知」、「易以貢」之德義，而見其「洗心」。

「洗心」者，來知德、易經來註圖解、第四四三頁、㉔曰：「洗心者，心之本然。聖人之心，无一毫私欲，如江漢以濯之，又神又知又應變無窮，具此三德者，所以謂之洗心。」禮記、經解篇、第一七三頁、曰：「絜靜精微，易教也。」然則，「洗心」即是「絜靜精微」之「心靈」。蓋聖人以此「絜靜精微之心靈」，相應天地之化道，創作「易象系統」，於「蓍之德圓而神」、「卦之德方以知」、「六爻之義易以貢」之「易道」中，通過蕩滌而呈現其自己。斯乃易經、繫辭上傳、第十一章、第四八一頁、所稱之「洗心」。

易經、繫辭上傳、第七章、第四六九頁、曰：「天地設位，而易行乎其中矣。」「天地之心」乃在復卦一陽復生於五陰之下見之，亦即於「易象系統」之展布中彰顯之，故亦爲「易心」。此易經、彖傳之作者爲天地所超越安立者。「聖人之洗心」乃在其所創作之「易

---

㉔見來知德、易經來註圖解，臺北市、惠文出版社發行，民國六十五年、四月、再版。

象系統」中，表現其「蓍之德圓而神」、「卦之德方以智」、「六爻之義易以貢」諸德義，而蕩滌以呈現者，故亦爲「易心」。此易經、繫辭傳之作者爲聖人所內在安立者。夫「易心」唯一，方其主宰乎「易象系統」之展布，而行於天地之間，則爲「天地之心」；方其主宰「易象系統」之創作，而涵於聖人之德，則爲「聖人之洗心」。

易經、乾卦，文言傳、第二三頁、曰：「夫大人者，與天地合其德，……先天而天弗違，後天而奉天時。」（案此所謂之「大人」，乃相應所釋乾卦、九五爻辭「利見大人」而言。於義，則言大德之人，亦即聖人是也。）因此，「聖人之洗心」，通過所創作之「易象系統」，而默契乎「天地之心」；「天地之心」，假借所展布之「易象系統」，而呈現於「聖人之洗心」。此「聖人之洗心」與「天地之心」之所以「合其德」也。

## (二)、易傳所言之「心」之內容

易經、乾卦、象傳、第八頁、曰：「天行健，君子以自強不息。」

易經、剝卦、象傳、第一七三頁、曰：「君子尚消息盈虛，天行也。」

易經、繫辭上傳、第一章、第四五二頁、曰：「是故剛柔相摩，八卦相盪。」

易經、繫辭上傳、第四章、第四六二頁、曰：「易與天地準，故能彌綸天地之道。」

朱子、周易、繫辭上傳、第五章、本義、第五八頁、㉕引程子曰：「天地无心而成化，聖人有心而无爲。」案此兩句，深表程子悟道有得之境界。如果自表面觀之，「天地无心」，「聖人有心」，則天地自爲天地，聖人自爲聖人矣，聖人與天地，將如何「合其德」？（義見上文）因此，此兩句應當以「互文足義」之文法解之。即：①、「天地无心」，「聖人有心」，聖人既與天地「合其德」，則聖人之「有心」，實體天地之「无心」以「有」之。是以，自聖人之「有心」，則可反以作爲天地亦當「有心」之見證。又者，天地「无心」而「成化」，「成化」則當「有心」。②、聖人「有心」而「无爲」，「无爲」即「无心」；聖人「无心」，始可與天地「合其德」。此聖人之「有心」所以體乎天地之「无心」。總之，天地「无心」而「有心」，聖人「有心」而「无心」，聖人並天地，同其「有心」而「无心」，「无心」而「有心」。因此，「有心」，則「成化」有所主宰；「无心」，則無所顯相，無所著意，唯任其自然以「成化」而「无爲」也。既然如此，則「心」之內容可以探討矣。

(1)、易傳所言之「心」，於天地爲涵備「天行」之理則——據易經、復卦、彖傳，「天地之心」乃於復卦之卦象中見之。復卦之卦辭、第一七八頁、曰：「反復其道，七日來復。」據孟喜、卦氣圖，乃謂由姤卦一陰始生象徵五月，歷遯卦二陰生焉、象徵六月，否卦三陰生焉、象徵七月，觀卦四陰生焉、象徵八月，剝卦五陰生焉、象徵九月，坤卦陰氣極盛、象徵十月，至復卦一陽復生於五陰之下、象徵十一月。即陰氣由始生、依次遞長至盛極；相對言

㉕ 朱熹、周易本義，臺北市、啓明書局景印，民國四十六年、十月、再版。

之，陽氣則由始消、依次遞減至衰極。繼之，則爲陰氣之始消，陽氣之復生。此之謂「反復其（裴學海、古書虛字集釋、第三七三頁、㉖曰：『其猶之也。』）道」，此之謂「七日（李鼎祚、周易、復卦、象傳、集解、第九二頁、引侯果、曰，古人呼月爲日）來復」。（此義已詳述於上文）易經、繫辭上傳、第四章、第四六二頁、曰：「易與天地準，故能彌綸天地之道。」夫此「七日（月）來復」之「反復其（之）道」，屬於「易象系統」之一行程。而「易象系統」所以象徵「天地之道」，則「七日（月）來復」之「反復其（之）道」，既屬「易象系統」之一行程，故亦象徵「天地之道」之一行程。不論或爲「天地之道」之一行程，或爲「易象系統」之一行程，其落實處，即在陰氣之始生，依次遞長而至盛極，轉而始消；相對爲陽氣由始消，依次遞減而至衰極，轉而復生。易經、象傳之作者，既於復卦一陽復生之際，見「天地之心」焉。則可知此「天地之心」實爲「易象系統」之主宰，亦所以爲「天地之道」之主宰。

「天地之心」既爲「易象系統」之主宰，且爲「天地之道」之主宰。又「天地之道」既爲「易象系統」所彌綸，而「易象系統」所以彌綸「天地之道」者，乃因爲「易象系統」中共有六十四卦，每卦各象徵一「宇宙」，象徵「人間」之一「特定境況」。而每卦各以六爻或爲陰爻、或爲陽爻所結構而成。此由六爻或陰爻、或陽爻構成之卦象，則由於或陰或陽之或相對待或相感應，以決定是卦之性格、及其所象徵「特定境況」之意義。又，六十四卦雖然各爲一獨立之「卦象」，而卦與卦之間，實亦寓有相錯、相綜、相承、相繼之關係。因此，

---

㉖ 裴學海、古書虛字集釋，臺北市、泰順書局總經銷。

「卦象系統」畢竟蘊涵一結構之條理與運行之規則；以此彌綸「天地之道」，則「天地之道」亦爲此結構之條理與運行之規則所窮盡。易經、彖傳之作者，既藉復卦之卦象，超越安立一「天地之心」，則「易象系統」彌綸於「天地之道」之「理則」，亦當攝之歸於「天地之心」，以爲「天地之心」所涵備之內容。

其實，由於「天地之心」涵備其「理則」以爲內容，方其主宰「易象系統」與「天地之道」，則「易象系統」之展布，「天地之道」之運行，皆有秩序。

「天地之道」無心，而以生物爲「心」，「易象系統」亦無「心」，然既彌綸「天地之道」，故亦體「天地之道」以生物爲「心」之「心」以爲「心」，是以此「心」即是「天地之心」。「天地之心」所涵備之「理則」，於生物也，一則落實以鼓盪其氣機，一則超越而規範其秩序。如是，則天道自運焉，健行而不已；萬物自生焉，化育而無息。蓋自自然然而功德無量也。

⑵、易傳所言之「心」，於聖人爲涵備知來之「神」與藏往之「知」——聖人之作「易」，既於「蓍之德圓而神」、「卦之德方以知」、「六爻之義易以貢」之中，呈現其「洗心」。(已申述於上文) 聖人之「洗心」，既「退藏於密」，復「吉凶與民同患」。即，其「體」歸於絕對性自己，其「用」則於道德意識涵蓋下，藉卦辭、爻辭設吉凶之斷占以示與民同憂患。

聖人之所以能本「洗心」，以「退藏於密，吉凶與民同患」者，乃「神以知來，知以藏往」之故。(以上所引兩句，俱見易經、繫辭上傳、第十一章、第四八一頁) 所謂①、「神以知來」，即以圓通之神，預測未來之境遇。蓋周易古經設爲六十四卦，以象徵並窮盡宇宙、人間之「特定境況」；卦有六爻，以示該一「特定境況」之發展歷程。於是，占者如果心有所疑，行有所迷，即可於其所筮而遇之卦辭、爻辭，以預知未來之境遇，而有所趨避。夫世事萬變，境遇無窮，而聖人作「易」以預設之，此示其「神」之圓通。②、「知以藏往」，即以周知之智，積藏以往之經驗。蓋周易古經所設六十四卦，以象徵並窮盡宇宙、人間之「特定境況」，以及每卦六爻所示該一「特定境況」之發展歷程，皆屬以往之經驗事實，而聖人積藏之，並於所作之「易」中預設之，庶幾對於心有所疑，行有所迷者，提供一啓示之作用。此示其「知」（智）之周知。

聖人本其「洗心」，於知來見其「神」焉，於藏往見其「知」（智）焉。此「神」此「知」（智），即是聖人「洗心」之內容。夫「知」（智）所藏之以往經驗，固積藏於「洗心」，亦歸納於「易象系統」。「神」所知之未來遭遇，誠預知於「洗心」，亦啓示於「易象系統」。是以聖人之「洗心」，其「體」自爾「退藏於密」，其「用」則爲「知」（智）藏、「神」知所呈現之「易象系統」，以「吉凶與民同患」。

聖人之「洗心」，既「退藏於密」，是「有心」而「无心」；及其「吉凶與民同患」，亦「无爲」而「成化」也。

## ㈢、易傳所言之「心」之修養

易經、坤卦、文言傳、第三六頁、曰：「天地變化，草木蕃；天地閉，賢人隱。」

易經、繫辭上傳、第二章、第四五五頁、曰：「聖人設卦觀象，繫辭焉而明吉凶；剛柔相推而生變化。」

易經、復卦、彖傳所言「天地之心」，乃爲天地化生萬物之主宰，屬於形而上一層次，爲純「靈」者，故無待於修養。又，繫辭上傳、第十一章、第四八一頁，所言聖人之「洗心」，則爲經由作「易」之蕩滌而呈現，屬於精神上之最高境界，亦無所待於修養。

雖然，「天地之心」固爲天地化生萬物之主宰，然而，易經、坤卦、文言傳、第三六頁、曰：「天地變化，草木蕃；天地閉，賢人隱。」此示「天地之心」或有隱晦之時乎！然則如何期於湛然呈現，其外緣理由則可得而論。同理，聖人之「洗心」既經由作「易」之蕩滌而呈現；此蕩滌之歷程，亦可得而解。今將「天地之心」與聖人之「洗心」呈現於具體世界、所必須具備之機緣，姑視之爲自我呈現所相應之修養功夫。

(1)、易傳所言之「心」，見於「天地之心」者，有待於陰陽之消長而呈現——易經、復卦、彖傳、第一八〇頁、曰：「復其見天地之心乎！」此句乃所以傳乎復卦、卦辭之「反復其(之)道，七日(月)來復」句。蓋謂「天地之心」之見焉，據孟喜、卦氣圖，其歷程，始於以姤卦象徵五月、一陰始生，繼之依次爲以遯卦象徵六月、二陰生起，以否卦象徵七月、三陰生起，以觀卦象徵八月、四陰生起，以剝卦象徵九月、五陰生起，以坤卦象徵十月、陰氣極盛。(陽氣相對陰氣之依次遞長，則亦依次遞消。)過此，則以復卦象徵十一月、一陽復生於五陰之下。十一月，周曆之正月也。夫周易古經設爲六十四卦，每卦各以陰爻或陽爻構成，陰爻象徵陰氣，陽爻象徵陽氣，陰爻與陽爻之結構與關係，象徵陰氣與陽氣之相對待與相感應。孟喜之卦氣圖，即在解釋陰氣依次遞長，陽氣相對依次遞消，至於其極，則爲陽氣衰極而復生，陰氣相對由盛極而始消。陽氣由衰極而復生，所以鼓盪天地生物之氣機，復卦、彖傳之作者，乃所以自是而見「天地之心」。（此義已詳述於上文）

落實言之，如果陰氣與陽氣之消長過程中，依天運之行程，自五月至十一月，陰氣由依次遞長至盛極而轉化爲始消，陽氣相對依次遞消至衰極而轉化爲復生，此天行之正常秩序，則「天地之心」見焉，而「天地變化，草木蕃」可得而期矣。否則，如果，若易經、否卦、彖傳、第一〇一頁所言：「天地不交，而萬物不通也。」即陰陽之消長不時，天道之運行失序，而「天地之心」隱晦矣。是爲「天地閉，賢人隱。」

「天地之心」，既有待於陰陽之消長而呈現。易經、復卦、彖傳之作者，唯就「易象系統」中，由姤卦至復卦所相應以象徵之天道運行行程中，見其「天地之心」。準是以觀，「易象系統」中，「剛柔相推而生變化」，即六十四卦莫不以陰爻陽爻象徵陰氣陽氣，及其消長之變化，即爲天道之運行，而「天地之心」亦莫不主乎其間。

書經、周官篇、第一二〇頁、曰：「茲惟三公，論道經邦，燮理陰陽。」此固爲政治上爲政牧民之準則；如果移之於宇宙間，以「燮理陰陽」，而期於消長以時，則「天地之心」湛然呈現矣。夫「天地之心」誠爲永恆長存，而易經、復卦、彖傳之作者及時彰顯之。相應「天地之心」之自我呈現，其所必須具備之機緣，可以得而參贊也。

(2)、易傳所言之「心」，見於聖人之「洗心」者，乃經由蓍卦德義之蕩滌而呈現——

論「心」，依荀子、解蔽篇、第二六七頁之說，有如「槃水」，可分爲「湛濁」與「清明」兩層次。聖人亦人，易經、繫辭上傳、第十一章、第四八一頁，所言之「洗心」，即是「人心」經過一番蕩滌，而復「湛濁」在下，但見其「清明」在上而已。

「蕩滌」之道不一，易經、繫辭上傳、第十一章、第四八一頁所言者，乃自聖人作「易」之成就而見。所謂聖人作「易」之成就，即該章所言之「蓍之德圓而神」、「卦之德方以知」、「六爻之義易以貢」。（其實義已敘述於上文）蓋謂演蓍成卦之「術數程序」，乃遵循宇宙秩序之數值，以精心設定，及其推衍則變化而莫測。六十四卦之「易象系統」，則相應宇宙、人間之各種「境況」與過程「階段」，而彌綸一超越律則。至於每卦六爻所涵之意義，各以爻辭表達，乃以往經驗之累積，未來境遇之預告，而流露其道德意識焉。終於抒展一「吉凶與民同患」之宏願。

夫聖人之作「易」，乃相應宇宙、人間，既順應其變化，且貞定其律則，復本其道德意識以涵蓋潤澤之。經由如此一番蕩滌，則其「洗心」呈現矣。

易傳所言之「心」，不論爲「天地之心」，或爲「聖人之洗心」，皆爲經由周易古經之「易象系統」而呈現；因此，「天地之心」，「聖人之洗心」，亦涵攝於「易象系統」之中，並交融於「易象系統」之中以爲「易心」。由此「易心」之涵攝，則「天地之心」、「聖人之洗心」淨化而爲一；並可經由「易心」而契會之。

# 第三章　宋明理學家所言之「心」

## 第一節　張橫渠所言之「心」

（本節，諸多參考牟宗三先生之大著「心體與性體」，第一冊、第二部、第二章、第三節、第五二九頁起之宏論㉗）

先秦儒家論「心」之學，自秦漢以後，則隨先秦儒家學術之沒落而隱晦。千餘載之後，北宋之理學家興起，其學術使命固在闡述先秦儒家之天道與人道，間亦提及有關於「心」之觀念。但首先對「心」作盡精微之體悟與弘揚者，當推張橫渠、正蒙之「大心篇」，以及其餘各篇，隨機所提及者。

㉗ 牟宗三先生、心體與性體，臺北市、正中書局印行，民國五十八年、六月、臺初版。

## (一)、張橫渠所言之「心」之性質

張橫渠、張子全書、卷二、正蒙、大心篇第七、第二一頁、㉘曰：「由象識心，徇象喪心。知象者心。存象之心，亦象而已，謂之心可乎！」

張橫渠、張子全書、卷二、正蒙、太和篇第一、第三頁、曰：「合性與知覺，有心之名。」

張橫渠、張子全書、卷二、正蒙、大心篇第七、第二一頁、曰：「大其心，則能體天下之物。物有未體，則心爲有外。世人之心，止於聞見之狹。聖人盡性，不以見聞梏其心。其視天下，無一物非我。孟子謂盡心則知性知天，以此。天大無外，故有外之心，不足以合天心。」

張橫渠之言「心」，亦秉先秦儒家以書經、大禹謨篇爲代表所言者，掌握「人心」、「道心」兩層面，唯多爲隨順其機緣以申述。

(1)、張橫渠所言之「心」，有「存象之心」一層面——所謂「象」者，乃謂宇宙間萬事萬物所以成爲具體存在而表現之現象。凡諸「現象」，既爲耳、目、鼻、舌、身五官所感知，即抽象化、概念化而儲存於「心」中，是之謂「存象」。此一「存象」之「心」，乃屬於心理學領域之「認識心」。「認識心」對於外在之「現象」，既已認識之後，復能加以「分

㉘ 張橫渠、張子全書，臺北市、中華書局印行，民國五十五年、三月、臺一版。

別計度」。（此借用佛家、唯識宗語）夫宇宙間之「現象」，無不於時間與空間交錯之流程中，變動不居；相應而言，「認識心」之「分別計度」，亦與之運作無已。

因此，此一「認識心」乃以抽象化、概念化之「現象」爲內容，並依此所儲存之抽象化、概念化「現象」而被肯定其存在，故曰「由象識心」。「認識心」既認識、儲存諸「現象」，並相應其於時間空間交錯流程中變動不居，而起「分別計度」，則迷失其自己，故曰「徇象喪心」。蓋此「存象」之「心」，既以「存象」而被肯定其存在，並隨緣「徇象」而迷失自己，故亦淪落於宇宙間爲一「現象」；其「分別計度」，亦即屬於「現象」之隨緣而流變。故曰「存象之心，亦象而已。」此「存象之心」一層面之「心」，即書經、大禹謨篇所謂之「人心」。

(2)、張橫渠所言之「心」，有「廓太虛、合天心」一層面——張橫渠、張子全書、卷二、正蒙、大心篇第七、第二一頁，既言「存象之心，亦象而已」之一層面。復言「知象者心」一層面。「知象者心」之「知」，當屬「悟性」之悟性作用之「悟知」。「悟知之心」，相對宇宙間萬事萬物所以成爲具體存在而表現之「現象」，能悟知其本質之意義、與關係之條理，然後判斷宇宙萬象之價值，建設人間生活之規律，是爲「知象」。此一「知象」之「心」，與所知之「象」，乃爲既超越乎其上，（超越乎一切「現象」之上）且涵攝於其中。（「現象」之意義、條理、價值、規律固爲「現象」之所屬，而亦涵攝於「心」中。）故「知」之即悟之，悟之即契之、主之。

張橫渠、張子全書、卷二、正蒙、大心篇第七、第二一頁、曰：「天之不禦莫大於太虛，故心知廓之，莫究其極也。人病其以耳目見聞累其心，而不務盡其心。故知盡其心者，必知心所從來而後能。」案：「不禦」，朱子、周易、繫辭上傳、第六章、「以言乎遠則不禦」句、本義、第五八頁、曰：「不禦，言无盡。」「廓」，揚雄、方言、曰：「張小使大謂之廓。」然則，蓋謂天之無窮盡未有比太虛更無窮盡，亦即，天以太虛而見其無窮盡。而「心」知擴充自己則其精神彌綸於太虛，而莫能窮究其極限。此即孟子、盡心篇下所謂之「盡其心」。夫孟子所謂「盡其心」之「心」，於孟子、告子篇上、第一七〇頁，則曰：「此天之所與我者。」依張橫渠之意，「此天之所與我者」之「心」，於世人，每爲「聞見之狹」所限，以致不能「廓」之、「大」之。唯聖人，不爲見聞所梏，知所「廓」之、「大」之，故能「一物成」、「合天心」。此「廓太虛、合天心」一層面之「心」，即書經、大禹謨篇所謂之「道心」。

(3)、張橫渠所言之「心」，其「廓太虛。合天心」一層面爲道德性者——張橫渠、正蒙、太和篇第一、第三頁、曰：「合性與知覺，有心之名。」張橫渠之學，乃繼乎儒家，於此所言之「性」，亦承乎孟子。孟子、滕文公篇上、第六四頁、曰：「孟子道性善，言必稱堯舜。」「性」之善，以道德性故也。案張橫渠之意，蓋謂「性」者，乃以規定生命之本質；「性善」即示生命之本質爲善者。張橫渠、張子全書、卷二、正蒙、太和篇第一、第三頁、又曰：「合虛與氣，有性之名。」「虛」即「太虛」，於張橫渠之學，乃指形而上之實體；「氣」者，則爲「太虛」所呈現之作用。「合虛與氣」，即爲「太虛」之呈現其「氣化」大用；賦予於人者則名之曰「性」。故「性」者，所以規定生命之本質；及其呈現爲「知覺」，則名之曰「心」。「性」既爲善者、道德性者，則呈現其「知覺」所名之「心」，亦爲善者，道德性者。

夫「心」唯一，張橫渠所言「存象之心」一層面，乃自然生命之實然，爲凡言「心」者之共同基礎，固無論矣。至於，「知象者心」，能「廓太虛、合天心」一層面，始爲張橫渠所欲「大」之之「大心」。

## ㈡、張橫渠所言之「心」之內容

張橫渠、張子全書、卷二、正蒙、誠明篇第六、第一八頁、曰：「心能盡性，人能弘道也。性不知檢其心，非道弘人也。」

張橫渠、張子全書、卷三、正蒙、至當篇第九、第二頁、曰：「安所遇而敦仁，故其愛有常心；有常心則物被常愛也。」

所謂「心能盡性」，其故何在?張橫渠、張子全書、卷二、正蒙、太和篇第一、第三頁、曰：「合性與知覺，有心之名。」然則「心」之內容，可得而論矣。

⑴、張橫渠所言之「心」，以「性」爲體、以「知覺」爲用——孟子於滕文公篇上、第六四頁、既「道性善」，張橫渠承之，以之爲規定生命之本質而已。及其「合知覺」，則名之爲「心」。依張橫渠之意，自「性」之立場言之，僅具有本質義，而未必涵有知覺之能，故曰，「性不知檢其心」。自「心」之立場言之，乃「合性與知覺」而名之，則「性善」之

「性」，其所體者也。而「知覺」者，其所用之能也。夫孟子、公孫丑篇上、第四七頁，以「心」具備仁、義、禮、智四端，故善；「心」既善，則其「性」亦善。張橫渠則以「性善」之「性」爲體，轉而合以孟子、公孫丑篇上、第四七頁，「是非之心，智之端也」之知覺，以爲「心」之用。是以「心」者，乃以「性」爲體，以「知覺」爲用。

然則，「心」既以「知覺」爲用，即以「知覺」爲內容；既以「性善」之「性」爲體，即以此「善性」規定其本質。而後，「知覺」之作用，則爲其所體之「善性」所規定矣。

(2)、張橫渠所言之「心」，以「仁」爲體、以「愛物」爲用——張橫渠、正蒙、至當篇第九、第二頁、曰：「安所遇而敦仁，故其愛有常心；有常心則物被常愛也。」易經、繫辭上傳、第四章、第四六二頁、曰：「安土敦乎仁，故能愛。」所謂「仁」，乃孔子所倡導以指導踐履之道，（此外，另有深義在，非本節範圍，故不涉及。）凡踐仁而有得者，則稱爲「仁者」。張橫渠合斯二者之道，而攝歸於「心」，謂之「常心」。

「常心」，乃安於任何境遇，而能敦篤於仁，即以「仁」爲體。體乎「仁」，即是「心」之「其愛有常」，則「物被常愛」，是故「心」者，乃以「愛物」爲用也。

孔子言「仁」，每勉人實踐以成就「仁者」之人格。孟子出，則將「仁」收攝之於「心」，稱爲「仁心」。張橫渠則順易經、繫辭上傳、第四章之語脈，彰顯孔子與孟子之義蘊，則「仁」爲「心」之體，以規定「心」之本質；「愛物」爲「心」之用，以呈現「心」之內容。故張橫渠所言之「心」，乃以「仁」爲體，以「愛物」爲用。

孔子一生指導踐「仁」，蓋以「仁」爲道。孟子則收之於「心」，故「心」爲「仁心」；

「心」之既「仁」，則其「性」亦「仁」，是爲「仁性」。是以張橫渠所言之「心」，其體，自生命之本質言之，是爲以「性」爲體；自生命本質之價值言之，是爲以「仁」爲體。其用，既以「性」爲體，則所「合」之「心」，知「廓太虛」，而見其以「知覺」爲用；既以「仁」爲體，論語、顏淵篇、第八五頁、曰：「樊遲問仁，子曰：『愛人。』」推之，則當如孟子、盡心篇上、第二〇三頁、所言：「親親而仁民，仁民而愛物。」是「心」以「愛物」(及人)爲用。夫「心」之「知覺」知「廓太虛」，即是孟子、盡心篇上、第一八七頁、所謂之「盡其心者，知其性也；知其性則知天矣」。而天以生物爲心，生之則當然愛之。故「心」之「知覺」，通過「廓之」之功夫，則「愛物」之義涵焉。反之，「心」之「愛物」，溯其「知天」之境界，則「知覺」之義亦備焉。

張橫渠所言之「心」，不論以「性」爲體，以「仁」爲體，其爲本質誠一也。不論以「知覺」爲用，以「愛物」爲用，其爲內容則相互涵備。

## (三)、張橫渠所言之「心」之修養

張橫渠、張子全書、卷二、正蒙、中正篇第八、第二七頁、曰：「有受教之心，雖蠻貊可教爲道。既異，雖黨類難相爲謀。」

張橫渠、張子全書、卷二、正蒙、大心篇第七、第二二頁、曰：「成心忘，然後可與進於道。」

張橫渠、張子全書、卷二、正蒙、中正篇第八、第二七頁曰：「以責人之心責己，則盡道。所謂君子之道四，丘未能一焉者也。以愛己之心愛人，則盡仁。所謂施諸己而不願，亦不施於人者也。」

張橫渠、張子全書、卷二、正蒙、大心篇第七、第二一頁、曰：「天之明莫大於日，故有目接之，不知其幾萬里之高也。天之聲莫大於雷霆，故有耳屬之，莫知其幾萬里之遠也。天之不禦莫大於太虛，故心知廓之，莫究其極也。人病其以耳目見聞累其心，而不務盡其心；故思盡其心者，必知心所從而後能。」

張橫渠之言「心」，已自覺分析為「存象之心」（人心）、與「知象者心」（道心）兩層次。（已申述於前文）至於修養之功夫，但見其語錄而已；固然亦兼及所分析之兩層次，唯未曾分別指明所屬者為何；蓋或為隨緣而發之乎！

⑴、張橫渠所言之「心」，其修養，在自我超化以進於道——張橫渠所言有待超化之「心」，乃指「有受教之心」，即「成心」。「有受教之心」，即凡人實然之心。「成心」，詞出莊子、齊物論篇、第二九頁，㉙乃謂依其實然之心以積習而成者。夫二者皆指「實然之心」、即「人心」而言。

「實然之心」，乃凡人所得而有者，屬於原始形態者。原始形態之「實然之心」，相

㉙見郭慶藩、莊子集釋，臺北市、世界書局印行，民國四十四年、十一月、臺一版。

應自然生命誠有其主宰性作用。然僅爲隨緣流轉，而屬於中性者。固然可能有所符合於道德，但亦可能陷溺自己而違悖社會規範，因此，自道德理想之立場論之，實有待於超化。

「蠻貊」，中庸、第三十一章、第二八頁、曰：「施及蠻貊。」乃指文化程度落後之民族，以其氣質之固，陷溺之深也，而「受教之心」未嘗不「有」。此「教」之所以可能與必須，蓋所以期其「爲道」也。「受教之心」即「成心」者，積習而成之「實然之心」；「實然之心」所積之習，每甚膠固，以致自我陷溺。唯「忘」之，「忘」之即所以超化也，超化則「可與進於道」。

「爲道」、「進於道」之「道」，乃指「規律」而言。夫「道」，於天乃爲四時運行之「規律」，於人則爲人間生活之「規律」。凡踐履而有得者，則謂之「德」。張橫渠於張子全書、卷二、正蒙、中正篇第八、第二七頁、曰：「有受教之心，雖蠻貊可教爲道。」又於正蒙、大心篇第七、第二三頁、曰：「成心忘，然後可與進於道。」皆所以超化「實然之心」（人心），以遵行宇宙、人間之「規律」，庶幾履「道」而有「德」（得）也。

(2)、張橫渠所言之「心」，其修養，當反求諸己、推己及人以盡之——張橫渠、張子全書、卷二、正蒙、中正篇第八、第二七頁、曰：「以責人之心責己，則盡道。」繼之，所徵引以爲參證之語錄，見中庸、第十三章、第九頁、曰：「君子之道四，丘未能一焉。所求乎子，以事父，未能也。所求乎臣，以事君，未能也。所求乎弟，以事兄，未能也。所求乎朋友，先施之，未能也。」此「實然之心」以上之高一層次，蓋爲道德意識之反省、自覺而呈現其「道德之心」。（道心）夫「以責人之心責己」，「責人」，每爲道德理想之抒發，以求其行爲之完滿；至於其間所應當具備之因緣，所可能遭遇之阻難，則輕掠而過。如果以之「責己」，即是以道德理想作爲自己行爲之規範；此道德理想，如子之事父者，臣之事君者，弟之事兄者，朋友之相待者，皆爲人所以爲人之「道」；當然必須具備應當具備之因緣，克服可能遭遇之阻難；然後此「道」始能具體化實踐於人間生活，是之謂「盡道」。

「以愛己之心愛人」，張橫渠、張子全書、卷二、正蒙、中正篇第八、第二七頁，此語下，所舉而徵引以互相參證者，一則爲論語、顏淵篇、第七八頁，孔子答仲弓問仁，曰：「己所不欲，勿施於人。」一則見論語、公治篇、第二八頁：「子貢曰：『我不欲人之加諸我也，我亦欲無加諸人。』子曰：『賜也，非爾所及也。』夫「以愛己之心愛人」，「愛己」，此爲精神價值之追求，以求其人格之完滿。其落實處，即在尊重自己之意欲，包括道德上之好惡，㉚以及生活上之趨避。「愛人」，即推此尊重自己道德上好惡、生活上趨避之意欲，以尊重他人，而期於相勉以提升其精神境域。故大學、傳、第十章、第十頁、㉛曰：「所謂平天下在治其國者，上老老而民興孝，上長長而民興弟，上恤孤而民不倍：是以君子有絜矩之道也。所惡於上，毋以使下；所惡於下，毋以事上；所惡於前，毋以先後；所惡於後，毋以從前；所惡於右，毋以交於左，所惡於左，毋以交於右：此之謂絜矩之道。」夫凡此審度自己之意欲，推而尊重他人之意欲，以提升精神境域，即是「仁」之廣被，故曰「盡仁」。

---

㉚ 論語、里仁篇、第二〇頁、曰：「唯仁者，能好人，能惡人。」

㉛ 見朱熹、四書集註、大學章句。

「以責人之心責己」，以期道德理想之具體化實踐於人間生活，此為客觀義之「盡道」；具體化實踐道德理想於人間生活，即是提升精神境域，故於主觀義則為「盡仁」。「以愛己之心愛人」，以期精神境域之提升並廣被，此為主觀義之「盡仁」；提升並廣被其精神境域，即是具體化實踐道德理想，故於客觀義則為「盡道」。

(3)、張橫渠所言之「心」，其修養，當「廓太虛」、「合天心」以「大」之──張橫渠、張子全書、卷二、正蒙、太和篇第一、第三頁、曰：「由太虛有天之名，由氣化有道之名，合虛與氣有性之名，合性與知覺有心之名。」觀乎張橫渠所言者，「心」，以「知覺」為用，以「性」為體。（已申述於前文）「性」，乃「太虛」呈現其「氣化作用」而賦予人者之名。「太虛」即「天」，蓋自「氣化作用」反顯其「虛而神」以為體㉜而稱之。夫由「太虛」及其所呈現之「氣化作用」，即是所謂「道」。而「道」者，萬物化生所共由之途徑。如果順乎此「道」，乃見「太虛」（天）之化生萬物；逆乎此「道」，則為「大心」之修養功夫。

「心」既有「知覺」之用，「知覺」必須假借耳目（包括五官）之聞見，以感知外在事物。然而，正因為如此，以致每為耳目所累、聞見所梏，而不能「大其心」以「體天下之物」。至於所謂「大其心」者，

①、積極之功夫──「大其心」之積極功夫，乃在「廓太虛、合天心」。張橫渠、張

㉜張橫渠、張子全書、卷三、正蒙、乾稱篇第十七、第二一頁、曰：「氣之性，本虛而神。」

子全書、卷二、正蒙、大心篇第七、第二一頁、曰：「天之不禦，莫大於太虛，故心知廓之，莫究其極也。」此謂「天」以「太虛」而見其無窮盡，故爲宇宙萬物化生之本源。「心」知「廓」之，即孟子、盡心篇所謂「盡」之，即孟子、公孫丑篇上所謂「擴而充之」。（已申述於前文）唯「廓」之，則其精神頓然彌綸於「太虛」，於境界上同其無窮高遠，於範圍上同其無限廣大，其內容則與「太虛」同其爲無盡藏。夫「太虛」即「天」，宇宙萬物之化生既本源於「太虛」，即是本源於「天」；「天」以化生爲「心」，「太虛」之無盡藏，即是「天心」之無盡藏。因此，「心知廓之」，即是與「太虛」合一而同其無盡藏、同其爲化生之本源，亦爲與「天心」合一而同其無盡藏、同其爲化生之本源。此所以爲「大」也。

②、消極之功夫——張橫渠、張子全書、卷二、正蒙、大心篇第七、第二一頁、曰：「世人之心，止於聞見之狹。聖人盡性，不以見聞梏其心。」此聖人與世人能否「大其心」之分別。蓋「心」者，「合性與知覺」之名也。「性」者，其體，孟子、盡心篇上、第一八七頁、曰：「盡其心者，知其性也。知其性則知天矣。」此「大其心」以「廓太虛、合天心」之大道。「知覺」者，其用，此「心」之所以爲「心」之功能。「心」之「知覺」，包括通過耳目以聞見外在事物諸現象之「感性作用」；以及就所聞見之外在事物諸現象，加以抽象化、概念化，並「分別計度」之「知性作用」。此即張橫渠、張子全書、卷二、正蒙、大心篇第七、第二一頁、所言之「存象之心」。由於「心」之「知覺」，必須通過耳目以聞見外在事物諸現象，因而以致爲所迷惑而陷溺，正如張橫渠、張子全書、卷二、正蒙、大心篇第

七、第二一頁、所言之「徇象喪心」。故曰，「世人之心，止於聞見之狹」。

「大其心」之消極功夫，固然亦當通過耳目以聞見，但不爲外物所迷惑而陷溺，正如二程全書、明道文集、卷之三、書、第一頁、㉝答橫渠定性書之所言：「夫天地之常，以其心普萬物而無心；聖人之常，以其情順萬事而無情。故君子之學，莫若廓然而大公，物來而順應。」即「心」之「知覺」，可隨緣通過耳目，以聞見其所聞見，而不爲所累，不爲所梏。故曰，「聖人盡性，不以見聞梏其心」。「心」不爲耳目所累，不爲聞見所梏，則可以「盡」之以「廓太虛、合天心」。

## 第二節　程明道所言之「心」

程明道之學，所特重者在言天道，言仁，言性，每有契乎先聖，發乎前賢所未至者。固然，程明道亦言「心」，然而觀其言「心」也，或爲稱引其典籍而詮釋之，或爲直觀其涵義而指點之，或爲慧悟其境界而展示之。即，大體上猶然保持其圓融形態之學術性格。至於如何對「心」之義理，作適切之體會，超越之分解，以確定其精神上之層面，判斷其價值上之性質，透顯其蘊涵之內容，然後，啓示其修養之途徑，則似乎非程明道之所長。無奈，茲姑爲之釋焉。

㉝二程全書，臺北市、中華書局印行，民國五十五年、三月、臺一版。

## (一)、程明道所言之「心」之性質

二程全書、遺書第十一、明道先生語、一、第七頁，劉絢質夫錄、曰：「人心惟危，人欲也；道心惟微，天理也。惟精惟一，所以至之；允執厥中，所以行之。」

二程全書、遺書第十四、明道先生語、四、第二頁，劉絢質夫錄、曰：「聖人致公心，盡天地萬物之理，各當其分。」

二程全書、粹言、卷之二、心性篇、第二三頁，張栻編，（未註明何人之語，筆者以為上錄之文，既有「聖人致公心」句，本條則有「公則同」句，故當為明道先生之語）曰：「子曰：『公則同，私則異，同者天心。』」

二程全書、明道文集、卷之三、書、第一頁，答橫渠先生定性書、曰：「天地之常，以其心普萬物而無心；聖人之常，以其情順萬事而無情。」

二程全書、遺書第十一、明道先生語、一、第一頁，劉絢質夫錄、曰：「道，一本也。或謂以心包誠，不若以誠包心。」

(1)、程明道所言之「心」，名曰「公心」，即是「天心」——「心」唯一，程明道承書經、析之為「道心」、「人心」兩層面。並釋之曰，「人心惟危，人欲也；道心惟微，天理也」。人欲每出於「私」。其實，出於私之人欲，乃自然生命之實然現象，有其實然價值，未必全非，唯恣縱之則為非。雖然，總屬於非理性者。

二程全書、粹言、卷之二、心性篇、第二三頁、張栻編、（未註明何人之語、筆者依據「二程全書、遺書、第十四、明道先生語、四、第二頁、劉絢質夫錄、曰：『聖人致公心。』句。」以爲當爲明道先生之語）曰：「公則同，私則異，同者天心。」夫「公」與「私」相對而言，由出於私之人欲所形容之人心，相對而言屬於天理之道心爲公心。「公則同」，乃謂屬於天理之公心，爲普遍性者。「同者天心」，則謂具有普遍性而屬於天理之公心，即是「天心」。

「天心」，天地之心也。天心，所以主乎生成萬物。「公心」，聖人之心也。既然，「公則同」，故亦人人稟乎天命而所同具者。二程全書、遺書第十四、明道先生語、四，第二頁、劉絢質夫錄、曰：「聖人致公心，盡天地萬物之理，各當其分。」則唯聖人能全幅呈現此公心，聖人之全幅呈現此公心，即是天理之湧現。聖人全幅呈現其天理之公心，風化所至，則天地萬物亦「各當其分」而呈現其所稟於天命而同具之天理。

夫天心，主乎生成萬物。公心，主乎呈現天地萬物所稟於天命而同具之天理，以成就其價値性自己。故曰「同者天心」，即，普遍性之公心即是天心。

⑵、程明道所言之「心」，自「天心」言之，乃「以其心普萬物而無心」；自「公心」言之，乃「以其情順萬事而無情」——天心，乃主乎生成萬物，萬物之生成，既爲天心所主，天心之主之也，蓋自形而上之層面言之，一生成即一切生成，此其所以「普萬物」。如自形而下之層面觀之，「天心之主之」實無所見；「天心之主之」實無所見，即無所主；無所主，即「無心」也。此天心之主乎生成萬物，有心普（遍滿）於萬物，而無所見其心；亦唯無所見之心，始能普於萬物。故曰「以其心普萬物而無心」。

公心，乃主乎呈現天地萬物所同具之天理。「聖人致公心」，致之，即呈現之；呈現之，即流露之爲「情」；情之流露，則潤澤於人間萬事。聖人致其公心，流露爲「情」，潤澤於人間萬事，乃隨順萬事而泛應曲當；萬事爲聖人之情所潤澤，則莫不如其理、如其分；而聖人之情實無所見。聖人之情唯無所見，乃能普遍隨順萬事，而泛應曲當以潤澤之。故曰「以其情順萬事而無情」。

## (二)、程明道所言之「心」之內容

二程全書、外書第三、第一頁，陳氏本拾遺，（未註明何人之語，筆者以爲上錄之文，既有「……同者天心」句，本條則有「天地以生物爲心」句，故當爲明道先生之語）曰：「復其見天地之心，一言以蔽之，天地以生物爲心。」

二程全書、遺書、第十三、明道先生語、三、第一頁，劉絢質夫錄、曰：「曾子易簀之意，心是理，理是心，聲爲律，身爲度也。」

二程全書、遺書、第五、二先生語、五、第二頁，（未註明何人之語，筆者以爲本條「心具天德」句，與程伊川先生「心屬氣」（牟先生說）之學術性格不合，故當爲明道先生之語）曰：「心具天德，心有不盡處，便是天德處未盡。」

(1)、程明道所言之「心」，自「天心」一層面言之，乃「以生物爲心」——「天心」，即天地之心，乃主乎生成萬物，而天地即以生成萬物爲心。天地之生成萬物，是天地之生機煥發，天地即以此生成萬物之生機爲心。則此生機乃爲天心之內容，亦即天心之內容全幅是生機。

(2)、程明道所言之「心」，自「公心」一層面言之，則「心是理，理是心」——二程全書、遺書第十四、明道先生語、四、第二頁，劉絢質夫錄、曰：「聖人致公心，盡天地萬物之理，各當其分。」依此，則此「理」當爲「天理」。天理乃天地間當然之理。此理，自天地之生成萬物言之，即本於此理，亦賦予此理。自人間之實踐萬事言之，人間所實踐之萬事，實亦準屬於天地所生成之萬物。天地之生成萬物既本於此天理，既賦予此天理。此天理爲人所稟於心中，即爲公心。是以公心之內容全幅是「理」。（天理）故程明道曰，「心是理」。反之，天地之本其天理，以生成萬物，並賦予萬物；而人既稟此理，以爲形氣所持載者，則綜名之爲「心」，（公心）故程明道曰，「理是心」。「心是理，理是心」，是心、理相即而爲一。

天地之心（天心）既本其天理以生成萬物，並以此天理賦予萬物，是爲天之道。萬物及人本此天理以爲公心，以實踐其價值於人間萬事，是爲人之道。故程明道曰，「通乎道，則（心）何限量之有」？此心之理所以通乎天之理，公心所以通乎天心。

(3)、程明道所言之「心」，乃具「天德」——天地之化生萬物，固由天心所主宰，而其所流注之恩澤，可謂其德大矣，故稱「天德」。天地之化生萬物，即本乎其天心，本乎此大德，並賦此天心、天德予萬物。萬物及人，既稟乎此天心，則以爲主宰義之「公心」；既稟乎此天德，則以爲價值義之「道德」。人既稟此天心、天德，以爲公心、道德，則亦本此公心，本此道德，以實踐價值，造福蒼生。夫實踐價值，造福蒼生，乃所以極成此公心，極成此道德，極成此公心，極成此道德，即是所以極成天心，極成天德。故曰，「心具天德」。

### (三)、程明道所言之「心」之修養

二程全書、遺書第二上、二先生語、二上、第五頁，明道先生語、曰：「……故有道有理，天人一也，更不分別。浩然之氣，乃吾氣也，養而不害則塞乎天地。一爲私心所蔽，則欲然而餒，知其小也。」

二程全書、粹言、卷之二、心性篇、第二三頁，張栻編，(未註明何人之語，筆者以爲本條「理與心一」句，與伊川先生「心屬氣」(牟先生說)之學術性格不合，故當爲明道先生之語)曰：「子曰：『理與心一，而人不能會爲一者，有已則喜有私，自私則萬殊，宜其難一也。』」

二程全書、遺書第十一、明道先生語、一、第五頁，劉絢質夫錄、曰：「人心莫不有知，惟蔽於人欲則忘天德(原註：『一作理』)也。」

二程全書、粹言、卷之一、論政篇、第三十頁，張栻編，(未註明何人之語，筆者以爲本條言「聖人感天下之心，……無所不通，無所不應」，正與明道先生所言之「公心」相合，故當爲明道先生語)曰：「子曰『聖人感天下之心，如寒暑雨暘，無所不通，無所不應者，正而已矣。正者虛中無我之謂也。以有繫之私心，膠於一隅，主於一事，其能廓然通應而無不偏乎？』」

二程全書、粹言、卷之二、人物篇、第三四頁，張栻編，(未註明何人之語，筆者以爲本

條所言「聖人之心，如天地之造，……」，正與明道先生所言之「天心」相合，故當爲明道先生之語）

曰：「子曰：『聖人之心，如天地之造，生養萬物而不尸其功，應物而見於彼，復何存於此乎？』」

⑴、程明道所言之「心」，其修養在於正面之心與理相會而爲一，反面則無爲私欲所蔽——程明道既言「心是理，理是心」，是心、理相即而爲一。如果於實踐上，心與理相會而爲一，則心是「通乎道」之性、之天心、之無限量之公心；理是「通乎道」之天理。心之實踐於人間，即是理之彌綸於德業。

反之，蓋心固然「通乎道」，但其落實處，則必須憑依「形氣」以爲所持載。而形氣（即是所謂「自然生命」）之爲心所依憑以持載之，則亦每每隨順自己之習慣以反應，表現自己之需要而追求，即「氣性」與「私欲」是也。尤其私欲之要求，固然有其實然性之價值，但總屬非理性者；以其屬於非理性者，則往往與理之不相容，而形成對心之蒙蔽。故程明道主張必須養吾浩然之氣，蓋所以渾然而化之也。

⑵、程明道所言之「心」，其修養在「養吾浩然之氣」——「養吾浩然之氣」，語出孟子，見四書集註、孟子、公孫丑上、第三八頁，繼之又曰：「其爲氣也，至大至剛，以直養而無害，則塞於天地之間。其爲氣也，配義與道；無是，餒也。」所謂「氣」，乃指生命活動鼓盪具氣機、所表現之性格，如剛烈、柔弱、……，所呈現之動能，如勇氣、和氣、……。而「浩然之氣」所以「至大至剛」者，乃「配義與道」之故。「義」者，中庸、第二十章，

朱晦翁、四書集註、第一五頁、曰：「義者，宜也。」即應當也。「道」者，朱晦翁、孟子、公孫丑上、集註、第三九頁、曰：「道者，天理之自然。」蓋謂「浩然之氣」之所以爲「至大至剛」之「浩然」，必須合乎事理之當然，應乎天理之自然。朱晦翁、孟子、公孫丑上、集註、第三九頁、又曰：「謝氏曰：『浩然之氣，須於心得其正時識取。』又曰：『浩然，是無虧欠時。』」

程明道之提出「浩然之氣」，乃所以期望「養而不害則塞乎天地」。夫「浩然之氣」能「養而不害」，則充盈渾厚之生命，足以卓然挺立，承當一切。「塞乎天地」，則足以率領群倫，開拓變化。此豪傑之氣概也。於此豪傑氣概之揮灑過程中，私欲固然必須有所滿足，以盡其實然性之價值，但已爲所消融而無所「蔽」矣。

(3)、程明道所言之「心」，其修養在「正而已矣」，以「廓然通應而無不偏」——依前文所引，程明道解曰：「正者，虛中無我之謂也。」「正」，當指心言，即大學經文所言之「正心」。「虛中無我」，即消融主觀之意念、欲望，而超昇臻於天地精神之絕對性心靈自己。

「聖人之心」，即臻於天地精神之絕對性心靈，亦即通乎天心者。天心主乎生成萬物，其主之者，乃任四時之自運，由萬物之自生，是主而不主，不主而主。通乎天心之「聖人之心」，「如寒暑雨暘，無所不通，無所不應」。「如天地之造，生養萬物而不尸其功」。夫天地之功，在生成萬物，其生乃不生而萬物自生；聖人之功，在化育萬民，其化乃不化而萬民自化。以其「不化」，是爲「虛中無我」之「正」；以其「萬民自化」，是爲「廓然通應而無不偏」。

## 第三節 程伊川所言之「心」

（本節諸多參考牟宗三先生之大著「心體與性體」、第二冊、第三部、第二章、第二五一頁起之宏論。）

程伊川之生命情調以「嚴毅」見稱，由於「嚴毅」，故其講論特則著重於①、主體性之分解。②、功夫上之進路。著重主體性之分解，即見其對「性」、「心」、「情」之省察以貞定。著重功夫上之進境，則顯示其理路之曲折與漸次。程伊川所言之「心」，固爲上承孟子者，然而其所省察以貞定者，卻落於與曲折功夫對偶之格局，以致混淆於形而上與形而下之間。

### ㈠、程伊川所言之「心」之性質

二程全書、遺書第二上、正叔語、第一頁、曰：「一人之心即天地之心，一物之理即萬物之理，一日之運即一歲之運。」

二程全書、遺書第二十五、伊川先生語、十一、第二頁、曰：「稱性之善謂之道，道與性一也。以性之善如此，故謂之性善。性之本謂之命，性之自然者謂之天，自性之有形者謂之心，自性之有動者謂之情：凡此數者皆一也。」

二程全書、遺書第十八、伊川先生語、四、第二頁、曰：「問：『仁與心何異？』……（伊川曰）『心譬如身，四端如四支。四端固具於心，然亦未可便謂之心之用。』或曰：『譬如五穀之種，必待陽氣而生。』曰：『非是，陽氣發處卻是情也。心譬如穀種，生之性便是仁也。』」

二程全書、遺書第十八、伊川先生語、四、第十七頁、曰：「問：『人之形體有限量，心有限量否？』……（伊川曰）『孟子曰：「盡其心，知其性。」心即性也。在天爲命，在人爲性，論其所主爲心，其實只是一箇道。苟能通之以道，又豈有限量！』」

二程全書、遺書第十八、伊川先生語、第十七頁、曰：「問：『心有善惡否？』曰：『在天爲命，在義爲理，在人爲性，主於身爲心，其實一也。心本善，發於思慮則有善有不善。若既發則可謂之情，不可謂之心。譬如水，只謂之水，至於流而爲派，或行於東，或行於西，卻謂流也。』」

先秦儒家之言「心」者，固然皆以「心」爲唯一，而孟子直悟其道德意義一層面，以言「道德心」；荀子則著眼於實然意義一層面，以言「實然心」。孟子所言之「道德心」，乃以仁、義、禮、智爲內容，故善，並以之規定其「性」之性質爲善。因此，盡其心以知其性則「心」「性」合一。荀子所言之「實然心」則爲中性者，有待於「師法之化，禮義之道」以治之。

程伊川自覺以繼承孟子之道統，其言「心」之性質，乃遵循孟子之理路；其言「心」之修養，則如同荀子之格局。此見其混淆也。

(1)、程伊川所言之「心」，爲「天地之心」——朱晦翁、易經、繫辭上傳、第五章、本義、引程子、第五八頁、曰：「天地无心而成化，聖人有心而无爲。」夫天地以「无心之心」化生萬物，程伊川言「一人之心即天地之心」，此循孟子之理路；孟子、盡心篇上、第一八七頁、曰：「盡其心者知其性也，知其性則知天矣。」則「心」不但與「性」相契而爲一，且與「天」相契而爲一。蓋此「心」乃體「天地之心」以爲「心」者也。程伊川遵循孟子此理路，以言「一人之心即天地之心」，其意則涵，此「心」與「天地之心」相契而爲一，「天地之心」亦攝而歸於此「心」。案程伊川此言之境界誠然甚高，然其所言之「心」每有所混淆，（理由參見下文）未能如孟子所言者之至善至靈，因此，未必能與「天地之心」相契相攝以合一。

(2)、程伊川所言之「心」，爲「性之有形者」——程伊川言「自性之有形者謂之心」，「有形者」，即官能化之謂也。其意蓋指自「性」而官能化則爲「心」。

「性」，於程伊川、二程全書、遺書第二十二上、伊川先生語、第十一頁、曰：「性即理也。」牟宗三先生、心體與性體、第一冊、第一部、第一章、第四節、第四四頁、曰：「（程伊川）他把『於穆不已』之體、（原註曰，道體）以及由之而說的性體，只收縮提煉、清楚割截地視爲『只是理』，即『只存有而不活動』的理。』」既然，性「只是理」，「只存有而不活動」，如何能轉化出「有形者」之「心」？

孟子、告子篇上、第一七〇頁、曰：「耳目之官不思，而蔽於物，物交物則引之而已矣。心之官則思，思則得之，不思則不得也。此（朱晦翁、集註以爲指耳、目、心三而言。）天之所與我者。」案孟子以耳、目與「心」爲官能，官能當屬於實然性者。「心」唯一，誠有其實然性之一層次，然而亦有涵備仁義禮智四端之道德性一層次，是爲「道德之心」，乃爲「善」者。由於「心」之善，故可以反顯生命之本質——「性」亦善。而「性」乃命之於「天」，因此，孟子於盡心篇上、第一八七頁、曰：「盡其心者知其性也，知其性則知天矣。」是心、性、天之相契而爲一。

程伊川之言「心」，乃遵循孟子之理路，一方面自「心」與「性」之關係言之，於二程全書、遺書第十八、伊川先生語、四、第十七頁、曰：「心即性也。在天爲命，在人爲性，論其所主爲心，其實只是一箇道。苟能通之以道，又豈有限量！」牟宗三先生、心體與性體、第二冊、第三部、第二章、第二節、第二七六頁、曰：「而在伊川的分解表示中，道只是理，即只成靜態的存有義。」因此，「道只是理」，「性即理也」，「心即性也」；「苟能通之以道」，即以普遍之「理」，會通其本質，則命之天、人之性、主之心，其本質皆只是「理」。是以，「心」之本質，必爲道、爲性所涵蓋。另一方面，就「心」之自己言之，於二程全書、遺書第十八、伊川先生語、第十七頁、曰：「心本善，發於思慮則有善有不善。」是故，二程全書、遺書第十八、伊川先生語、第五頁、曰：「涵養須用敬，進學則在致知。」蓋期於功夫上之有所對治以超化之也。因此，其所言之「心」，則爲官能化「實然之心」。

綜上諸端，程伊川曰，「自性之有形者謂之心」，其意乃以爲，自「只是理」之「性體」以爲涵蓋、而官能化爲身之主者，謂之「心」。是以，「心」者，自其本質一層面言之，「通之以道」，則可言「心即性也」；自官能化之實然作用一層面言之，則「有善有不善」。

⑶、程伊川所言之「心」，乃「本善」，而「發於思慮則有善有不善」——程伊川言「心」，既定位爲實然性之官能，然後，於其本質一層次，言「苟能通之以道」，則「心即性也」；即「心」之本質，爲「只是理」之「性」所涵蓋。（此義已申述於前文）因此，「心」當然可以言「本善」。然而，及其官能化爲實然性之「心」，「發於思慮」即「實然之心」之實然性作用；「實然之心」之實然性作用，於價值上乃屬於中性者，故「發於思慮則有善有不善」。

二程全書、遺書第十八、伊川先生語、第二頁、曰：「心譬如穀種，生之性便是仁也。」以穀種喻「心」，穀種之實然作用在生發，生發之本性在於其「穀仁」；「心」之實然作用亦在生發，（生發行爲）生發之本性則在於其「仁體」。二程全書、遺書第十八、伊川先生語、四、第一頁、曰：「愛自是情，仁自是性。」而「性即理也」。因此，官能化爲實然性之「心」，其生發行爲之實然作用，所根據之生發本性，乃在於「只是理」之「仁性」，故「本善」。

案「仁」乃孔子自民族實踐中提煉而出，以爲論道講學之中心觀念。「仁」於孔子之學術中，蓋以「生機」爲義，自宇宙之立場言之，乃爲形而上之化育本源，而以生發萬物爲其大用；自生命之立場言之，則爲日常生活之精神境界，而以善化人間爲其歸趣。程伊川則以爲「仁自是性」，僅爲「只存有而不活動」、「只是理」之「性」；（兩句俱牟宗三先生之語，見上文引語）即只是靜態之「體」，而不能有動態之「用」義。因此，其生生不息之「生機義」

則枯竭矣。

## ㈡、程伊川所言之「心」之內容

> 二程全書、遺書第二十一下、伊川先生語、七下、第三頁、曰：「『人心惟危，道心惟微』。心，道之所在；微，道之體也。心與道渾然一也。對放其良心者言之，則謂之道心；放其良心，則危矣。『惟精惟一』，所以行道也。」

> 二程全書、遺書第三、謝顯道記、伊川先生語、第五頁、曰：「聖人之心未嘗有在，亦無不在。蓋其道合內外，體萬物。」

程伊川所言之「心」，即混淆於「道德心」與「實然心」之間。其所展示之內容，亦復如是。

⑴、程伊川所言之「心」，爲「道」之所在，「心與道渾然一也」——牟宗三先生、心體與性體、第二冊、第三部、第二章、第二節、第二七六頁、曰：「而在伊川的分解表示中，道只是理，即只成靜態之存有義。」二程全書、遺書第二十二上、伊川先生語、八上、第十一頁、曰：「性即理也。」又二程全書、遺書第二十五、伊川先生語、十一、第二頁、曰：「稱性之善謂之道，道與性一也。」而二程全書、遺書第十、八伊川先生語、四、第十七頁、曰：「心即性也。」夫「道只是理」，「性即理也」，「道與性一也」，「心即性也」，則「道」「性」「心」皆是「理」。

二程全書、遺書第二十一下、伊川先生語、七下、第三頁、曰：「心，道之所在。……心與道渾然一也。」其實，程伊川所言之「心」，乃循書經、大禹謨篇、第一四頁、「人心惟危，道心惟微」之理路，以「心」爲實然性之官能；唯其本質則爲「只是理」之「性」所涵蓋，亦即爲「只是理」之「道」所涵蓋。反之，「只是理」之「性」，「只是理」之「道」，亦皆攝而歸之於「心」以爲本質，故曰，「心，道之所在」。因此，「心」之本質亦「與道渾然一也」。

(2)、程伊川所言之「心」，有「思慮」之能力——孟子、告子上、第一七〇頁、曰：「心之官則思，思則得之，不思則不得。」程伊川遵循此一理路，於二程全書、遺書第十八、伊川先生語、第十七頁、曰：「心本善，發於思慮則有善有不善。」「思慮」即是意識之活動。孟子所言之「心」，乃爲以仁義禮智四端爲內容之「道德心」。「思則得之」，乃謂「道德心」呈現其自己，而轉出道德意識之活動，則其行爲無不合理合道。故能「思」乃指道德意識之活動而言。至於程伊川所言者，固然，「心本善」，然而，「發於思慮則有善有不善」，則示其「思慮」，僅爲「實然心」之意識活動而已。以是之故，程伊川特別重視修養之功夫。

## (三)、程伊川所言之「心」之修養

二程全書、遺書第十八、伊川先生語、第五頁、曰：「涵養須用敬，進學則在致知。」

二程全書、遺書第十五、伊川先生語、一、第二十頁、曰：「所謂敬者，主一之謂敬。所謂一者，無適之謂一。……易所謂敬以直內，義以方外。須是直內，乃是主一之義。至於不敢欺、不敢慢，尚不愧於屋漏，皆是敬之事也。但存此涵養久之，自然天理明。」

二程全書、遺書第十八、伊川先生語、四、第五頁、曰：「或問：『進修之術何先？曰：『莫先於正心誠意。誠意在致知，致知在格物。格，至也。如祖考來格之格。凡一物上有一理，須是窮致其理。窮理亦多端，或讀書講明義理，或論古今人物別其是非，或應事接物而處其當，皆窮理也。……須是今日格一件，明日又格一件，積習既多，然後脫然自有貫通處。」

二程全書、遺書第十五、伊川先生語、第五頁、曰：「敬以直內，有主於內則虛，自然無非僻之心。」

二程全書、遺書第十五、伊川先生語、一、第六頁、曰：「……涵養久則天理自然明。」

二程全書、遺書第十七、伊川先生語、第三頁、曰：學莫大於致知，養心莫大於禮義。古人所養處多，若聲音以養其耳，舞蹈以養其血脈；今人都無，只有箇義理之養，人又不知求。」

程伊川所言之「心」，乃爲實然性之官能，唯其本質則爲「只是理」之「性」、之「道」所涵蓋。（已申述於上文）夫既爲「實然心」，故必須假借修養功夫以治之。

(1)、程伊川所言之「心」，乃「涵養須用敬，進學則在致知」——案「實然心」之作用，每順自然生命之實然，於價値上屬於中性者，故程伊川以其「發於思慮，則有善有不善」。因此，修養功夫即在如何超化之。

所謂「涵養須用敬」者，「涵養」，乃優游以滋長之也。「敬」，程伊川解之曰：「主一之謂敬」，有「主」則邪不能入，能「一」則不散亂，斯爲凝聚以湧發之精神。夫「實然心」優游於人間生活、具體接觸，而能用其聚以湧發之精神，則可滋長其道德意識，此乃超化「實然心」爲「道德心」之義理途徑。

至於由「涵養」而「超化」之所以可能，乃因爲「實然心」之本質，爲「只是理」之「性」、之「道」所涵蓋，故唯於「涵養」中「明理」，始爲自覺「超化」之助緣。至於如何「明理」，則有賴於「進學則在致知」。

「致知」，即知乎人文價値之超越所以然之「理」，所謂「天理」是也。於人間生活之實踐，則爲當然之「道理」。「致知」在於「進學」。「進學」，即承受前賢往聖所提煉之觀念，以指導生活實踐；並於生活實踐中累積經驗，以與往聖前賢所提煉之觀念相印證。是以「進學」之功效，乃在開闢其觀念世界。觀念世界中之「觀念」，實爲指稱人文價値之超越所以然之「理」（天理），以及人間生活實踐之「理」（道理），此「進學則在致知」之所欲「知」者。

二程全書、遺書第十八、伊川先生語、四、第五頁、曰：答或問「進修之術何先」、引大學經文曰：「致知在格物。」而二程全書、遺書第二十五、伊川先生語、十一、第一頁、曰：「格猶窮也，物猶理也，猶曰窮其理而已也。」「致知」在「格物」，「格物」猶曰「窮其理」，所窮之「理」，乃剋就人文價者而言，於超越層爲所以然之「天理」，於人間生活之實踐，則爲當然之「道理」。

依程伊川之學，「理」一而已，於天則爲「天理」，相應宇宙人間，爲超越所以然之秩序，亦名之爲「道」。（「道只是理」——參見上文）命之於人以爲人所以爲人之本質則爲「性」，故曰「性即理也」，亦曰「道與性一也」，是爲「性理」。及其相應人間生活之實踐，則爲當然之道德規律，是爲「道德理性」。

因此，程伊川言「心」之修養、曰，「涵養須用敬，進學則在致知」，其意蓋謂：「實然心」之修養，必須用其凝聚以湧發之精神，以優游於人間生活、具體接觸；並承受往聖前賢之「觀念」，以與生活實踐之經驗相印證，而窮究宇宙、人間既爲所以然、且爲當然之「理」；以期自我超化而滋長其道德意識。

落實言之，涵養與進學、致知、格物，皆有賴於經驗之累積，是爲漸悟之形態，故曰，「涵養久，則天理自然明。」

(2)、程伊川所言之「心」，其所養，「莫大於禮義」——案相傳自周公制禮作樂，以規範行爲，調和性情；孔子繼之，以倡導禮樂教化。從此以後，「禮」「樂」乃成爲我華族文化生活之兩大精神規範。

荀子亦屬儒家之大儒，基於「性惡論」之人性觀，為求對治，故特別重視禮義文化。㉞「禮義」一觀念，發展至戰國晚期，已包含①、政治社會之禮制義。②、人間生活之禮儀義。荀子之學，其論「禮義」則兼備二者；但於其治國牧民之方術中，則著重於禮制義。

程伊川於二程全書、遺書第十七、第三頁、曰：「學莫大於致知，養心莫大於禮義。」由於程伊川所言之心靈形態、心靈修養之格局，與荀子所言者，頗有相類之處，故承荀子假借禮義以養心。雖然，程伊川並未對「禮義」之意義，與禮義「養心」之方式有所闡述，但於上引兩句之下文繼之曰：「古人所養處多，若聲音以養其耳，舞蹈以養其血脈；今人都無，只有箇義理之養，人又不知求。」古人以聲音、舞蹈為養，即論語、述而篇所謂之「游於藝」。今人「只有箇義理之養」，卻「都無」。所謂「義理」，當指宇宙現象之秩序，人間生活之規律；屬於現象界之本質意義，變化中之貞定理則；而為聖賢學問所講論者。凡此，即程伊川言「心」之修養所欲「格」之物、所欲「致」而知者。至於「禮義」，當為泛指其規範行為為首出、並蘊涵其理義之禮制、禮儀。「養心莫大於禮義」，乃謂蘊涵理義之禮制、禮儀，為「實然心」之「涵養」、「進學」所憑藉之重要助緣。

總之，程尹川言「心」之修養，乃以「實然心」為基礎，一則於內在方面，凝聚以湧發其「敬」意；然後於生活上，或學習聖賢之學問，或假借禮義為助緣，以優游迴環而滋長

---

㉞ 禮記、郊特牲篇、第一四九頁、曰：「禮之所尊，尊其義也。」陳澔、集說、曰：「先王制禮，皆有精微之理，所謂義也。」然則「禮義」者，乃謂蘊涵義理價值之禮。

其道德意識；庶幾超化「實然心」而呈現爲「道德心」。

## 第四節　胡五峰所言之「心」

（本節諸多參考牟宗三先生之大著「心體與性體」、第二冊、第三部、第三章、第四三六頁起之宏論）

宋儒學案、第二冊、卷三十八、五峰學案、述胡五峰、第四四五頁、㉟曰：「嘗見龜山（楊時，二程子之門人）於京師，又從侯師聖（程明道之門人）於荊門，而卒傳其父（胡安國，與二程子之弟子謝上蔡在師友之間。）之學。」而全祖望、宋儒學案、五峰學案、曰：「紹興諸儒所造，莫出五峰之上。……卒開湖湘之學統。」

胡五峰之言「心」，一則疏通其義理根源，乃本天道、體人性、爲所呈現之眞實化大用；然後，則能反而向上以「知天地」，向外而「宰萬物」。如斯，其圓融之境界見之矣。另則，論證其「莫大」之普遍性、「無死生」之永恆性，是以其無限之境界彰之矣。

㉟見國立編譯館重編，黃宗羲編、宋元學案，臺北市、正中書局印行，民國五十二年、五月、臺二版。

## (一)、胡五峰所言之「心」之性質

胡五峰、知言、卷六、第一頁、㊱曰：「天地，聖人之父母也；聖人，天地之子也。有父母，則有子矣；有子，則有父母矣。此萬物之所以著見，道之所以名也。非聖人能名道也。有是道，則有是名也。聖人指名其體曰性，指名其用曰心。性不能不動，動則心矣。聖人傳心，教天下以仁也。」

胡五峰、知言、卷三、第七頁、曰：「氣之流行，性爲之主；性之流行，心爲之主。」

胡五峰、知言、卷一、第一頁、曰：「天命之謂性。性，天下之大本也。堯、舜、禹、湯、文王、仲尼六君子先後相詔，必曰心，而不曰性，何也？心也者，知天地，宰萬物，以成性者也。六君子盡心者也，故能立天下之大本，人至於今賴焉。」

胡五峰、知言、卷三、第十一頁、曰：「天下莫大於心，患在不能推之爾。……不能推，故人物內外不能一也。」

胡五峰、知言、卷四、第三頁、曰：「或問曰：『心有死生乎？』曰：『無死生。』曰：『然則人死，其心安在？』曰：『子既知其死矣，而問安在耶！』或曰：『何謂也？』曰：『夫惟不死，是以知之，又何問焉？』或者未達，胡子笑曰：『甚哉！子之蔽也，子無以形觀心，而以心觀心，則知之矣。』」

---

㊱ 胡五峰、知言，見臺北市、商務印書館印行、四庫全書珍本別輯。

(1)、胡五峰所言之「心」，爲「性之流行」所呈現之作用——胡五峰、知言、卷六、第一頁、曰：「天地，聖人之父母也；聖人，天地之子也。有父母，則有子矣；有子，則有父母矣。」繼之，則曰：「此萬物之所以著見，道之所以名也。」案此「萬物」者，當如孟子、盡心篇上、第一八九頁、所言之「萬物皆備於我矣，……」之「萬物」，於斯，朱子集註、曰：「此言理之本然也，大則君臣父子，小則事物細微，其當然之理，無一不具於性分之內也。」則此「萬物」乃指萬物萬事、於天地爲本然之理、於人間爲當然之理。是以「天地」之所以爲「聖人」之父母者，因其「本然之理」故也，是爲天地之「道」也。反之，「聖人」之所以爲「天地」之子者，本其當然之理故也，是爲聖人之「道」也。夫「道」唯一，「天地」爲「聖人」之父母，則天地之「道」爲聖人之「道」之所本。反之，「聖人」爲「天地」之子，則聖人之「道」爲天地之「道」之所命。胡五峰、知言、卷六、第一頁、又曰：「有父母，則有子矣；有子，則有父母矣。」萬物萬事本然之理、當然之理，即由是而「著見」，「道」亦由是而「名」焉。

「聖人」既爲「天地」之子，既本「天地」之「道」以爲「道」。此「道」乃聖人之所以爲聖人之內在主體性。胡五峰、知言、卷六、第一頁、曰：「聖人指名其體曰性。」如果依據孟子之說——孟子於告子篇上、第一六一頁，以「我固有之」、「人皆有之」之仁、義、禮、智四端之心，而論證心之善、性之善。則聖人所以爲聖人之內在主體性，所謂「道」，並「指名其體曰性」，固爲聖人所體現者，實爲人之所同稟者。

「性」既爲人所同稟者，人之稟乎此「性」，乃所以規定人所以爲人之本質。胡五峰、知言、卷六、第一頁、曰：「聖人指名其體曰性，指名其用曰心。性不能不動，動則心矣。」夫聖人本乎「道」，而體現其「性」，以規定人所以爲人之本質，及其承「體」起「用」而「動」，則名之爲「心」。故「心」者，乃本質義之「性」所呈現之大用，胡五峰、知言、卷一、第一頁、曰：「心也者，知天地，宰萬物，以成性者也。」是以「心」之「知天地，宰萬物」，即是「性」之呈現其作用；「心」之神應無方，即是「性」之流行不已。反之，胡五峰、知言、卷二、第七頁、曰：「性之流行，心爲之主。」此「心」之所以「成性」者也。

(2)、胡五峰所言之「心」，能「知天地，宰萬物」以「成性」——依胡五峰之學，「心」既爲「性」所呈現其作用之名；而「性」乃聖人本乎天地之「道」，而體現之以規定人所以爲人之本質。夫「心」之神應無方，一則見乎其「性」之呈現其作用；「性」之呈現其作用，即是天地之「道」之呈現其大用，此「心」之所以「知天地」也。[37]一則承「性不能不動，動則心矣」之作用以神應無方，此「心」之所以「宰萬物」也。

既然，「性不能不動，動則心矣」，「性之流行，心爲之主」；反之，唯「心」之神應無方，始爲主乎「性之流行」，彰顯「性」之作用，此「心」之所以「成性」也。「心」之「知天地」，示其本源之無窮；「宰萬物」，示其涵容之無邊；「成性」，

---

[37] 禮記、樂記篇、第二〇六頁、曰：「物至知知。」王念孫曰：「知訓爲接，言物至而知與之接也。」案：接之即契之。

示其作用之無限。

(3)、胡五峰所言之「心」，爲「天下莫大」焉，且「無死生」者，故爲「無限心」（此牟宗三先生之說）——胡五峰、知言、卷三、第十一頁、曰：「天下莫大於心，患在不能推之爾。……不能推，故人物內外不能一也。」「心」爲「天下莫大」者，示其普遍性之無限。「患在不能推之爾」，以氣質之故。蓋「心」者，生命之主宰；而生命，乃氣所結聚；氣之結聚爲生命，並爲其質焉。氣質對於「心」之作用，一則持載其呈現爲具體，一則規定其呈現之路數；因此，對於「心」之作用，反轉爲限制。「心」之作用，既爲氣質所限制，則不能普遍及於無限。「心」之於氣質，既然必須憑藉其持載，同時不能避免其限制；如何克服此結構性之矛盾，唯「推」而已。如果「不能推」，則爲氣質所限制，人物內外有所限隔與對待；如果能「推」，則誠如孟子、公孫丑上、第四七頁、所言：「凡有四端於我者，知皆擴而充之矣，若火之始然，泉之始達。苟能充之，足以保四海，苟不充之，不足以事父母。」則渾然消融人物內外之限隔與對待，而見其「天下莫大」焉。

「心」爲生命之主，生命爲氣所結聚而生，所消散而死，是以生命不能無生死。而爲生命之主之「心」，是否隨生命之生死而有死生？胡五峰、知言、卷四、第三頁、曰：「或問曰：『心有死生乎？』曰：『無死生。』曰：『然則人死，其心安在？』曰：『子既知其死矣，而問安在耶？』或曰：『何謂也？』曰：『夫惟不死，是以知之，又何問焉？』或者未達，胡子笑曰：『甚哉！子之蔽也，子無以形觀心，而以心觀心，則知之矣。』」觀乎胡五峰對「心」之有無死生之論證，①、或人「以形觀心」，乃有「心有死生乎」之問。誠然，

「心」爲生命之主宰，姑且隨生命之有形而言其有形；生命之形有死生，則有形之「心」隨之有死生。②、胡五峰導之「以心觀心」，即歸之於「心」自己，以探討其有無死生。蓋「心」者，「性」之流行所呈現其作用之名；而「性」者，天地之「道」所著見而爲人所體以規定其本質之名。是以「心」者，乃「道」之著見，「性」之流行所呈現之作用；反之，亦所以主乎「性」之流行，知（契也）乎「道」之著見。因此，「道」、「性」、「心」其本質實通而爲一也。中庸、第二十六章、第二三頁、曰：「天地之道，可一言而盡也，其爲物不貳，則其生物不測。天地之道，博也，厚也，高也，明也，悠也，久也。」又中庸、第二十二章、第二二頁、曰：「唯天下之至誠，爲能盡其性；能盡其性，則能盡人之性；能盡人之性，則能盡物之性；能盡物之性，則可以贊天地之化育；可以贊天地之化育，則可以與天地參矣。」夫天地之「道」爲渾然至神之整全，當然無死生。而「性」者，能盡之，則超越形體之限隔與對待，而融通於人之「性」、物之「性」，爲天地之化育所貞定，亦爲無死生。孟子、盡心篇上、第一八七頁、曰：「孟子曰：『盡其心者知其性，知其性則知天矣。』」此知性知天之「心」，當然亦爲無死生者。

「心」，既爲「天下莫大」，且爲「無死生」，故爲超越空間、時間拘囿之「無限心」。

## ㈡、胡五峰所言之「心」之內容

胡五峰、知言、卷六、第一頁、曰：「誠者，天之道也。心涵造化之妙，則萬物畢應。」

胡五峰、知言、卷三、第十二頁、曰：「人盡其心則可與言仁矣，心窮其理則可與言性矣，性存其誠則可與言命矣。」

胡五峰、知言、卷一、第八頁、曰：「仁者，天地之心也。心不盡用，君子而不仁者有矣。」

(1)、胡五峰所言之「心」，「涵造化之妙」——所謂「造化」者，乃稱天地對於萬物之造作化育。天地對於萬物之造作化育，如果自作用之立場言之，即周濂溪、太極圖說所言，「陽變陰合」而已，蓋「陽變」以生之，「陰合」以化之。易經、繫辭上傳、第五章、第四六五頁、曰：「陰陽不測之謂神。」如果自圓融之立場言之，老子、第一章、第三頁、㊳曰：「……故常無，欲以觀其妙；常有，欲以觀其徼。此兩者同出而異名，同謂之玄。玄之又玄，眾妙之門。」蓋天地對萬物之造作化育，於超越層之天地，但見「陰陽不測」；於具體層之萬物，則化化生生。唯渾通超越層與具體層，乃見造作化育功能之「妙」。易經、說卦傳、第六章、第五二五頁、曰：「神也者，妙萬物而爲言者也。」夫至神至妙，則天地對於萬物，但見一生百生，一成百成，斯爲「造化之妙」。「造化之妙」，即天地對於萬物造作化育之神妙功能。如果「妙萬物」以見其一生百生、一成百成，則天地間渾然爲一生機之盪漾。此一盪漾之之生機，以孔子所言之「仁」最

㊳ 老子，（王弼、注本）臺北市、新興書局發行，民國四十九年、十月、再版。

足以名之。故胡五峰、知言、卷一、第八頁、承之而曰：「仁者，天地之心也。」蓋所以綜攝天地間盪漾之生機，以爲天地之造作化育超越安立一實體性之「心」，是爲「天地之心」。「天地之心」既已超越安立，則天地對於萬物之造作化育，有其形而上之本源矣。「仁」者，正是相應此天地間所盪漾生機之本源性稱謂。

孔子所言之「仁」，每爲扣緊指導生活踐履，以爲有「德」者之極致。經過其後賢者之開發，而展示其所涵之深義，則所謂「仁」者，即狀其於道德實踐之生機。此一狀乎道德實踐生機之「仁」，固然可以推移以名天地造作化育之形而上實體（天地之心）；其切近而落實處，則可直指人之道德實踐之內在主體（人之道德之心）。通過生機義之「仁」之貞定，則人之道德之「心」、及其道德實踐，與乎天地之「心」、及其造作化育，實相涵相攝，渾然而爲一焉。

人之道德之「心」及其道德實踐，與乎天地之「心」及其造作化育，既然相涵相攝，渾然而爲一；則天地對於萬物造作化育之神妙功能，亦無不涵備於此「心」中，故胡五峰曰「心涵造化之妙」。

### (三)、胡五峰所言之「心」之修養

胡五峰、知言、卷一、第八頁、曰：「天命爲性，人性爲心。不行己之欲，不用己之智，而循天之理，所以求其心也。」

胡五峰、知言、卷二、第十一頁、曰：「心無乎不在，本天道變化，爲世俗酬酢，

參天地，備萬物。人之爲道至大也，至善也。放而不知求，耳聞目見爲己蔽，父子夫婦爲己累，衣裘飲食爲己欲，既失其本矣；猶皆曰我有知，論事之是非，方人之短長，終不知其陷溺者，悲夫！故孟子曰：『學問之道無他，求其放心而已矣。』」

胡五峰、知言、卷四、第七頁、曰：「彪居正問：『心無窮者也，孟子何以言盡其心？』曰：『惟仁者能盡其心。』居正問『爲仁』，曰：『欲爲仁，必先識仁之體。』曰：『其體如何？』曰：『仁之道，弘大而親切，知者可以一言盡，不知者雖設千萬言，亦不知也；能者可以一事舉，不能者雖指千萬事，亦不能也。』……曰：『齊王見牛而不忍殺，此良心之苗裔，因利欲之間而見者也。一有見焉，操而存之，存而養之，養而充之，以至於大，大而不已，與天同矣。此心在人，其發見之端不同，要在識之而已。』」

⑴、胡五峰所言之「心」，所以求之，在「循天之理」——胡五峰、知言、卷二、第十二頁、曰：「心無乎不在，本天道變化，爲世俗酬酢，參天地，備萬物。」此段所涵之意義有三，即：①、立場上，「以心觀心」。②、性質上，「心」爲「天下莫大」，且「無死生」者。③、作用上，則心「知天地，宰萬物」。（俱已申述於上文）蓋歸於「心」之自己以觀「心」，則「心」爲超越空間、時間之拘囿，而爲「無限心」，故曰「心無乎不在」。此「心」乃聖人本乎「天地之道」，體之以爲「人之性」，所呈現之作用，而能玄契本源，涵容無邊，以見其作用之無限，故曰「本天道變化，爲世俗酬酢，參天地，備萬物」。

胡五峰、知言、卷二、第十一頁、復曰：「人之爲道，至大也，至善也。」「人之爲道」，即盡其「心」於日常生活，以爲踐履之規律，以其「無乎不在」，故曰「至大」，是爲無限之「心」。以其「本天道變化」，故曰「至善」，是爲道德性之「心」。孟子、盡心篇上、第一九一頁、曰：「夫君子所過者化，所存者神。」即「至善」、「至大」之謂也。

既然，「人之爲道，至大也，至善也」。然而，胡五峰、知言、卷二、第十一頁、曰：「(心)放而不知求，耳聞目見爲己蔽，父子夫婦爲己累，衣裘飲食爲己欲，既失其本矣；猶皆曰我有知，論事之是非，方人之短長，終不知其陷溺者，悲夫！」依乎胡五峰之意，「心」之放失者，乃緣於形蔽、情累、物欲與智巧之故也。凡此數端，誠爲生理與心理之實然現象，乃實然生命之活動所無以避免者。夫實然生命之活動，每任其本能反應，徇己私以滿足自我，用巧智以展現自我，終至陷溺焉而不自覺，則與天理相違矣。

「天理」者，自超越義言之，即天運之規律，蓋天之運焉，乃遵循一定之規律，所謂「道」也，如論語、陽貨篇、第一二三頁，孔子所言之「四時行焉，百物生焉」。自具體義言之，即事物之理則，蓋宇宙間之事事物物，莫不有其理則，故詩經、大雅、蒸民篇、第一四五頁、曰：「天生蒸民，有物有則，民之秉彝，好是懿德。」是以「天理」者，乃天運之本然，事物之當然。孟子、心篇上、曰，「萬物皆備於我」，即示此本然而當然之理，莫不涵備於性分之中；涵備於性分之中，即涵備於此「心」之中。孟子、告子篇上、第一六五頁、曰：「孔子曰：『操則存，舍則亡。出入無時，莫知其鄉。』惟心之謂與！」「操則存」，即此本然而當然之「天理」涵備於我「心」中，如果假借易經、繫辭上傳、第十章、第四七八頁之言、曰：「寂然不動，感而遂通天下之故。」則神應無方，此之謂「不行己之欲，不用己之智，而循天之理，所以求其心也。」反之，「舍則亡」，則爲形所蔽，情所累，物所欲，智所巧；蓋爲滿足己私而封閉，爲展現自我而陷溺。此之謂「放而不知求」。

胡五峰、知言、卷二、第十一頁、引孟子、告子篇上之言曰：「學問之道無他，求其放心而已矣。」此「循天之理」即其切實而具體之大道。

(2)、胡五峰所言之「心」，在操之、存之、養之、充之、「以至於大」——胡五峰之論「心」，於知言、卷二、第十二頁，既曰：「心無乎不在，本天道變化，爲世俗酬酢，參天地，備萬物。」此通體達用之至「大」也。然而，當於「世俗酬酢」之間，則每因形蔽、情累、物欲、與智巧之故而放失。因此，胡五峰於知言、卷四、第七頁，論其修養之功夫曰：「……操而存之，存而養之，養而充之，以至於大，大而不已，與天同矣。」

「操而存之」，孟子、告子篇上、第一六二頁，論仁義禮智之「心」，爲「非由外鑠我也，我固有之也。」又告子篇上、第一六五頁，引孔子之言曰：「操則存，舍則亡。」胡五峰即承此而言「操」此「心」，「存」此「心」，蓋所以定正其位也。

「存而養之」，「心」之位既已正定，繼此則當有以養之。孟子、告子篇上、第一六四頁、「良心貴得其養章」，㊴借「牛山之木嘗美矣」，以喻「仁義之心」（良心）爲我所

---

㊴ 孟子、告子篇上、第一六四頁、曰：「孟子曰：『牛山之木嘗美矣，以其郊於大國也，斧斤伐之可以爲美乎？是其日夜之所息，雨露之所潤，非無萌蘖之生焉。牛羊又從而牧之，是以若彼濯濯也。以爲未嘗

固有。「牛山之木嘗美矣」，及其生長過程，則當養之。至於養之之道，①、正面言之，直須「日夜之所息」，「雨露之所潤」，則「萌蘖之生焉」。②、負面言之，則當避免「斧斤伐之」，「牛羊又從而牧之」。準此以論良心（仁義之心）之貴得其養，其養之之道，①、正面言之，有待於「日夜之所息」，「平旦之氣」之孳生。②、負面言之，則亦當避免「旦晝之所爲，又梏亡之矣」，甚至「梏之反覆」。孟子、告子篇上、良心貴得其良章、第一六五頁、復結之曰：「故苟得其養，無物不長；苟失其養，無物不消。」

「養而充之」，孟子、公孫丑篇上、第四七頁、曰：「……凡有四端於我者，知皆擴而充之矣，若火之始然，泉之始達。苟能充之，足以保四海；苟不充之，不足以事父母。」此言「心」之充之之效驗。至於如何「充」之，則在「養吾浩然之氣」。孟子、公孫丑篇上、第三八頁、曰：「（孟子曰）『我知言，我善養吾浩然之氣。』（公孫丑曰）『敢問何爲浩然之氣？』曰：『難言也，其爲氣也，至大至剛，以直養而無害，則塞於天地之間。』」

「以至於大」，案「操」者，持守此心也。[40]「存」者，定正其位也。「養」者，調適

---

有材焉，此豈山之性也哉？

『雖存乎人者，豈無仁義之心哉？其所以放其良心者，亦猶斧斤之於木也，旦旦而伐之，可以爲美乎？其日夜之所息，平旦之氣，其好惡與人相近也者幾希，則其旦晝之所爲，有梏亡之矣。梏亡之反覆，則其夜氣不足以存，夜氣不足以存，則其違禽獸不遠矣。……故苟得其養，無物不長；苟失其養，無物不消。』」

[40] 朱熹、孟子、告子篇上、良心貴得其良章、集註、第一六五頁、曰：「（操則存）唯持守之即在爾。」

其自然生機也。「充」者，湧發其浩然氣概也。「以至於大」，即「塞於天地之間」；「塞於天地之間」，則如天之無不涵蓋，故曰「大而不已，與天同矣」。

綜上所述，可知胡五峰之論「心」，乃順孟子之理路，自「天道」，疏導而下，內在安立於生命之中；以貞定「莫大」之普遍性、「無死生」之永恆性、「至善」之道德性；然後向外展現其「宰萬物」之無不涵蓋大用；乃復回應以「知天地」而契會天地之道，則其圓融之境界見之矣。

## 第五節　朱晦翁所言之「心」

（本節諸多參考牟宗三先生之大著「心體與性體」、第三冊、第四部、第六、七章、第四〇七頁起之宏論）

我華族古來之言「心」者，於書經、大禹謨篇、第一四頁，有曰：「人心惟危，道心惟微。惟精惟一，允執厥中。」乃分解「心」爲「道心」與「人心」兩層次。孟子則於公孫丑篇上、第四六頁、與告子篇上、第一六一頁，乃掌握其「道心」一層次，以分解其內容爲仁義禮智四端，而言其爲「善」者，並於告子篇上、第一六八頁，定其爲「本心」。稍後之荀子，則自實然性之立場觀「心」，以其爲「實然心」。

北宋之程伊川，固爲理學之大家，其言「心」雖嚮往孟子之境界，而於性質上則難免類似荀子滯礙於氣稟一層次，不能擺脫其實然性作用。

朱晦翁則直承程伊川，（此牟宗三先生之說）以氣稟爲基礎而言「心」，復自「心」本質所蘊涵之「性」（理）言「善」。「心」既滯礙於氣稟一層次，故必須重視修養功夫。

## (一)、朱晦翁所言之「心」之性質

朱子語類、卷第五、性理二、第九〇頁、[41]曰：「履之問未發之前心性之別。曰：『心有體用。未發之前是心之體，已發之際乃心之用，如何指定說得！蓋主宰運用底便是心，性便是會恁地做底理。性則一定在這裏，到主宰運用卻在心。情只是幾箇路子，隨這路子恁做去底，卻又是心。』」

朱子語類、卷第五、性理二、第八九頁、曰：「性對情言，心對性情言。合如此是性，動處是情，主宰是心。大抵心與性，似一而二，似二而一，此處最當體認。」

朱子語類、卷第五、性理二、第八五頁、曰：「心者，氣之精爽。」

朱子語類、卷第五、情理二、第八五頁、曰：「所覺者，心之理也；能覺者，氣之靈也。」

朱子語類，卷第五、性理二、第八五頁、曰：「『知覺是心之靈固如此，抑氣之爲邪？』曰：『不專是氣，是先有知覺之理。理未知覺，氣聚成形，理與氣合，便能

[41] 朱子語類，臺北市、文津出版社出版，民國七十五年、十二月出版。

知覺。譬如這燭火，是因得這脂膏，便有許多光燄。』問：『心之發處是氣否？』曰：『也只是知覺。』」

朱子語類、卷第五、性理二、第八九頁、曰：「心有善惡，性無不善。若論氣質之性，亦有不善。」

朱子語類、卷第五、性理二、第九二頁、曰：「性無不善，心所發爲情，或有不善。說不善非是心，亦不得。卻是心之本體本無不善，其流爲不善者，情之遷於物而然也。性是理之總名，仁義禮智皆性中一理之名。惻隱、羞惡、辭遜、是非，是情之所發之名，此情之出於性而善者也。其端所發甚微，皆從此心出。……心具此性情，心失其主，卻有時不善。」

朱子語類、卷第五、性理二、第八四頁、曰：「惟心無對。」

朱子語類、卷第五、性理二、第八五頁、曰：「心官至靈，藏往知來。」

朱子語類、卷第五、性理二、第八七頁、曰：「虛靈自是心之本體，非我所能虛也。耳目之視聽，所以視聽者即其心也。豈有形象？然有耳目以視聽之，則猶有形象也。若心之虛靈，何嘗有物？」

朱子語類、卷第五、性理二、第八五頁、曰：「發明『心』字曰：『一言以蔽之，曰「生」而已。「天地之大德曰生」，人受天地之氣而生，故此心必仁，仁則生矣。』」

(1)、朱晦翁所言之「心」，有體用；「心」之體爲未發之前，所以規定其「主宰運用」

之理，即所謂性；「心」之用為已發之際，而隨情之路數，以主宰運用之——中庸、第一章、第二頁、有曰：「喜怒哀樂之未發，謂之中；發而皆中節，謂之和。中也者，天下之大本也；和也者，天下之達道也。……」朱子語類、卷第五、性理二、第九〇頁，履之即以「未發之前心性之別」為問。朱晦翁乃順是而言「心有體用」。「心」之體，乃指喜怒哀樂未發之前；即相應其可能之作用而猶未呈現，以反觀其本質，所謂性也。二程全書、第二十二上、伊川先生語、八上、第十二頁、曰：「性即理也。」朱晦翁承之，以「性」為「心」之體，為規定「心」之主宰運用作用之理。「心」之用，乃言喜怒哀樂已發之際；喜怒哀樂之已發，即所謂「情」。「情」即相對具體生活之感應作用，「心」即隨情於具體生活之感應而主宰運用之。

(2)、朱晦翁所言之「心」，為氣之精爽，即合「知覺之理」與聚而成形之「氣」，而以知覺為義——「心」唯一，分解之，則有道德性之「道德心」一層面，與實然性之「實然心」一層面。「實然心」乃相應實然生命而言，實然生命乃氣化作用所凝聚，「實然心」即氣稟之一官能，故周濂溪、太極圖說、曰：「惟人也，得其（陰陽、五行）秀而最靈。」所謂「最靈」，即由此「心」之作用見之。朱晦翁即承程伊川之說，自氣稟之最靈者，定「心」之位，定「心」之性，故於朱子語類、卷第五、性理二、第八五頁、曰：「心者，氣之精爽。」至於「道德心」一層面，乃實然生命為氣化作用所凝聚之超越本源，所謂「天」之所命者。中庸、第一章、第一頁、曰：「天命之謂性。」二程全書、遺書、第二十二上、伊川先生語、八上、第十二頁、曰：「性即理也。」朱晦翁承此，並相應「心」之知覺作用，而定之為「知覺之理」。朱子語類、卷第五、性理二、第八五頁、以爲「是先有知覺之理」，「理未知覺」。亦即「知覺之理」先於知覺作用，未能實際知覺，僅爲靜態之存在，以規定「心」之主宰運用其知覺作用。

因此，朱晦翁所言之「心」，乃屬「氣之精爽」，並稟天命「知覺之理」，合而呈現爲「知覺」。是以朱子語類、卷第五、性理二、第八五頁、曰：「(心)也只是知覺。」

(3)、朱晦翁所言之「心」，有善惡。善者乃其本體仁義禮智之理，發爲惻隱、羞惡、辭遜、是非之情；惡者即喜怒哀樂之情遷於物，以致「心失其主」——「心」既爲「氣之精爽」，而爲其本體之性理所涵蓋。案喜怒哀樂乃自然生命之實然感應，爲「心」所主宰運用之情，而「心」之本體仁義禮智之理，所發之惻隱、羞惡、辭遜、是非諸「用」，則必須假借喜怒哀樂之持載以爲情。因此，如果「心」能知覺其本體仁義禮智之理，以其所發之惻隱、羞惡、辭讓、是非之用，假借於喜怒哀樂之持載以爲情，而實踐於具體行爲，則爲「善」。如果喜怒哀樂爲外在事物所牽引而陷溺，以致「心失其主」，則爲「惡」。

(4)、朱子所言之「心」，爲絕對性、虛靈性，並能「藏往知來」——朱子語類、卷第五、性理二、第八四頁、曰：「惟心無對」此言「心」爲絕對性者。案所謂「絕對」者，乃稱超越層、無所依待、無所制限之獨立存在。而朱晦翁所言之「心」，既爲「氣之精爽」，即屬於形而下之「氣」一層面，因此，難免落入有所依待、有所制限之格局，而陷於相對層。所幸朱晦翁所言之「心」，雖然定位於「氣」一層面，然其「精爽」之「靈氣」所表現之「知覺作用」，則爲超越時間、空間，無所依待、無所制限者。以是之故，乃曰「無對」。

朱子語類、卷第五、性理二、第八七頁、曰：「虛靈自是心之本體，非我所能虛也。耳目之視聽，所以視聽者即其心也。豈有形象？然有耳目以視聽之，則猶有形象也。若心之虛靈，可嘗有物？」「心」之知覺，每假耳目以視聽，耳目之所以能視聽，乃以其具有形象；而所以主宰運用耳目以視聽者，即「心」。「心」之所以能主宰運用耳目以視聽者，以其「虛靈」故也。所謂「虛靈」者，「虛」則無所執著而見無限涵容，「靈」則無所滯礙而能無不感應。

朱子語類、卷第五、性理二、第八七頁、曰：「虛靈自是心之本體。」朱子全書、道統、曰：「心之虛靈知覺，一而已矣。」虛靈既是「心」之本體，知覺則是「心」之大用。朱子語類、卷第五、性理二、第八五頁、曰：「心官至靈，藏往知來。」夫「心」之知覺作用，一則爲覺「心之理」，亦即「知覺之理」，乃所以超越規定「知覺作用」之所以可能與規律，此爲培養道德意識以自我超化之樞機。另則爲假借耳目之視聽，以與外在事物相感應。綜上二端，於現實生活中，不論立身行事、講學論道，必能累積以往經驗，（藏往）指導未來實踐。（知來）㊷於是，歷史文化、道德理性、宇宙秩序、人間規律，皆爲其「心」之內容。

---

㊷「藏往知來」，語出易經、繫辭上傳、第十一章、第四八一頁、曰：「神以知來，知以藏往。」原意乃謂作易之聖人，體著卦之德，以見其「神」、「智」之大用。此蓋借以爲用。

(5)、朱晦翁所言之「心」，乃「此心必仁，仁則生矣」——易經、繫辭下傳、第一章、第四九一頁、曰：「天地之大德曰生。」天地之「生」，自「氣化」之路數言之，則結聚爲自然生命。自「天命」之路數言之，則於人爲「心」，於穀種曰「仁」；「心」即是「仁」。故曰，「此心必仁」。「仁」以生機爲義，「心」即體此生機爲德，故曰，「此心必仁，仁則生矣。」

(二)、朱晦翁所言之「心」之內容

朱子語類、卷第五、性理二、第九三頁、曰：「性是未動，情是已動，心包得已動未動。蓋心之未動則爲性，已動則爲情，所謂『心統性情』也。欲是情發出來底。心如水，性猶水之靜，情則水之流，欲則水之波瀾。但波瀾有好底，有不好底。」

朱子語類、卷第五、性理二、第八八頁、曰：「性雖虛，都是實理。心雖是一物，卻虛，故能包含萬理。這箇要人自體察始得。」

朱子語類、卷第五、性理二、第八八頁、曰：「性便是心之所有之理，心便是理之所會之地。」

朱子語類、卷第五、性理二、第九六頁、曰：「志是心之所之，一直去底。意又是志之經營往來底，是那志底脚。凡營爲、謀度、往來，皆意也。……情又是意底骨子。志與意都屬情，『情』字較大。」

朱晦翁既以爲「心者，氣之精爽。」如果自「氣」之立場言之，屬於陰陽之實然性結聚，故爲中性者，僅能言差別性，以解釋其表現之特殊性傾向；而不能具備任何價値性內容。唯其自「靈」之立場言之，始能涵攝超越層之理性，以爲涵蓋原則。

⑴、朱晦翁所言之「心」，乃「統性情」——「心統性情」一語，出自張橫渠，而朱晦翁用之，唯其涵義則因兩位對「心」所定之位、所定之性有所差別而有所不同。

朱子語類、卷第五、性理二、第九三頁、曰：「性是未動，情是已動，心包得已動未動。蓋心之未動則爲性，已動則爲情，所謂『心統性情』也。」朱子語類、卷第五、性理二、第九〇頁、既曰「心有體用」。「心」之「體」，乃指「未發之前」，所謂「性」。朱子語類、卷第五、性理二、第八九頁、又曰：「心與性，似一而二，似二而一。」「似一而二」，蓋自分解之立場言之，「心」屬氣，爲形而下者；「性」屬理，爲形而上者。「似二而一」，則自綜合之立場言之，形而上之「性」，所以超越規定「心」所以爲「心」之本質。「性」既屬理，「性是未動」，則理亦未動，僅爲靜態之超越存在，(此牟宗三先生、心體與性體、第二冊、第三部、第二章、第二節、第二七六頁，評程伊川學之義，而朱晦翁之學即承程伊川者)爲「心」所包含。故朱子語類、卷第五、性理二、第八八頁、曰：「性雖虛，都是實理；心雖是一物，卻虛，故能包含萬理。」又曰：「性便是心之所有之理，心便是理之所會之地。」此「心」之「包得未動」，「心」之「統性」。

「心」之「用」，乃指「已發之際」，所謂「情」是也。朱晦翁所言之「情」，分解言之，可分爲二類：①、「或有不善」者，此即「實然心」之實然性作用，而表現其喜怒哀樂；喜怒哀樂之情，其性質原屬於「氣」，爲中性者，實然而如此，無所謂善或不善。朱子語類、卷第五、性理二、第九二頁、曰：「心所發爲情，或有不善。說不善非是心，亦不得。……其流爲不善者，情之遷於物而然也。」「情之遷於物」，則不能合理合度，故或有不善。②、善者，朱子語類、卷第五、性理二、第九二頁、曰：「性是理之總名，仁義禮智皆性中一理之名。惻隱、羞惡、辭讓、是非，是情之所發之名，此情之出於性而善者也。」蓋「心」之本體即所謂「性」，所謂「理」，無不善也。然而，如果相應其作用，則可分爲仁、義、禮、智四名。及其所發爲作用，則爲惻隱、羞惡、辭讓、是非之情。惻隱、羞惡、辭讓、是非之情，既爲仁、義、禮、智所發之作用，故必須假借屬於「實然心」所表現之喜怒哀樂以持載，始能呈現爲具體化。是以「情」者，就惻隱、羞惡、辭讓、是非言之，乃爲善者。及其假借喜怒哀樂之持載，則具體化爲善之行爲。

此外，依朱晦翁之說，「情」尚包含「欲」、「志」、「意」三者。「欲」者，朱子語類、卷第五、性理二、第九三頁、曰：「欲是情發出來底。心如水，性猶水之靜，情則水之流，欲則水之波瀾。但波瀾有好底，有不好底。」「欲」屬情，禮記、禮運篇、第一二六頁、已言之，其文曰：「何謂人情？喜怒哀樂愛惡欲七者，弗學而能。」「欲」固屬於人之情，而有別於其他六者，乃因爲「欲」者，出於自然生命之心理要求與生理要求。其消極義乃在供應生活與生存之需要。其積極義則在滿足志願以創造價値。「欲」，以其屬於情，故爲非理性行爲，唯其強度於道德規範之權衡下，乃有「好底」、「不好底」之分。

至於「志」與「意」，朱子語類、卷第五、性理二、第九六頁、曰：「志是心之所之，一直去底。意又是志之經營往來底，是那志底腳。凡營爲、謀度、往來，皆意也。……志與意都屬情。」是以「心」之知覺作用，其直覺呈現是爲「志」，其曲折經營則爲「意」。「志」與「意」可以分別以發展，亦可以合併而呈現。「志」與「意」之所以屬「情」者，因爲「情」爲「心」之所發，「心」爲「情」之未發。「心」既爲氣之精爽，所發之「情」即爲氣之作用。「情」既爲氣之精爽、所謂「心」所發之作用，則「心」所直覺呈現之「志」，「心」所曲折經營之「意」，亦每隨伴其所發之「情」，爲所持載、爲所包含，故曰，「志與意都屬情」。

朱晦翁所謂之「心」，其性質既爲氣之精爽，其內容則或逆之以見其本體實包含萬理，即所謂「性」。或順之以見其作用之爲「情」，並包含「欲」，包含「志」與「意」，故曰「心統性情」。

## (三)、朱晦翁所言之「心」之修養

朱子語類、卷第五、性理二、第八六頁、曰：「或問：『心有善惡否？』曰：『心是動底物事，自然有善惡。且如惻隱是善也；見孺子入井而無惻隱之心，便是惡矣。離著善，便是惡。然心之本體未嘗不善，又不可說惡全不是心。若不是心，是甚麼做出來？古人學問便要窮理、知至，直是下功夫消磨惡去，善自然漸次可復。操存是後面事，不是善惡時事。』」

朱子語類、卷第五、性理二、第九二頁、曰：「(心)存養主一，使之不失去，乃善。

大要在致知，致知在窮理，理窮自然知至。要驗學問功夫，只看所知至與不至。」

朱子語類、卷第十二、學六、第二一三頁、曰：「學者當知孔門所指求仁之方，日用之間以敬爲主。不論感與未感，平日常是如此涵養，則善端之發自然明著。少有間斷，而察識存養，擴而充之，皆不難乎爲力矣。造次顛沛，無時不習。此心之全體皆貫乎動靜語默之間，而無一息之間斷，其所謂仁乎！」

朱子語類、卷第十二、學六、第二一〇頁、曰：「人能存得敬，則吾心湛然，天理粲然。無一分著力處，亦無一分不著力處。」

朱晦翁之學術形態，乃遵循程伊川之路數。程伊川言心之修養，其重點乃在二程全書、遺書第十八、伊川先生語、第五頁，所曰：「涵養須用敬，進學則在致知。」朱晦翁承此，則有下列之主張。

(1)、朱晦翁所言之「心」，其學問功夫，在窮理以致知——朱晦翁於朱子語類、卷第五、性理二之中所言之「心」，其本質屬「氣」，故有「善」「惡」；其本體爲「理」，則無不善。唯「理」與「氣」合、且最「靈」，所以能知覺。因此，「心」之修養即在如何自我淨化、超化。

「心」之自我淨化、超化，實有賴於學問功夫，即窮理以致知。「窮理」，所窮者乃指人間生活如立身處世、待人接物、政治措施、社會事業、……諸超越所以然之「理」，皆爲當然之「理」，所謂「天理」是也。此「理」於天爲「天理」，命之於人則爲「性理」；

此「性理」即爲「心」之本體，以涵蓋「心」之知覺作用，而規範人間生活。「窮理」即窮究此超越所以然之「理」。

窮理所以致知，蓋「理」，自命於人而爲人所稟則爲性；相應「心」之知覺，則爲知覺之「理」，亦即「心」之本體；相應人間生活之規範，則爲超越所以然之「理」。窮之即所以知之。夫「理」不動，爲所知；「心」知覺，爲能知。唯理之窮，知之至，則「心」之性質日臻於淨化、超化。故朱子語類、卷第五、性理二、第八六頁、曰：「古人學問便要窮理、知至，直是下功夫消磨惡去，善自然漸次可復。」

(2)、朱晦翁所言之「心」，其未發，則當於平日「存得敬」以涵養——朱晦翁於三十七歲至四十歲之間，承程伊川苦參中和問題。其主題見之於中庸、第一章、第二頁、曰：「喜怒哀樂之未發，謂之中；發而皆中節，謂之和。……」夫未發之「中」，於中庸，乃謂超越之「道德心」，屬於善者；而朱晦翁承程伊川，則指「實然心」，屬於中性者，爲可善可惡。因此，方「心」之未發，當於平日「存得敬」以涵養。「敬」者，二程全書、遺書第十五、伊川先生語、一、第二十頁、曰：「所謂敬者，主一之謂敬。」有「主」則邪不能入，能「一」則不散亂，斯爲凝聚以湧發之精神。「涵養」者，即此「心」「存得敬」，於人間生活之具體接觸中優之遊之，庶幾有所凝聚以湧發，而自我淨化、超化。故朱子語類、卷第十二、學六、第二一〇頁、曰：「人能存得敬，則吾心湛然，天理粲然。」

(3)、朱晦翁所言之「心」，其已發，則須當機以察識——朱晦翁所言之「心」，既爲「實然心」，可善亦可惡。未發之前，於平日「存得敬」以涵養，固爲自我淨化、超化之途徑。然而，此一途徑所能獲致之效果，僅示其爲「可能」，而非「必能」。蓋「心」爲「氣之精爽」，每每服從氣機之鼓盪。其作用，可能因涵養而淨化、超化；亦可能乘其氣機之鼓盪而如其「實然」。是以已發之時，則須當機以「察識」。「察識」，即檢察此「心」之既發，其喜怒哀樂是否合理合度，而識別其價值，庶幾知所警覺而自我節制。

依朱晦翁之學，其言「心」之修養，窮理以致知，乃所以建立其義理途徑。於平日「存得敬」以涵養，乃所以對「心」之自持，而期有所凝聚以湧發。當機「察識」，則所以對氣機之鼓盪有所防閑。此爲凡言「心」而屬於實然性者，其修養所應遵之路數。

## 第六節　陸象山所言之「心」

象山全集、卷三十五、門人詹阜民子南錄、第二九頁、㊸曰：「某嘗問：『先生之學，亦有所受乎？』曰：『因讀孟子而自得之。』」孟子承孔子之「仁」而言「心」，陸象山則直契孟子，開宋明「心學」一系之學問。

㊸ 象山全集，臺北市、中華書局印行。

## (一)、陸象山所言之「心」之性質

象山全集、卷三十四、語錄上、第一頁、曰：「書云：『人心惟危，道心惟微。』解者多指人心爲人欲，道心爲天理，此說非是。心一也，人安有二心？自人而言，則曰惟危；自道而言，則曰惟微。罔念作狂，克念作聖，非危乎！無聲無臭，無形無體，非微乎！」

象山全集、卷三十六、象山先生年譜、第三頁、曰：「道塞宇宙，非有所隱遁。在天曰陰陽，在地曰剛柔，在人曰仁義。仁義者，人之本心也。」

象山全集、卷三十二、拾遺、第一頁、學問求放心、曰：「心之在人，是人之所以爲人，而與禽獸草木異焉者也。」

(1)、陸象山所言之「心」，乃指「道心」，「無聲無臭，無形無體」——象山全集、卷三十四、語錄上、第一頁，引書經、大禹謨篇之語，「人心惟危，道心惟微」，而案之曰「心一也」，然自「人」言之，「罔念作狂，克念作聖」，故危。自「道」言之，「無聲無臭，無形無體」，故微。陸象山所言之「心」，即自「道」言之。「無聲無臭，無形無體」，此爲遮撥以反顯之方式，蓋聲、臭、形、體，皆所以狀乎具體存在諸事物之屬性。「心」，如果自「人」言之，即示其落於具體生活以感以應，則難免見乎其迹焉。如果自「道」言之，「無聲無臭，無形無體」，即示其爲超越乎具體世界以上之超越存在，非聲、臭、形、體所可形容，故曰「無」。夫自超越存在以觀「心」，即此「心」乃體乎「道」者，故曰「道心」。

(2)、陸象山所言之「心」，乃體仁義之道，爲人之「本心」——象山全集、卷三十六、象山先生年譜、第三頁、曰：「道塞宇宙，非有所隱遁。在天曰陰陽，在地曰剛柔，在人曰仁義。」㊹所謂「道」者，乃謂天地化生萬物運行之規律。此規律即天地化生萬物之運行所呈現者，天地之化生萬物即遵循此規律而運行，是所謂「道」也。既然，由於天地之化生，其運行無所不周普，其規律無所不遍在，是所謂之「道塞宇宙，非有所隱遁。」

「道」，既爲天地化生萬物運行之規律，其見於天之象者，爲陰陽之感應；其見於地之性者，爲剛柔之相濟；其見於人之德者，爲仁義之並用。「人之德」即人之有得於道，㊺有得於道以爲內在之主體，所謂「心」。道之在人者既曰仁義，人之有得於道以爲「心」，即得此仁義，故曰，「仁義者，人之本心也」。㊻是以陸象山所言之「心」，即體仁義之道，以爲人之「本心」。

(3)、陸象山所言之「心」，其在人者，乃人所以爲人之內在根據——象山全集、卷三十二、拾遺、第一頁、學問求放心、曰：「心之在人，是人之所以爲人，而與禽獸草木異焉者也。」夫人之與禽獸草木，有所同者，有所異者。所同者，同受陰陽之氣所結聚而有此

㊹ 案此句乃引用易經、說卦傳、第二章、第五一九頁，其文曰：「是以立天之道，曰陰與陽；立地之道，曰柔與剛；立人之道，曰仁與義。」

㊺ 禮記、樂記篇、第二〇頁、曰：「德者，得也。」

㊻ 案「本心」之觀念，出自孟子、告子篇上、第一六八頁。

「形」。所異者，獨能自覺「天之所以與我者，即此心也」，㊼而呈現之。此「天之所以與我者」，即道德理性之「心」。此「心」乃價值創造之本源，人所以爲人之內在根據；案禽獸草木雖原則上亦稟有此「心」，唯未能自覺以呈現之耳。以此，是人之所以與禽獸草木有異焉者。（此唐君毅先生之說）㊽

㈡、陸象山所言之「心」之內容

象山全集、卷十一、第六頁、與李宰書、曰：「天之所以與我者，即此心也。人皆有是心，心皆具是理，心即理也。」

象山全集、卷三十四、語錄上、第二一頁、曰：「先生言：『萬物森然於方寸之間，滿心而發，充塞宇宙，無非此理。』」

象山全集、卷三十四、象山年譜、第三頁、曰：「宇宙便是吾心，吾心即是宇宙。」

玲、陸象山所言之「心」，其內容全幅是理——陸象山所言之「心」，既爲「天之所以與我者」。此所謂之「天」，乃萬物所以化生之本源；「天」之所以化生萬物，運之而已。

---

㊼ 見象山全集、卷十一、第六頁、與李宰書。

㊽ 參見唐君毅先生全集、卷二十二、哲學概論、下冊、第三部、第十九章、第五節、第三七三頁。及同書、同下冊、第四部、第九章、第二節、第五四五頁。又，唐君毅先生、哲學概論，臺北市、學生書局印行，民國七十四年、十月、校訂版。

「天」之運焉以化生萬物，既呈現其規律，亦遵循其規律；然後，宇宙間彌綸一秩序焉。此規律，此秩序，即天之理。天之化生萬物，即賦予此「理」。人之稟乎此理，即爲「心」焉。人皆爲天所化生，故皆稟有此理以爲「心」。

依陸象山之學，反以言之，所謂「心」者，即稟之於天之理，故曰「心即理也」，即「心」之內容全幅是理；此理乃屬於道德性之理，亦即道德理性；是以「心」之內容全幅是道德理性。

儒家之言「心學」，由孟子啓其端。（論語言「心」者三，皆爲實然性之心。孔子倡「仁」，則尚未內在安立於「心」中，參見前文。）孟子之言「心」，析其內容爲仁、義、禮、智四端，四者皆爲道德理性，蓋舉其大端而已。其實，「心」爲道德實踐之本源，道德實踐之德目無窮，則「心」之內容所涵備之理性亦當無限。陸象山則直言之曰「心即理也」，即「心」之內容涵備仁、義、禮、智，甚至忠、孝、誠、信、……一切道德理性。換言之，一切道德理性化爲內在之主體，而名之曰「心」。

(2)、陸象山所言之「心」，乃涵蓋乾坤——乾、坤原爲周易古經之兩卦卦名，乾卦象徵天道，故名乾道；坤卦象徵地道，亦名坤道。據此，則乾道主生，坤道主成，是以易經、繫辭上傳、第一章、第四五二頁、曰：「乾知大始，坤作成物。」因此，由於乾坤之生成，而宇宙得以繁衍及於無疆。

論「宇宙」，一而已。然而，自不同之層級，不同之性質，不同之領域以觀之，則多矣：例如自然宇宙、理性宇宙、藝術宇宙、心靈宇宙、……。因此，言「宇宙」，則偏重其領域義；論「乾坤」，則通徹其創造義。

象山全集、卷三十四、語錄上、第二頁、曰：「先生曰：『萬物森然於方寸之間，滿心而發，充塞宇宙，無非此理。』」「萬物」，即指萬事當然之理，雖盛雖多，無不涵備於此「心」中。「滿心而發」，即全幅呈現之，蓋即通徹其創造義，且涵攝其領域義。落實言之，諸如人間生活之實踐，政治社會之經緯，理想境界之追求，歷史文化之創造，……凡此「理性」，綜言之，即自是一理性之宇宙，而莫不爲「心」所創造，莫不爲「心」所涵攝；亦即莫不攝歸於此「心靈宇宙」之中。故象山全集、卷三十四、象山年譜、第三頁、曰：「宇宙便是吾心，吾心即是宇宙。」於此「心靈宇宙」中，既呈現乾道以生之，亦呈現坤道以成之，斯乃「心」之涵蓋乾坤。

總之，「心」之涵蓋乾坤，乃謂自「心」至於其所開闢之理性宇宙，既通徹其創造義，且涵攝其領域義。

## (三)、陸象山所言之「心」之修養

象山全集、卷三十二、拾遺、第四頁、思則得之、曰：「義理之在人心，實天之所與而不可泯滅焉者也。彼其受蔽於物而至於悖理違義，蓋亦弗思焉耳。誠能反而思之，則是非取舍，蓋自隱然而動，判然而明，決然而無疑者矣。」

象山全集、卷三十六、象山先生年譜、第十七頁、曰：「毛剛伯必彊云：『先生之講學也，先欲復本心，以爲主宰；既得本心，從此涵養，使日充月明；讀書考古，不過欲明此理，盡此心耳。』」

象山全集、卷三十二、拾遺、第六頁、養心莫善於寡欲、曰：「夫所以害吾心者何也？欲也。欲之多則心之存者必寡；欲之寡則心之存者必多。故君子不患夫心之不存，而患夫欲之不寡。欲去則心自存矣。」

(1)、陸象山所言之「心」，其所「復」，在於「反而思之」——陸象山既曰「心即理也」，即，「心」之內容全幅是理。然而，自然生命之活動，爲滿足心理需要、生理需要，於實然生活之感應中，每爲「物」之所蔽，以致迷失自己。故象山全集、卷三十二、拾遺、第四頁、思則得之、曰：「義理之在人心，實天之所與而不可泯滅焉者也。彼其受蔽於物而至於悖理違義，蓋亦弗思焉耳。」既然，繼而言之曰：「誠能反而思之，則是非取舍，蓋有隱然而動，判然而明，決然而無疑者矣。」夫「反而思之」，孟子、告子篇上、第一七〇頁、曰：「心之官則思，思則得之，不思則不得也。」蓋謂「心」能反省自覺，則其「理」全幅呈現，斯之謂「復」也。易經、復卦、彖傳、第一八〇頁、曰：「復其見天地之心乎！」可與此相發明。

理論上，「心」之內容全幅是理。實踐上，每每必須通過反省自覺之發展過程，以期於具體生活中，累積艱難、挫折之經驗，培養通達、圓融之智慧，以充實其內容，拓展其境界，是爲「心」之「復」也。

(2)、陸象山所言之「心」，其所存，在於欲之所寡——孟子、盡心篇下、第二一五頁、曰：「養心莫善於寡欲，其爲人也寡欲，雖有不存焉者寡矣；其爲人也多欲，雖有存焉者寡矣。」朱晦翁、集註、曰：「欲如耳、目、口、鼻、四肢之欲。」所謂「欲」者，當指心理要求、生理要求而言，蓋出於自然生命氣機之鼓盪，而追逐其生活與生存所須之必要條件，以滿足其要求，並藉以維持自然生命之活動與平衡。然而，由於自然生命氣機之鼓盪，其強度有強弱之差別，故其「欲」亦有多寡之不同。

「欲」爲自然生命之要求，「心」則爲精神生命之主宰；自然生命對於精神生命具有持載之作用，「欲」之滿足，固爲維持自然生命之活動與平衡，且亦促進精神生命之活力與氣概。如果於「心」之主宰下，「欲」得其合理合度之滿足，則精神生命與自然生命渾然而順遂。故象山全集、卷三十二、拾遺、第六頁、養心莫善於寡欲、曰：「欲之寡則心之存者必多。」反之，如果「欲」服從生命氣機之鼓盪，而強、而多，則其生命唯追逐於生活與生存所必須之條件，以求其滿足；其「心」喪矣。故象山全集、卷三十二、拾遺、第六頁、養心莫善於寡欲、曰：「夫所以害吾心者何也?欲之多則心之存者必寡。」

孟子於盡心篇下、第二十五頁、言「養心莫善於寡欲」，陸象山則於象山全集、卷三十二、拾遺、第六頁、「養心莫善於寡欲」章，承而申之。寡，許愼、說文解字、第三四四頁、曰：「寡，少也。」寡欲即少欲。所謂寡欲，可自下列之不同立場瞭解之，①、恬淡而沖和——自然生命氣機之鼓盪，如果質性恬淡沖和，則其強度弱而少。②、節制以超化——乃謂服從意志，遵守禮法，而自我減損。陸象山承乎孟子而言者，乃以「寡欲」爲「養心」之要件，則「寡欲」當指道德意志之自我節制，而期對於欲望有所超化。至於節制之程度，當以合理合度爲宜。「養心」者，唐、李習之有「復性書」之作，有曰，「覺則明，否則惑，惑則昏」。乃以「覺」「昏」對言，㊾移之以論陸象山承孟子所言「心」之修養，則「養心」當直就「心」之反省以自覺呈現之而言；「寡欲」則剋就有所依賴以持載之自然生命諸要求，期於有所節制而超化，庶幾無爲「心」累而已。如果「寡欲」果然有以「養心」，亦唯自然生命諸要求之合理合度滿足，以盡其持載心靈活動之功能即足矣。

(3)、陸象山所言之「心」，其所養，或「讀書考古，不過欲明此理，盡此心耳」——象山全集、卷三十六、象山年譜、第十七頁、引錄毛剛伯必彊、敘述陸象山「心」學之修養歷程，其要義有三：

①、「(陸象山)先生之講學也，先欲復本心，以爲主宰」——陸象山既倡「心即理也」，然而如果「受蔽於物」則喪其本心。故於象山全集、卷三十二、拾遺、第四頁、「思則得之」章主張「反而思之」，以「復」其本心，(參見前文)而爲生命之主宰。

②、「既得本心，從此涵養，使日充月明」——本心既復，「從此涵養」，「涵養」即就人間之具體生活，優游滋長之；然後，其所涵備之道德理性，消融經驗生活，而日見充實、清明。

③、「讀書考古，不過欲明此理，盡此心耳」——本心之涵養，必須消融經驗生活，

---

㊾ 李習之(翺)復性書，見宋、李昉等編、文苑英華、第三冊、卷三六五、第一八七一頁。又，文苑英華，臺北市、新文豐出版公司印行，民國六十八年、十月初版。

以充之明之。「讀書考古」即是探討前賢自生活經驗中所累積之知識、觀念，以開拓經驗基礎之領域。以爲「明此理、盡此心」之助緣。

　　中庸、第二十七章、第二四頁、曰：「故君子尊德性而道問學。」朱晦翁、章句、曰：「尊德性所以存心，而極乎道體之大也。道問學所以致知，而盡乎道體之細也。」陸象山與朱晦翁同爲南宋初年之理學大家，其學問形態則有所不同。朱晦翁主張先博覽而後返約，爲「道問學」之形態。陸象山則主張先發明本心而後博覽，爲「尊德性」之形態。平情而論，道德實踐固當頓然呈現其本心，以泛應天下之事物，此陸象山之學得之矣。然而，此非天機高明者豈能至乎？退而求其次，中材以下，藉前賢所累積之知識、觀念，以開拓其經驗基礎之領域，反而啓發其心智，亦可以日漸遷善成德而有功。陸象山既主張先發明本心而後博覽，則「讀書考古」之價值，於開拓經驗基礎之意義上，當然爲所肯定，唯視之爲外緣功夫而已，故曰「讀書考古，不過欲明此理，盡此心耳。」

## 第七節　王陽明所言之「心」

　　王陽明之學，其精義乃在「致良知」之教。王陽明所言之「良知」，乃承孟子、陸象山之「心學」而開出。蓋孟子於盡心篇上、第一九二頁、曰：「人之所不學而能者，其良能也；所不慮而知者，其良知也。」孟子又於公孫丑篇上、第四七頁、曰：「是非之心，智之端也。」象山則於象山全集、卷十一、第六頁、與李宰書、曰：「天之所以與我者，即此心也；人皆有是心，心皆具是理，心即理也。」「良知」即指稱乎天與我之此「心」、而其中蘊涵虛靈明覺之理性。

## (一)、王陽明所言之「心」之性質

陽明全書、卷一、語錄一、傳習錄上、第五頁、㊿答徐愛問、曰：「(陽明先生曰) 心，一也。未雜於人謂之道心，雜以人僞謂之人心。……初非有二心也。」

陽明全書、卷七、文錄四、第二一頁、重修山陰縣學記、曰：「道心者，率性之謂，而未雜於人；無聲無臭，至微而顯，誠之源也。人心則雜於人而危矣，僞之端矣。」

陽明全書、卷二、語錄二、傳習錄中、第九頁、答顧東橋書、曰：「道心者，良知之謂也。」

陽明全書、卷六、文錄三、第十頁、答季明德、曰：「人者，天地萬物之心也。心者，天地萬物之主也。心即天，言心則天地萬物皆舉之矣。」

陽明全書、卷二、語錄二、傳習錄中、第六頁、答顧東橋書、曰：「心者，身之主也，而心之虛靈明覺，即所謂本然之良知也。」

陽明全書、卷七、文錄四、第十二頁、大學古本序、曰：「故至善也者，心之本體

㊿ 陽明全書，臺北市、中華書局印行，民國五十九年、六月、臺二版。

也。動而後有不善，而本體之知未嘗不知也。」

陽明全書、卷一、語錄一、傳習錄上、第二五頁、曰：「惟乾問，知如何是心之本體。先生曰：『知是理之靈處，就其主宰處說，便謂之心；就其稟賦處說，便謂之性。……』」

陽明全書、卷二十六、續編一、第七頁、五經億說十三條之一、曰：「元也者，在天爲生物之仁，而在人則爲心，心生而有者也。」

陽明全書、卷二、語錄二、傳習錄中、第二八頁、答羅整菴少宰書、曰：「理一而已，以其理之凝聚而言，則謂之性。以其凝聚之主宰而言，則謂之心。以其主宰之發動而言，則謂之意。以其發動之明覺而言，則謂之知。以其明覺之感應而言，則謂之物。」

陽明全書、卷二、語錄二、傳習錄中、第十一頁、答顧東橋書、曰：「夫聖人之心，以天地萬物爲一體。其視天下之人，無外內遠近，凡有血氣，皆其昆弟赤子之親，莫不欲安全而教養之，以遂其萬物一體之念。」

自從書經、大禹謨篇、第一四頁、提出，相傳爲舜所以命禹之十六字心傳，曰：「人心惟危，道心惟微，惟精惟一，允執厥中。」之後，儒家之言「心」者，自孟子一路而下，莫不肯定「心」者唯一，然後承之而分析爲「道心」、「人心」兩層面。對於「道心」一層面，則貞定其性質、開闢其內容、並講論其修養；對於「人心」一層面，則亦正視其價值，消融其作用。然後，渾化二者而復歸爲一也。

王陽明以爲「道心」者，「良知之謂也」，而「未雜於人」也。所謂「未雜於人」，即「心」之保持其體乎天道，純然是理一層面，而未爲自然生命之情欲所夾雜。至於「人心」者，「雜以人僞」也。所謂「雜以人僞」者，即「心」之主宰生命，而爲自然生命之情欲所夾雜。

雖然，儒家之言「心學」者，每每扣緊「道心」一層面，蓋期於一一展示，而至於全幅呈現之也。王陽明亦復如此；其以「心」爲「本然之良知」，則體天道而應萬物之義彰矣。

(1)、王陽明所言之「心」，爲天地萬物之主——天地萬物，如果自「相」之層面觀之，則各有其形體，各有其生態，以各遂其生，各適其性。如果自「理」之層面觀之，則天地之化生，有其規律，萬物之活動，亦有其規律。天地化生之規律，與萬物活動之規律，乃相涵相攝。於是，天地之化生，萬物之活動，呈現一理性宇宙。

「人」亦爲萬物之一，於萬物爲最靈者，所最之「靈」者，於王陽明則以「良知」爲規定，而「良知」即爲「理」所凝聚。故陽明全書、語錄一、傳習錄上、第二五頁、曰：「知是理之靈處，就其主宰處說，便謂之心。」是以理性宇宙涵攝於人之「心」中，且見其靈焉，乃爲天地萬物之主。「心」既爲天地萬物之主，則無不「知」也。

(2)、王陽明所言之「心」，爲「理之凝聚」，其靈處「虛靈明覺」，即所謂「本然之良知」——陸象山、象山全集、第六頁、與李宰書、曰：「天之所以與我者，即此心也。人皆有是心，心皆具是理，心即理也。」依陸象山之說，此「心」乃天所與(命)者，其內容全幅是「理」。(道德理性之理)王陽明承之，以爲「理一而已」，即綜宇宙爲一理性秩序，其賦予人爲人所涵攝，即凝聚而爲「心」；理之靈也，則所凝聚之「心」，見其「虛靈明覺」焉。以其「虛靈明覺」，故無知無不知。以其本於宇宙之理性秩序，而爲人所涵攝以凝聚，故曰「本然之良知」。

(3)、王陽明所言之「心」，爲「理之凝聚」，其超越義爲「天」，其本質義爲「性」，其主宰義爲「心」，其起用義爲「意」，其明覺義爲「知」，其感應義爲「物」——王陽明所言之「心」，既爲「理」所凝聚；而「理」者乃宇宙之整全理性秩序，斯爲「天」運之道。夫「天」之運，屬於超越層者，其「理」爲人所涵攝而凝聚爲「心」，故「心」之超越義爲「天」。

天自運焉，宇宙間則見一整全之理性秩序；天即遵循此一整全之理性秩序以運焉。其「理」既爲人所涵攝以凝聚，相應自然生命而言，此其本質也。夫自然生命者，乃「氣」所結聚，服從強度原則，爲非理性者。唯「理」之結聚以爲本質，是爲其「性」也，此理性乃所以爲其行爲之涵蓋原則。胡五峰、知言、卷一、第一頁、曰：「心也者，知天地、宰萬物以成性者也。」「成性」即成就「性」之功能。蓋「性」爲本質義，唯「心」之呈現主宰義作用，始爲「性」之功能之成就。反之，「心」之呈現其主宰義作用，所根據者，即本質義之「性」。故「心」之本質義爲「性」。

「心」既爲「理之凝聚」，陽明全書、語錄一、傳習錄上、第二五頁、曰：「知是理之靈處，就其主宰處說，便謂之心。」夫「理」之靈處即是知，所謂「良知」也，亦即「心」

也。唯「知」，乃能「知天地、宰萬物」，本此「知」以呈現其主宰義作用者，「心」也。故「心」乃其主宰義之名。

「心」爲「理之凝聚」，「理」之靈處爲「知」；其「知」乃無知而無不知，此示其屬於超越層者。及其呈現大用以「知天地、宰萬物」，相應「心」之起用而言，則爲「意」。是以陽明全書、語錄一、傳習錄上、第四頁、曰：「心之所發便是意」故「心」之起用義爲「意」。（至於「意」之善惡問題，另有深意在，於此暫不討論）

「心」之所以「知天地、宰萬物」者，以其「知」也。「知」者，「理」之靈，而「理」乃所以凝聚而爲「心」者。是以「知」者，乃虛靈明覺，以無知而無不知，故「心」之明覺義爲「知」。

「心」之虛靈明覺者，即其「知」爲無知而無不知。易經、繫辭上傳、第十章、第四七八頁、曰：「寂然不動，感而遂通天下之故。」夫無知者，寂然而歸於超越層之自己。無不知者，感物而應，則呈現其自己貫注於具體層之事物。（案王陽明所言之「物」，實包括：①、意之所在之事。②、明覺所感應之事、物。此義另有深意在，於此暫不討論。）故「心」之感應義爲「物」。

王陽明繼承陸象山以言「心」，乃爲理性宇宙安立一主宰。其所主宰者，涵蓋及於天地萬物。其超越義則涵攝天道之理性秩序之整全，而凝聚爲生命之本質，及其轉出主宰作用則曰「心」。其功能爲虛靈明覺，以無知而無不知，是之謂「良知」。「心」之生心動念者爲意。其感應則成就天下之事物。於是天道、人事盡在我「心」之宇宙中矣。

⑷、王陽明所言之「心」，爲「元」，「在天爲生物之仁」，在人則「生而有者也」，

故爲至善——「元」者，易經、乾卦、卦辭、第一頁、曰：「乾，元、亨、利、貞。」象傳釋「元」則曰：「大哉乾元，萬物資始，乃統天。」朱駿聲、六十四卦經解、第三頁、[51]曰：「統，本也。」依易傳之義，乾卦所以象徵天道，「元、亨、利、貞」乃所以展示天道生物之四階段歷程；天道生物之歷程既藉乾卦之卦辭展示之，則天道意象化呈現爲乾道矣。「大哉乾元」，「元」者，朱子、周易本義、第二頁、曰：「元，……始也。」「乾元」即乾之元，即天道生物歷程之本源，而萬物資（取）之以爲始。是以「元」者，乃指天道生物歷程中之本源。陽明全書、卷六、文錄三、第十頁、答季明德、曰：「心即天」「心」即體此天道生物之本源以爲「心」。

陽明全書、卷二十六、續編一、第七頁、五經億說十三條之一、曰：「元也者，在天爲生物之仁，而在人則爲心，心生而有者也。」「元」，既指天道生物歷程中之本源。而「仁」者，以生機爲義。「在天爲生物之仁」，即指充滿生機之天道生物歷程中之本源，故云。至於「在人」，「心」爲身之主，乃天道理性秩序之整全所凝聚。陽明全書、卷六、文錄三、第十頁、答季明德、曰：「人者，天地萬物之心也。心者，天地萬物之主也。」故此「心」即涵攝天道理性秩序之整全，而體乎天道生物歷程中之本源，以主乎天地萬物。則天地萬物皆爲此「心」所涵蓋，爲此「心」所生而有之。

易經、繫辭上傳、第五章、第四六五頁、曰：「一陰一陽之謂道，繼之者善也，成之

---

[51] 朱駿聲、六十四卦經解，臺北市、宏業書局印行，民國六十年、十一月出版。

者性也。」陰陽之相對待、相感應，乃爲天道生物歷程之另一種解釋。「繼之者善也」，即繼承此陰陽相對待、相感應所解釋之天道生物歷程，是爲「善」。王陽明所言之「心」，既爲涵攝天道理性秩序之整全，而體乎天道生物歷程中之本源，以主乎天地萬物；是爲繼承天道之生物以生生不息者，故爲「至善」。

(5)、王陽明所言之「心」，爲渾化天地萬物以爲一體——天地萬物，如果自具體之立場觀之，各有其所稟之氣，各有其所成之形，因此，不能無所限，不能無所隔。如果自本質之立場觀之，無不各受天命之道，無不各備天運之理。夫天之道，天之理者，唯一，（整全）故朱子曰「統體一太極」；人之各受其道，各備其理，以各爲一整全，故朱子曰「物物一太極」。因此，天地萬物，本質上實爲一體。然而，實際上，天地萬物不能爲一體者，所稟之氣所囿限也，所成之形所拘隔也。

陽明全書、卷二、語錄二、傳習錄中、第十一頁、答顧東橋書、曰：「夫聖人之心，以天地萬物爲一體。」「聖人之心」者，充量呈現其全幅爲天命之道、天運之理之「心」。於是，陽明全書、卷二、語錄二、習錄中、第十一頁、答顧東橋書，又曰：「其視天下之人，無外內遠近，凡有血氣，皆其昆弟赤子之親，莫不欲安全而教養之，以遂其萬物一體之念。」此示聖人之本其「心」，於實際生活上之具體接觸中，消融氣之囿限、形之拘隔，於主觀上流注其恩情，於客觀上假借其德業，以「安全而教養之」；則天地萬物，各稟其氣而無所囿限，各成其形而無所拘隔；莫不渾化而歸於天命之道、天運之理，而爲一體矣。

## (二)、王陽明所言之「心」之內容

陽明全書、卷八、文錄五、第六頁、書諸陽卷、曰：「(王陽明)復告之曰：『心之體，性也。性即理也。天下寧有心外之性?寧有性外之理乎?寧有理外之心乎?……理也者，心之條理也。是理也，發之於親則爲孝，發之於君則爲忠，發之於朋友則爲信。』」

陽明全書、卷二、語錄二、傳習錄中、第十七頁、答陸原靜書、曰：「良知者，心之本體，即前所謂恆照者也。心之本體，無起無不起。……」

陽明全書、卷一、語錄一、傳習錄上、第十一頁、曰：「虛靈不昧，衆理具而萬事出，心外無理，心外無事。」

陽明全書、卷三、語錄三、傳習錄下、第十四頁、曰：「又曰：『目無體，以萬物之色爲體；耳無體，以萬物之聲爲體；鼻無體，以萬物之臭爲體；口無體，以萬物之味爲體；心無體，以天地萬物感應之是非爲體。』」

陽明全書、卷一、語錄一、傳習錄上、第四頁、曰：「先生曰：『然。身之主宰便是心，心之所發便是意，意之本體便是知，意之所在便是物。如意在於事親，即事親便是一物；意在於事君，即事君便是一物；意在於仁民愛物，即仁民愛物便是一物；意在於視聽言動，即視聽言動便是一物。所以某說，無心外之理，無心外之物。』」

(1)、王陽明所言之「心」，以「性」爲體，而「性即理也」；則「心」之內容全幅是理——「心」爲生命之主宰，依孟子之學，生命稟受於天之所命者爲「性」，此「性」即所以規定生命之本質；及其(性)眞實化爲主宰，則謂之「心」，故「心」以「性」爲體。

「性即理也」，「理」者，乃指道德理性而言，此天道之運而命於人者，孟子則即是以言「性」。故宋儒程伊川直言之曰「性即理也」，不過程伊川所言之「理」，乃靜態之內在存在。52今王陽明亦言「性即理也」，則其義有異於程伊川者。陽明全書、卷八、文錄五、第六頁、書諸陽卷、曰：「理也者，心之條理也。是理也，發之於親則爲孝，發之於君則爲忠，發之於朋友則爲信。」此「理」之實踐爲具體道德行爲，蓋繼承陸象山者，以天道之運而命於人、以爲其本質之道德理性爲「性」，而「心」即以此「性」爲體，因此，「心」之內容全幅是理之凝聚。53

「心」之內容全幅是理之凝聚，落實言之，即「發之於親則爲孝，發之於君則爲忠，發之於朋友則爲信。」此人倫之常理也。即此大用之倫理，反以觀「心」之內容所凝聚之「理」，即是道德性之「條理」。

(2)、王陽明所言之「心」，以「良知」爲本體，「心」即虛靈明覺之「良知」——孟子、盡心篇上、第一九二頁、曰：「孟子曰：『人之所不學而能者，其良能也；所不慮而知

---

52 牟宗三先生、心體與性體、第二冊、第三部、第二章、第二節、第二七六頁，判定程伊川所言之「理」，爲「祇存有而不活動」。

53 見陽明全書、卷二、語錄二、傳習錄中、第二八頁、答羅整菴少宰書。

者，其良知也。』」王陽明所言之「心」，既爲理之凝聚，而至靈，無知而無不知，爲虛靈明覺，故名之曰「良知」。此虛靈明覺之「良知」，即所以狀乎「心」之體性，故爲「心」之本體。

(3)、王陽明所言之「心」，乃實無體，「以天地萬物感應之是非爲「體」」——陽明全書、卷三、語錄三、傳習錄下、第十四頁、曰：「目無體，以萬物之色爲體；耳無體，以萬物之聲爲體；鼻無體，以萬物之臭爲體；口無體，以萬物之味爲體；心無體，以天地萬物感應之是非爲體。」夫目、耳、鼻、口皆「官」也，無自體也。雖然，目能見以知色，耳能聞以知聲，鼻能嗅以知香，口能甜以知味。斯其用也。王陽明乃即此諸「用」，反以爲其「官」而安立其「體」焉。故目、耳、鼻、口；分別以直覺形態所見之色、所聞之聲、所嗅之香、所甜之味爲「體」。蓋「體」在「用」中，唯即「用」所以見「體」。

同理，所謂「心無體」，孟子、告子篇上、第一七〇頁、曰：「心之官則思，思則得之，不思則不得也。」則「心」亦「官」之屬，亦無自體。雖然，「心」能思以得之，斯其用也。王陽明乃即此「用」，反以爲「心之官」安立其「體」焉。至於「心之官」之思，易經、繫辭上傳、第十章、第四七八頁、曰：「寂然不動，感而遂通天下之故。」「心」即以此即寂即感，即感即應之思惟方式，通徹於「天地萬物」，以貞定其「是非」。因此，「天地萬物感應之是非」，乃「心」之「用」，「以天地萬物感應之是非爲『體』」，蓋「體」在「用」中，唯即「用」所以見「體」。

(4)、王陽明所言之「心」，涵攝所發之「意」，及其(意)所在之「物」——依王陽明之學，「心」爲身之主，爲無知無不知之「良知」，乃道德實踐之主體。及其呈現爲「用」，則爲「意」，意以良知爲體，故爲良知之心所攝焉。至於意所在則爲「物」，落實言之，陽明全書、文錄一、傳習錄上、第四頁、答徐愛之問、曰：「如意在於事親，即事親便是一物；意在於事君，事君便是一物；意在於仁民愛物，即仁民愛物便是一物；意在於視聽言動，即視聽言動便是一物。」則「物」者乃指「行爲」而言，所謂「行爲物」（此牟宗三先生所創之詞）是也。「物」既爲「意」之在，故亦爲良知之心所攝焉。是以「心」者，呈現其自己以實踐於人間生活，其歷程則爲通過「意」而及於「物」。是以「心」所發之「意」，及「意」所在之「物」，皆爲「心」所攝焉。

## (三)、王陽明所言之「心」之修養

陽明全書、卷二十六、續編一、第四頁、大學問、曰：「蓋心之本體本無不正，自其意念發動而後有不正。故欲正其心者，必就其意念之所發而正之。……吾心之本體，自然靈昭明覺者也。凡意念之發，吾心之良知無有不自知者。其善歟，惟吾心之良知自知之；其不善歟，亦惟吾心之良知自知之，是皆無所與於他人者也。」

陽明全書、卷二十六、續編、第四頁、大學問、曰：「故致知必在於格物，物者事也。凡意之所發，必有其事，意所在之事謂之物。格者，正也；正其不正以歸於正之謂也。正其不正者，去惡之謂也；歸於正者，爲善之謂也。夫是之謂格。」

陽明全書、卷三十四、附錄三、年譜三、第八頁、嘉靖四年、先生五十四歲、曰：

「若鄙人所謂致知格物者，致吾心之良知於事事物物也。吾心之良知即所謂天理也，致吾心之天理於事事物物，則事事物物皆得其理矣。……事事物物皆得其理者，格物也，是合心與理而爲一者也。」

陽明全書、卷二、語錄二、傳習錄中、第二十頁、答陸原靜書、曰：「必欲此心純乎天理而無一毫人欲之私，此作聖之功也。必欲此心純乎天理而無一毫人欲之私，非防於未萌之先、而克於方萌之際不能也。」

陽明全書、卷三、語錄三、傳習錄下、第十六頁、曰：「先生曰：『喜怒哀懼愛惡欲，謂之七情。七者俱是人心合有的。……七情順其自然之流行，皆是良知之用，不可分別善惡，但不可有所著。七情有著，俱謂之欲，俱爲良知之蔽。然纔有著時，良知亦自會覺，覺即蔽去復其體矣。此處能勘得破，方是簡易透徹功夫。』」

陽明全書、卷三、語錄三、傳習錄下、第五頁、曰：『先生曰：『聖賢非無功業氣節，但其循著這天理，則便是道；不可以事功氣節名矣。』」

陽明全書、卷三、語錄三、傳習錄下、第十三頁、曰：「或問，釋氏亦務養心，然要之不可以治天下，何也？先生曰：『吾儒養心，未嘗離卻事物；只順其天則，自然就是功夫。釋氏卻要盡絕事物，把心看做幻相，漸入虛寂去了，與世間若無些子交涉，所以不可治天下。』」

陽明全書、卷三、語錄三、傳習錄下、第二六頁、曰：「（先生曰）我的靈明便是天地鬼神的主宰。天沒有我的靈明，誰要仰他高？地沒有我的靈明，誰去俯他深？鬼神沒有我的靈明，誰去辯他吉凶、災祥？天地鬼神萬物離卻我的靈明，便沒有天地鬼神萬物了。我的靈明離卻天地鬼神萬物，亦沒有我的靈明。如此便是一氣流通的，如何與他間隔的？」

陽明全書、卷七、文錄四、第二三頁、示弟立志說、曰：「聖人之所以爲聖人，惟以其心之純乎天理而無人欲。……求所以去人欲而存天理之方，則必正諸先覺、考諸古訓，而凡所謂學問之功者，然後可得而講，而亦有所不容已矣。」

陽明全書、卷一、語錄一、傳習錄上、第二頁、答鄭朝朔問、曰：「先生曰：『……只要此心純乎天理之極，此則非有學問思辨之功，將不免於毫釐千里之繆。所以雖在聖人，猶加精一之訓。』」

陽明全書、卷三、語錄三、傳習錄下、第二五頁、曰：「問先儒謂鳶飛魚躍，與必有事焉，同一活活潑潑地。先生曰：『亦是天地間活活潑潑地無非此理，便是吾良知的流行不息。』」

陽明全書、卷二、語錄一、傳習錄上、第二頁、答徐愛問、曰：「先生曰：『心即理也。天下又有心外之事，心外之理乎？』……『（先生歎曰）以此存乎天理之心，發之事父便是孝，發之事君便是忠，發之交友治民便是信與仁。只在此心去人欲、存天理上用功便是。』」

王陽明所言「心」之修養，乃相應道德實踐而言。「心」之實踐其道德行爲，其義約有三端：①、心體之自覺。②、意念之端正。③、私欲、氣質之消融。依王陽明之學，「心」即「本然之良知」，無知而無不知，無善而無不善，方其實踐道德行爲，則當自覺呈現自己，即所謂「致知」也。

及其呈現自己即爲意念之發動，則有善有惡。善者，固良知虛靈明覺之通徹；而惡者，乃緣於私欲之蔽，氣質之偏也。

私欲、氣質爲自然生命之實然現象，乃自然生命之活動、隨其氣機之鼓盪所表現者。氣機之鼓盪服從強度原則，私欲、氣質即乘此氣機鼓盪之強度，以表現自然生命之意欲能力與持載能力。同時亦因此對「良知」所發動之意念，形成一限制，形成一影響，甚至導致其放失。

夫「心體」之道德實踐，既不能不發動爲意念，既發動爲意念，一方面不能不依附私欲之意欲能力所鼓舞，不能不假借氣質之持載能力所調節，一方面又不能避免其限制，不能避免其影響。

因此，如何①、自覺呈現其「心體」。②、端正其意念。③、消融其私欲、氣質。斯乃王陽明所言「心」之修養功夫三要義。茲申述之。

⑴、王陽明所言之「心」，其致知，在於格物——於王陽明之學，「心」之內容，全幅是天理之所凝聚，故至靈，爲虛靈明覺，無知而無不知，乃謂之「良知」。此道德實踐之「主體」。「心」之「良知」，其道德實踐，必須經歷磨鍊之發展歷程，始能由原始諧和之不斷自我破裂、反省，然後臻於精熟之再度諧和境界，以泛應而無不曲當。此「致知」之功

夫。

陽明全書、卷二十六、續編一、大學問、第四頁、曰：「故致知必在於格物，物者事也。凡意之所發，必有其事，意所在之事謂之物。格者，正也；正其不正以歸於正之謂也。正其不正，去惡之謂也；歸於正者，爲善之謂也。夫是之謂格。」王陽明所謂之「物」，依據牟宗三先生、現象與物自身、第七章、第十二、第四四〇頁[54]之說，當包涵二義：①、行爲物——此指意之所在，即「事」也。如事親、治民。②、存在物（個體物）——此指良知明覺感應之對象。如所事之親，所治之民。是以「格物」乃謂端正意念。王龍溪先生語錄、天泉證道紀、[55]曰：「若悟得心是無善無惡之心，意即是無善無惡之意，……。」此指通體達用，體用一如，而無不善。而王陽明於陽明全書、卷二十六、續編一、第四頁、大學問、曰：「蓋心之本體本無不正，自其意念之發動而後有不正。故欲正其心者，必就其意念之所發而正之。」夫意念之發而有不正者，非「心」之故也，乃私欲之蔽，氣質之偏也。因此，如欲正之，於自性功夫，即自覺呈現其「心」之良知，而以道德意志貫注之。於外緣功夫，則涵私欲、氣質之消融。私欲、氣質乃由於自然生命活動、其氣機鼓盪所表現之強度作用，蓋發之於自然生命之實然現象，故有其實然性價值，不可絕者也。既然，唯調節、變化之，庶幾私欲之滿足而不爲蔽，氣質之沖和而免於偏；但盡其私欲能力之鼓舞，氣質持載能力之調節；

[54] 牟宗三先生、現象與物自身，臺北市、學生書局印行、民國六十四年、八月、初版。

[55] 見岡田武彥編、龍谿先生全集、上冊、卷之一、第九六頁。又，龍谿先生全集，臺北市、廣文書局出版。

即轉化「心體」發動其意念之阻力爲助力，以共致道德實踐之功業。斯之爲「消融」。此爲「心」之致知、格物之修養功夫所必涵。

(2)、王陽明所言之「心」，其存乎天理，主觀功夫在於「防於未萌之先，而克於方萌之際」，以使「七情順其自然之流行」——「心」之存乎天理，其實「心」之內容全幅是天理。言「存」之者，乃相應其可能之放失言。「心」之可能放失，乃緣於私欲之蔽，氣質之偏故也。私欲、氣質，具體言之，即喜、怒、哀、樂、愛、惡、欲七情。[56]七情，乃隨乎自然生命活動之氣機鼓盪而表現，其強度固然每持載道德實踐於人間、以成就功業；然而亦每因泛濫而有所蔽限。如能適度以安頓、消融之，則七情皆爲「心」之天理所涵攝而自然流行。

「防於未萌之先」，乃相應七情之可能蔽限以養之、化之；養之，所以安頓之；化之，所以變化之。然而，自然生命之活動，其氣機之鼓盪無時或已，非聖人誠難以竟其全功。於是「克於方萌之際」亦所必須。即於「方萌之際」善自反省、自覺，庶幾有以勝之。[57]

七情，於未萌之先防之，方萌之際克之，則道德實踐之「心」存天理，而喜、怒、哀、樂、愛、惡、欲無不如理如度，自然爲天理所涵攝以流行，則喜怒、哀、樂、愛、惡、欲、七情即是天理矣。論語、爲政篇、第七頁、孔子自道、曰：「七十而從心所欲，不踰矩。」即此天理、七情圓融所至之境界。

---

[56] 「七情」，詞見禮記、禮運篇、第一二六頁。

[57] 論語、顏淵篇、第七七頁、曰：「克己復禮爲仁。」朱熹、論語集註、第七七頁、曰：「克，勝也。」

(3)、王陽明所言之「心」，其靈明，於天地、鬼神、萬物，爲一氣流通，不可離卻——論宇宙之內容，「理」爲一層面，「氣」爲一層面。所謂「氣」者，陰陽之相對待、相感應也。其結聚則爲具體之存在。天地、鬼神、萬物，自其現象觀之，天屬陽，地屬陰；鬼爲陰之類，神爲陽之類；萬物則爲陰陽之所結聚。是以天地、鬼神、萬物，莫非氣化作用所見之現象；宇宙間之氣化作用唯一，故莊子、知北遊、第三三〇頁、曰：「通天下一氣耳。」

至於「理」者，乃謂陰陽相對待、相感應，以結聚爲具體存在，亦即氣化作用所遵循之規律。此「理」乃天運之自然，故謂之「天理」。天運之規律既爲氣化作用所遵循，故「理」先於「氣」而存在。58並貞定氣化作用之秩序。

「心」者，乃宇宙間之理性秩序，賦予人爲人所涵攝以凝聚者，故其內容全幅是理，而至靈至明。是以「心」之靈明，即是天理之凝聚。

天運之規律，所謂「天理」，既爲氣化作用所遵循，而天地、鬼神、萬物又因氣化作用爲一氣之流通。天理又賦予人，爲人所涵攝以凝聚爲「心」而見其靈明。「心」之靈明固無知無不知，其知善知惡則又轉出爲陰陽之感應作用，而落於「氣」之一層面。是以「心」之靈明，於天地、鬼神、萬物，爲一氣之流通；其流通之方式，即「心」爲能知，天地、鬼神、萬物爲所知，圓融而爲一矣，故曰「不可離卻」。

---

58 朱子語類、卷一、曰：「問：『先有理抑先有氣？』曰：『理未嘗離乎氣。然理，形而上者；氣，形而下者。自形而上下者，豈無先後？』」

(4)、王陽明所言之「心」，其去人欲、存天理，必須正諸先覺、考諸古訓、以及學問思辨之功——「心」之修養，「存天理」，「心」之內容固全幅是天理，「存」之者，非於實際生活上之歷鍊以發展而完成不可。「去人欲」，「人欲」，乃自然生命之生活、生存之實然需要、實然要求，有其實然價值，如果順是而無節，59則爲患，故孟子、盡心篇下、第二一五頁、曰：「孟子曰：『養心莫善於寡欲，其爲人也寡欲，雖有不存焉者寡矣；其爲人也多欲，雖有存焉者寡矣。』」是以唯養之，節之而已。王陽明言「去」之，殆爲此意乎！夫「人欲」者，乃隨自然生命之活動而鼓動其氣機所表現者，自然生命之活動無已，氣機之鼓盪不息，則「去人欲」亦當於實際生活上歷鍊以消融之。總之，「去人欲」、「存天理」，皆當於實際生活上多所歷鍊；多所歷鍊所以累積經驗也。而且「去人欲」，所以「存天理」；「存天理」，自然「去人欲」，蓋一機而兼修也。

「去人欲、存天理」，一機而兼修，既然當於實際生活上多所歷鍊以累積經驗，其入路則在「正諸先覺」、「考諸古訓」、以及「學問思辨之功」。「正諸先覺」，「先覺」當指聖賢人格而言。蓋聖賢人格，乃於實際生活上經過歷鍊過程，「去人欲、存天理」，以成就其德業者，其所踐履之心路，其所累積之經驗，皆可以爲指正之南針。「考諸古訓」，「古訓」俱在典藉，即爲聖賢人格所踐履之心路歷程，所累積之經驗智慧之記錄，皆可以爲資取之寶庫。

---

59 此取荀子、性惡篇、第二八九頁之義。

先覺者之經驗，古訓中之智慧，固為聖賢人格歷鍊過程之展示；然而，聖賢人格之歷鍊過程，難免因生命質性之殊異，而影響意識形態之不同，未必為學者所貼切契會。因此，學者之遵循先覺心路歷程，吸取古訓經驗智慧，猶須經過一番學問思辨之功夫，庶幾有所資養心智、震撼生命，以臻獨造之境。

綜觀王陽明一生道學之進境，由泛濫詞章，而出入佛老，終於豁然開悟。固然由於天賦之慧根，實亦歷經人間之困惑與折磨；尤其三十七歲之於龍場驛，四十五歲至五十歲之在江西，莫不於生死關口出入馳騁，以承當苦難，成就事功，同時講學論道而不輟，此之謂「事上磨鍊」，蓋於締安邦之業，而成良知之教也。

## 第八節　王船山所言之「心」

王船山為明末清初之大儒，方明之亡而清兵入關，王船山悲憤不已。[60]順治五年，與管嗣裘舉兵衡山，戰敗。夫王船山既傷社稷之覆亡，乃隱逸於草莽，轉而自學術文化之立場，

---

[60] 王孝魚編、船山學譜、第五四頁，王永祥、薑齋公（王船山號）行述、曰：「甲申，（明思宗、崇禎十七年，即世祖、順治元年，西元一六四四年，王船山二十六歲）五月，聞北部之變，（是年三月，清兵入關；五月，清兵定京師）數日不食，作悲憤詩一百韻，吟已輒哭。」又，王孝魚、船山學譜，臺北市、廣文書局，民國六十四年、四月、初版。

痛切反省其癥結。於是鑽研經史，遍注典籍。蓋特顯其歷史意識、文化意識，庶幾維繫歷史、文化之命脈於不墜。

論儒家學術思想之發展，先是孔孟之反省歷史、文化，以建立內聖外王之規模。宋明理學家所弘揚者，其方式大體有二，①、聚徒以講學論道。②、注疏以批判申述。王船山身處橫逆之境遇，心懷剝復之契機，是以唯於注疏中抒發理想，申述觀念。夫注疏之為功，必須承受先哲之義理規模，亦因此而必須為其意脈之理路發展所拘限，此王船山學術思想之所以視宋明理學家較為鬆散之故。其「心學」亦是如此。

## ㈠、王船山所言之「心」之性質

船山全書、第六冊、讀四書（孟子、盡心篇上）大全說、卷十、第一一〇九頁、[61]曰：「言心、言性、言天、言理，俱必在氣上說，若無氣處則俱無也。」

船山全書、第六冊、讀四書（大學、經）大全說、卷一、第三九五頁、曰：「性者，二氣五行妙合凝結以生底物事，心則合得停勻、結得清爽，終留不失，使人別于物之蒙昧者也。」

船山全書、第二冊、尚書（大禹謨篇）引義、卷一、第二六四頁、曰：「若夫人之有道心也，則繼之者善，繼于一陰一陽者也。一陰一陽則實有柔剛健順之質；柔健剛

[61] 船山全書，長沙市、嶽麓書社印行，西元一九九一年、十二月、第一版、第一次印刷。

順斯以爲仁義禮智者也。」

船山全書、第二冊、正蒙（誠明篇）注、卷三、第一二四頁、曰：「天理之自然爲太和之氣所體物不遺爲性；凝之于人而函于形中、因形發用以起知能者爲心。性者，天道；心者，人道。」

船山全書、第六冊、讀四書（孟子、公孫丑篇上）大全說、卷八、第九四六頁、曰：「『心統性情』，自其函受而言也。此於性之發見，乘情而出者言心，則謂性在心，而性爲體，心爲用也。（原註：『仁義禮智，體。四端，用。』）」

船山全書、第六冊、讀四書（孟子、盡心篇上）大全說、卷十、第一一〇六頁、曰：「性，誠也；心，幾也。幾者，誠之幾，而迨其爲義，誠固藏焉，斯心統性之說也。然在誠則無不善，在幾則善惡岐（歧）出。故周子曰：『幾善惡。』是以心也者，不可加以有善無惡之名。」

船山全書、第二冊、尚書（大禹謨篇）引義、卷一、第二六二頁、曰：「今夫情，則迥有人心道心之別也。喜怒哀樂，人心也；惻隱、羞惡、恭敬、是非，道心也。斯二者，互藏其宅而交發其用。」

船山全書、第二冊、尚書（洪範篇）引義、卷四、第三五五頁、曰：「故心者，即目之內景，耳之內牖，貌之內鏡，言之內鑰也。……貌言視聽，分以成官，而思爲君，會通乎四事以行其典禮，非別有獨露之靈光，迥脫根塵、泯形聲、離言動，而爲恍惚杳冥之精也。」

(1)、王船山所言之「心」，爲氣之妙合而明覺——王船山之學說，其綱領乃在於「即器明道」。船山全書、第十二冊、思問錄、內篇、第四二七頁、曰：「統此一物，形而上則謂之道，形而下則謂之器，無非一陰一陽之和而成。盡器則道在其中矣。」所謂「一陰一陽之和而成」，蓋「陰」、「陽」，氣也；陰陽之相對待，相感應，是爲「氣化作用」。「器」即綜指氣化作用之所結聚之品物。「即器明道」乃即氣化作用所結聚者以明道體。船山全書、第一冊、周易(繫辭上傳、第十一章)外傳、卷五、第一〇二三頁、曰：「體用相函者也，……體以致用，用以備體。」既然「體用相函」，復曰「盡器則道在其中矣」，則知其著落點乃所重者在「器」。而「器」又爲氣化作用所結聚者，故王船山之學說，其基礎乃在「唯氣論」，即以氣化作用窮盡宇宙人生之全體。

船山全書、第六冊、讀四書(孟子、盡心篇上)大全說、卷十、第一一〇九頁、曰：「言心、言性、言天、言理，俱必在氣上說，若無氣處則俱無也。」此即氣以言心、性、天、理也。船山全書、第六冊、讀四書(大學、經)大全說、卷一、第三九五頁、曰：「性者，二氣五行妙合凝結以生底物事，心則合得停勻，結得清爽。」船山全書、第六冊、讀四書(孟子、離婁篇上)大全說、卷九、第九九二頁、曰：「氣之條緒節文，乃理之可見者也。」夫「理」者，乃氣之條緒節文；「氣」爲充塞於宇宙間，則「理」亦普遍於宇宙間；「氣」爲具體層之存在，「理」則爲超越層存在。二氣五行之妙合結聚，其條緒節文爲理，於人則爲「性」。

故於王船山之學，爲「分氣函理以成性」。[62]

至於「心」者，其與「性」之關係，船山全書、第六冊、讀四書（孟子、公孫丑篇上）大全說、卷八、第九四六頁、曰：「……而性爲體，心爲用也。」船山全書、第六冊、讀四書（孟子、盡心篇上）大全說、卷十、第一一〇六頁、又曰：「性，誠也；心，幾也。幾者，誠之幾也。」王船山言心、言性，俱必在氣上說，「性」是氣之妙合凝結，「心」是氣之妙合凝結而合得停勻，結得清爽；二者皆爲氣之條緒節文。衹是，「性」乃相應氣化作用，即分氣函理以爲生命之「體」——「性體」。「心」亦爲氣之妙合，即「性體」所呈現之「用」。船山全書、第六冊、讀四書（孟子、盡心篇上）大全說、卷十、第一一〇六頁、曰：「性，誠也；心，幾也；幾者，誠之幾。」「誠」爲性充量呈現之境界義，「心」即爲性、爲誠之「幾」。易經、繫辭下傳、第五章、第五〇一頁、曰：「幾者，動之微。」是以「心」之與「性」，乃同爲氣之妙合而成一渾全、並體用相涵之兩層面。

船山全書、第二冊、正蒙（誠明篇）注、卷三、第一二四頁、曰：「天理之自然爲太和之氣，所體物不遺爲性；凝之于人而函于形中，因形發用以起知能者爲心。」「因形發用」，即相應生命之活動而呈現其大用。「以起知能」，「知能」當指易經、繫辭上傳、第一章、第四五二頁、所言之「乾知大始，坤作成物；乾以易知，坤以簡能」之「知能」。蓋易道所

[62] 參見朱維煥、「王船山宇宙觀、心性觀之探源與闡釋」一文。文載臺中市、中興大學、中文系、學術論文集刊、第四期，民國六十六年、六月出版。

以象徵天地之道，分解言之，乾與坤也。「乾知」，即乾道主生萬物；「坤能」，即坤道終成萬物。「以起知能者爲心」，乃謂「心」涵攝「天理之自然爲太和之氣」，所謂天地之道，以起創造萬事萬物，終成萬事萬物。蓋涵攝宇宙於此「心」也。

(2)、王船山所言之「心」，包含「道心」「人心」兩層次，而互藏其宅、交發其用——「心」唯一，而書經、大禹謨篇析之爲兩層面。[63]王船山於尚書引義，乃欲對此一而二、二而一之人心觀作一詮釋。

「心」既爲氣之妙合而明覺者。如果自「氣之妙合」言之，氣，其性質屬於實然性者，其相對待、相感應，亦爲實然性作用。其實然性感應之作用，即所謂「情」。「情」，其表現爲具體之相狀，禮記、禮運篇分之爲喜怒哀樂愛惡欲者七，中庸第一章則舉其喜怒哀樂者四。如果自氣之妙合而明覺之「明覺」言之，乃因其能「以起知能」，能「以起知能」者則緣於氣之妙合之條緒節文。（王船山所謂「理」）船山全書、第二冊、尚書（大禹謨篇）引義、卷一、第二六四頁、曰：「一陰一陽則實有柔剛健順之質；柔健剛順斯以爲仁義禮智者也。」爲仁義禮智之柔剛健順，即是條緒節文之特殊形態，既因氣之妙合；「合得停勻，結得清爽」，涵具於「心」以爲其內容，則爲孟子所言之「四善端」——仁、義、禮、智。王船山即以氣之妙合之實然性感應作用、所謂喜、怒、哀、樂之「情」者、爲「人心」；以氣之妙合、其條緒節文之特殊形態、柔剛健順、於道德價值上爲仁、義、禮、智四善端者爲「道心」。

---

[63] 書經、大禹謨篇、第一四頁、曰：「人心惟危，道心惟微；惟精惟一，允執厥中。」

船山全書、第二冊、尙書（大禹謨篇）引義、卷一、第二六二頁、曰：「……於惻隱而有其喜，於惻隱而有其怒，於惻隱而有其哀，於惻隱而有其樂；羞惡、恭敬、是非之交有四情也。於喜而有其惻隱，於喜而有其羞惡，於喜而有其恭敬，於喜而有其是非；怒、哀、樂之交有四端也，故曰互藏其宅。」案，雖然王船山以惻隱、羞惡、恭敬、是非爲「道心」，喜怒哀樂爲「人心」。然而惻隱、羞惡、恭敬、是非爲氣之妙合之條緒節文，屬「理」一層面，其呈現爲具體，則須假借氣之妙合之實然性感應、爲喜、怒、哀、樂、屬「情」一層面之持載。反之，喜、怒、哀、樂之「情」，其表現能持載惻隱、羞惡、恭敬、是非四端，以爲四端所統攝、所消融，則爲中庸第一章所謂「發而皆中節」之「和」。此殆王船山所謂之「道心」、「人心」互藏其宅，亦即「道心」、「人心」相攝相融而爲一。

船山全書、第二冊、尙書（大禹謨篇）引義、卷一、第二六二頁、又曰：「……以惻隱而行其喜，以喜而行其惻隱；羞惡、恭敬、是非，怒、哀、樂之交待以行也，故曰交發其用。」案，惻隱、羞惡、恭敬、是非四端，分別假借喜、怒、哀、樂之「情」以持載而呈現爲具體化道德行爲。反之，喜、怒、哀、樂之「情」，分別持載惻隱、羞惡、恭敬、是非四端，並爲其所統攝、所消融，以呈現其爲具體化道德行爲，亦爲中庸、第一章所謂「發而皆中節」之「和」。此亦殆爲王船山所謂之「道心」、「人心」交發其用，亦見「道心」、「人心」爲相攝相融之爲一。

不過，如果喜、怒、哀、樂之「情」，唯順其生命氣機所鼓盪，隨其實然性感應以恣縱，則惻隱、羞惡、恭敬、是非四端爲所淹沒，則「道心」其放失矣。

(3)、王船山所言之「心」，乃爲誠之幾，「在誠則無不善，在幾則善惡岐（歧）出」——「誠」者，性之形容；性之全幅呈現則謂之「誠」；故「性」爲本質義；「誠」則爲境界義，乃形容「性」既全幅呈現所臻之境界；性既全幅呈現至於「誠」之境界，則爲「誠體」。（「誠體」，乃牟宗三先生所創之詞）

船山全書、第六冊、讀四書（孟子、盡心篇上）大全說、卷十、第一一〇六頁、曰：「性，誠也；心，幾也。幾者，誠之幾。……然在誠則無不善，在幾則善惡岐（歧）出。」夫誠爲體，心爲幾。易經、繫辭下傳、第五章、第五〇一頁、曰：「幾者，動之微。」即「誠體」之動以呈現其自己而致其用，方其發端則轉出爲「心」。故船山全書、第六冊、讀四書（孟子、公孫丑篇上）大全說、卷八、第九四六頁、曰：「而性爲體，心爲用也。」

「性」爲二氣五行妙合之條緒節文，屬於「理」一層面，爲無不善。「性」既無不善，則其全幅呈現以見其境界義之「誠」亦無不善。雖然，「誠」之動以呈現其自己而致其用，於其發端轉出爲「心」，則有「道心」、「人心」兩層面。「道心」一層面，即體乎二氣五行妙合之條緒節文所謂「性」者，而涵具其柔剛健順之特殊性質，轉爲仁義禮智四端、以爲內容，故無不善。「人心」一層面，則自氣之妙合之實然性感應作用，表現爲喜怒哀樂之「情」以言之；既爲實然性之感應作用，則未必善。夫「心」爲誠之幾，「誠」無不善，「心」則善惡岐出矣。蓋「誠」無不善，及其呈現自己以動用，如果轉出「道心」，並涵攝、消融「人心」，則猶無不善；如果轉出「人心」，亦即如果服從氣機之鼓盪，隨其實然性感應以恣縱，則或然爲惡。故曰，「在幾則善惡岐（歧）出」。

(4)、王船山所言之「心」，其思，爲貌言視聽之君——案孟子、告子篇上，以耳目之官不思，爲小體。心之官則思，爲大體。王船山、船山全書、第二冊、於尚書（洪範篇）引義、卷四、第三五五頁、則主張，「耳目之于心，非截然而有小大之分」。蓋船山全書、第二冊、尚書（洪範篇）引義、卷四、第三五五頁、曰：「故心者，即目之內景，耳之內牖，貌之內鏡，言之內鑰也。……貌言視聽，分以成官，而思爲君，會通乎四事以行其典禮。」所謂「貌言視聽」，當指感官之功能；而感官者，即指耳目鼻舌身五者而言。夫五官之功能，僅止於直覺反應之作用，故孟子謂之爲「不思」。而「心之官則思」，其「思」之意識作用，如佛學、唯識宗所言，可分爲「獨頭意識」與「五俱意識」。王船山所言之「貌言視聽，分以成官，而思爲君，會通乎四事以行其典禮」，即指「五俱意識」。蓋五官者，各司其職，各見其功，僅止於感性作用而已。而「心」之思，則能會通以行其典禮，以司其知性作用，見其主宰功能。故足以爲「目之內景，耳之內牖，貌之內鏡，言之內鑰」，而爲之君。

## (二)、王船山所言之「心」之內容

船山全書、第二冊、尚書（大禹謨篇）引義、卷一、第二六一頁、曰：「心統性情者也，但言心而皆統性情，則人心亦統性，道心亦統情矣。人心統性，氣質之性其都，而天命之性其原矣。原於天命故危而不亡，都於氣質故危而不安。道心統情，天命之性其顯，而氣質之性其藏矣。顯於天命，繼之者善，惟聰明聖智達天德者知之。藏於氣質，成之者性也，舍則失之弗思耳矣。」

船山全書、第一冊、周易（繫辭上傳、第五章）內傳、卷五上、第五二八頁、曰：「（天理）惻然內動，乃以知吾心之有此而條緒，昭察於心目之前，則惟仁爲道之所顯也。」

船山全書、第六冊、讀四書（孟子、告子篇上）大全說、卷十、第一○九一頁、曰：「唯其有仁義之心，是以心有其思之能。……此仁義爲本而生乎思也。」

船山全書、第六冊、讀四書（孟子、告子篇上）大全說、卷十、第一○六二頁、曰：「權之度之，須吾心有權度者，固亦非外。」

船山全書、第六冊、讀四書（大學、經）大全說、卷一、第三九五頁、曰：「心則五臟、五官、四肢、百骸一切虛靈不昧底都在裏面。虛者，本未有私欲之謂也，不可云如虛空。靈者，曲折洞達而咸善也。」

⑴、王船山所言之「心」，乃統性情——「心統性情」，張橫渠之語也，朱晦翁亦言之，而王船山又承之。張橫渠之言「心統性情」，乃著眼於「道心」，而以其兼攝「性」與「情」兩層面。朱晦翁繼程伊川，以心爲氣之靈。一方面攝具「性」，一方面發而爲情，故亦曰「心統性情」。王船山於尚書引義則曰：「心統性情者也，但言心而皆統性情，則人心亦統性，道心亦統情矣。」

所謂「人心」，船山全書、第二冊、尚書（大禹謨篇）引義、卷一、第二六六頁、曰：「故人心者，陰陽翕闢之不容已。」陰陽爲「氣」，「陰陽翕闢」即氣之妙合而結聚，並表現其實然感應；此實然感應，即王船山所謂之「人心」。實然感應所見於具體行爲，則爲喜怒哀樂，斯所謂「情」也。至於王船山所謂之「性」，有①、氣質之性。乃指氣之妙合結聚於人，各有其特殊質性，如清濁、厚薄、……之類。②、天命之性。則指氣之妙合結聚之條緒節文，亦即所謂「理」。如果陰陽翕闢之妙合，其實然感應，係遵循其所依據之條緒節文而爲明覺，（理、性）是爲「道心」。

王船山言「心統性情」。又分別言：①、「人心亦統性」。人心統性，一則依據氣質之性，爲氣質之性所影響，故曰「氣質之性其都」。一則遵循天命之性，爲天命之性所涵蓋，故曰「天命之性其原」。至於人心統情，即喜怒哀樂（情）爲人心所發，故爲所「統」。②、「道心亦統情」。即遵循氣之妙合之條緒節文以明覺之「道心」，當其呈現爲惻隱、羞惡、辭讓、是非，則爲「情」；呈現之即是「統」之。至於道心統性，即道心遵循氣之妙合之條緒節文而爲明覺，則此條緒節文即爲道心所統。

綜上所論，依王船山之學，人心統情亦統性，道心統性亦統情。當然，心唯一，視其呈現以應物之層面不同，而有「道心」、「人心」之分別，其爲內在之主體則一也，故曰「心統性情」。此王船山承張橫渠、朱晦翁之觀念所另作之詮釋。

(2)、王船山所言之「心」，涵備條緒節文，昭察於心目之前——王船山所言之「心」，既是氣（陰陽感應）之妙合而明覺者，（參見前文）其明覺乃發自氣之妙合之「條緒節文」；因此，當「心」之呈現其自己，其「條緒節文」既轉爲「明覺」。是以「心」之「明覺」，即是條緒節文之昭察於心目之前。反之，此昭察於心目之前之條緒節文，即是「心」所涵攝之內容。

船山全書、第二冊、尚書（大禹謨篇）引義、卷一、第二六四頁、曰：「一陰一陽則實有柔剛健順之質，柔健剛順斯以爲仁義禮智者也。」「柔剛健順」即條緒節文所見之特殊性質，於道德價值即爲仁、義、禮、智四善端，孟子即以此四善端爲「心」之內容。

(3)、王船山所言之「心」，「有其思之能」，「有權度者在」——王船山所言之「心」，既涵條緒節文，亦即孟子所謂之仁義禮智四善端。船山全書、第六冊、讀四書（孟子、告子篇上）大全說、卷十、第一〇九二頁、曰：「唯其有仁義之心，是以心有其思之能。……此仁義爲本而生乎思也。」「心」有仁義禮智四端，乃承孔子所並建之仁義，以及孟子所提出之仁義禮智四端，並內在化之以成；故或孟子稱之爲「仁義之心」。此道德實踐之「道德主體」也。「道德主體」或稱「心」，或稱「仁義之心」，或稱「仁義禮智之心」，熊十力先生則以爲「心」實具萬理。

至於「心」之作用，應當通徹於感性層、知性層、以及悟性層三者。感性作用可無論之。知性作用即意識作用，亦即思惟也。思惟必須以知識、以經驗爲基礎，運用概念化、觀念化之能力，以分析、比較、推理、綜合、判斷、……此於道德實踐亦爲必經之自覺反省曲折歷程。而悟性作用則視其或爲惻隱、羞惡、辭讓、是非，而直覺呈現其或爲仁、義、禮、智。雖然，仁義禮智之呈現，屬於直覺形態，而思惟作用所展開之曲折歷程，亦必爲其所涵攝，然後道德實踐而臻於至精至粹。是以思惟能力，亦爲「心」之所涵以爲其內容。

「權度」，孟子、梁惠王篇上、第十二頁、曰：「權，然後知輕重；度，然後知長短。物皆然，心爲甚。」朱子、集註、曰：「若心之應物，則其輕重長短之難齊，而不可不度以本然之權度。」「權度」，當指價値判斷而言，即判斷其是非、善惡、美醜。方其判斷之時，必須衡量其立場之爲主觀、客觀，其時宜之爲正常、特殊，其境遇之爲時間、空間。而能判斷之者，則存在於吾「心」。故權度之能力亦爲「心」之所涵以爲其內容。

夫「權度」，固在判斷其結論，亦當衡量其因素，此判斷、衡量，實即道德意識之作用，亦即「心」之「思」也。而此「心」必爲「道心」、「仁義（禮智）之心」，始足以涵蓋其意識作用，涵蓋其權度爲道德性者，而成就其道德實踐。

(4)、王船山所言之「心」，其「五臟、五官、四肢、百骸一切虛靈不昧底，都在裏面」——案此之言「心」，乃相應五臟、五官、四肢、百骸而彰顯其虛靈不昧。夫五臟、五官、四肢、百骸，皆爲氣之結聚，而爲生理上之器官，其活動則爲氣之實然感應，而每爲不自覺之本能反應，藉是則自然生命所以生活並生存。而「心」則爲氣之妙合而明覺者，爲行爲之主宰。其主宰之形態，則如易經、繫辭上傳、第十章、第四七八頁所曰：「寂然不動，感而遂通天下之故。」此「寂然不動，感而遂通天下之故」之「明覺」，即其虛靈不昧。

「五臟、五官、四肢、百骸」，固每爲不自覺之本能反應，而原則上亦爲「心」所主宰；而「心」之所以能主宰之者，即以其虛靈不昧故也。故船山全書、第六冊、讀四書（大學、經）大全說、卷一、第三九五頁、曰：「心則五臟、五官、四肢、百骸一切虛靈不昧底，都在裏面。」此「虛靈不昧」即是「心」所涵攝之內容。

## ㈢、王船山所言之「心」之修養

船山全書、第六冊、讀四書（孟子、梁惠王篇上）大全說、卷八、第八九三頁、曰：「……則以性繼善而無爲，天之德也；心含性而效動，人之德也。乃其云存、云養、云求，則以心之所有，即性之善而爲仁義之心也。」

船山全書、第一冊、周易（繫辭下傳、第五章）內傳、卷六上、第五九七頁、曰：「……于靜存之，于動著之也。」

船山全書、第七冊、中庸（第二十七章）章句、三、第二〇九頁、曰：「其尊德性也，則以吾性本純乎天理之隆，而私欲累之，則入於卑暗；達光昭之志，而盡去其欲，『極高明』也。」

船山全書、第六冊、讀四書（孟子、告子篇上）大全說、卷十、第一〇八三頁、曰：「求放心者，則以此靈明之心而求之也。仁爲仁心，故即以靈明之心爲體，而既放以後，則仁去，而靈明之心固存；則以此靈明之心，而求吾所性之仁心。」

船山全書、第七冊、中庸（第二十七章）章句、三、第二一〇頁、曰：「夫以去私去欲養吾聰明強固之知能，存吾心之全體，則德性尊，而聖人發育峻極之道，悉體而得之矣。」

船山全書、第二冊、尚書（康誥篇）引義、卷五、第三六六頁、曰：「性隱而無從以貞，必綏其性，情之已蕩，未有能定其性者也。情者安危之樞，情安之而性乃不遷。

故天下之學道者，蔑不以安心爲要也。」

船山全書、第六冊、讀四書（孟子、公孫丑篇上）大全說、卷八、第九三八頁、曰：「故自喻其性之善，而灼然見義之至足于吾心，乃其所由以致此者，則惟不厭不倦以爲學教，而即物窮理以豁然貫通于吾心之全體大用者也。」

王船山甚爲重視「修養」，其「修養論」大多爲切合於生命立場之修養功夫；而「心」之修養，固爲其中之一環，本文依題旨則僅及於「心」之修養一環而已。

(1)、王船山所言之「心」，其修養，在於「云存、云養、云求」——孟子、盡心篇上、第一八八頁、曰：「存其心」朱子、集註、曰：「存謂操而不舍」。夫「云存」者，於船山全書、第一冊、周易（繫辭下傳、第五章）內傳、卷六上、第五九七頁、曰：「……于靜存之，于動養之。」所謂「動」即呈現自己，「靜」即歸於自己。蓋船山全書、第六冊、讀四書（大學、經）大全說、卷一、第三九五頁、曰：「性者，二氣五行妙合凝結以生底物事，心則合得停勻，結得清爽。」王船山之學，乃以「氣」爲基礎，以詮釋「性」「心」之意義。即以氣之結聚之條緒節文爲「性」，於事物則爲「理」，氣之妙合而明覺爲「心」，因此，船山全書、第六冊、讀四書（孟子、公孫丑篇上）大全說、卷八、第九四六頁、曰：「……而性爲體，心爲用也。」「心」之靜以歸其自己，即歸於其體性，亦即歸於「吾性本純乎天理」之「天理」。夫氣之結聚之條緒節文，於人爲「性」，於事物則爲「理」。氣之結聚乃天所運焉，故此「理」即是「天理」。「性」與「天理」既同爲氣之結聚之條緒節文，如果自生命之立場言之，「天理」即涵於「性」中。「心」之「于靜存之」，即「心」之歸於其自己，即歸於其體性，而所存者即性所涵之「天理」。是以「心」之「云存」，即存其體性所涵之「天理」。

船山全書、第七冊、中庸（第二十七章）章句、三、第二〇九頁、曰：「……則以吾性本純乎天理之隆，而私欲累之，則入於卑暗。」此言「天理」與「私欲」，乃不相容關係。夫「私欲」屬人之情，情屬「人心」；「人心」亦氣之妙合，唯順其實然性感應以表現。故「私欲」，乃表示自然生命之實然要求，於自然生命之需要，有其實然性之價值。然而，如果「順是而無節」，（此借荀子、性惡篇之義）則放失其「道心」，「道心」之放失，則爲「天理」之虧欠。王船山主張「盡去其欲」，意在無使泛濫也。（案孟子主「寡欲」，荀子主「節欲」，語意較爲合情）「私欲」，隨乎自然生命之需要而得其滿足，無使泛濫，則爲「道心」所統，於「道心」之體性、天理亦無所虧欠。「道心」體乎「天理」，而統乎「私欲」，則「私欲」爲所理性化矣。故「盡去其欲」乃王船山所謂存「心」之功夫。

「云養」，此承孟子、盡心篇下、第二一五頁、所言，「養心莫善於寡欲」之義而言之。孟子深知「欲」乃自然生命之實然要求，有其實然性價值。然而，孟子、盡心篇下、第二一五頁、又曰：「其爲人也寡欲，雖有不存焉者寡矣；其爲人也多欲，雖有存焉者寡矣。」朱子、集註、曰：「欲，如口鼻耳目四肢之欲，雖人之所不能無，然多而不節，未有不失其本心者。」是以唯「寡欲」，一則既滿足自然生命之實然需要，一則亦存其「本心」，故「養心」以「寡欲」爲必要條件之一焉。

船山全書、第二冊、尚書（顧命篇）引義、卷六、第四○九頁、曰：「君子之自求於威儀，求諸色聲味也。求諸色聲味者，審知其品節而愼用之，則色聲味皆威儀之章矣。目歷元黃，耳歷鐘鼓，口歷肥甘，而道無不行，性無不率，何也？惟以其不盲、不聾、不爽者，受天下之色聲味而正也。」目之於色，耳之於聲，口之於味，欲也。「審知其品節而愼用之，則色聲味皆威儀之章矣」，蓋示「欲」之適度滿足，不僅養身，而且養心，此王船山「云養」（養心）之道。

「云求」，孟子、告子篇上、第一六八頁、曰：「仁，人心也；義，人路也。舍其路而弗由，放其心而不知求，哀哉！」孟子以「心」具仁義禮智四端，或承孔子以仁爲綱領而稱「仁心」。求心，即求此或放之「仁心」。

王船山承孟子之言，而以「心」之仁義禮智，乃氣之妙合而明覺之「心」，其條緒節文具有柔剛健順之質所見之理也。以仁爲綱領，亦稱「仁心」。「心」之仁或放，而靈明（虛靈明覺）之體固存，本此靈明之心，則可求其所放之仁心。

至於「心」之放也，其緣因安在？王船山之「云求」，僅爲讀四書（孟子、梁惠王篇上）大全說中，對孟子之注釋中隨緣而提出而已。夫隨緣作注，往往必須承順原文之意脈與理路以發展，並爲所拘限，而致未能藉機申述或討論。既然，其言「云求」，乃承乎孟子者，孟子於告子篇上亦未指出所以導致「放心」之緣由，蓋或爲隨機答問之記錄乎！無奈，則上引盡心篇下、曰，「其爲人也多欲，雖有存焉者寡矣。」，可以作爲注釋乎！夫多欲，則仁心不存；云求，即求其或然放失之仁心。

云存，存此仁心；云養，養此仁心；云求，求此仁心。船山全書、第七冊、中庸（第二十七章）章句、三、第二一〇頁、曰：「夫以去私去欲養吾聰明強固之知能，存吾心之全體，則德性尊，而聖人發育峻極之道，悉體而得之矣。」所謂「知」、「能」，已申釋於本節、(一)項、(1)條，蓋謂謂此「仁心」之乾健以創造萬事萬物，坤順以終成萬事萬物。雖然，則每因私意之蔽，私欲之累而致放失，因此，王船山主張「去之」。其實，私意、私欲，乃自然生命之實然感應，無可厚非者；唯隨其自然生命氣機鼓盪之程度而有強弱，其強者則於意爲蔽，於欲爲累耳。既爲自然生命之實然感應，則滿足以消融，使無爲蔽，無爲累可也。夫私意而無爲蔽，私欲而無爲累，則於自然生命得以舒暢；然後，仁心之「知」、「能」者，可以盡其「涵養」、「敦篤」之功夫。此亦「云存」、「云養」、「云求」之修養功夫。

(2)、王船山所言之「心」，其「安」，在於情之安——「情」者，中庸、第一章、第二頁、列其四、即喜怒哀樂。禮記、禮運篇、第一二六頁、舉其七，即喜怒哀樂愛惡欲。夫氣之結聚以有生命，氣機之鼓盪於自然生命之實然感應則爲「情」。因此，「情」之於自然生命乃爲實然現象，有其實然價值。然而，如果氣機鼓盪之強度過亢，則往往導致「情」之泛濫，而淹沒其生命於自然生活一層面。

船山全書、第二冊、尚書（康誥篇）引義、卷五、第三六六頁、曰：「性隱而無從以貞，必綏其情，情之已蕩，未有能定其性者也。情者安危之樞，情安之而性乃不遷。故天下之學道者，蔑不以安心爲要也。」王船山之言「情」，乃相應「性」與「心」而言。船山全書、第六冊、讀四書（孟子、公孫丑篇上）大全說、卷八、第九四六頁、曰：「『心統性情』，自其函受而言也。……而性爲體，心爲用也。」「性」與「心」乃相涵相攝而爲一。如果「情」蕩，則「性」未能定，「心」未能安。反之，唯「情」安，則「性」其定，「心」其安。是以「心」之安，在於「情」之安。

中庸、第一章、第二頁、曰：「喜怒哀樂之未發，謂之中；發而皆中節，謂之和。」喜怒哀樂謂之「情」，「發而皆中節」，即安也。「和」者，則示「情」之安，「性」之定，「心」之安也。蓋體其性，盡其心，而通徹於「情」，則喜怒哀樂之發也，自然無不合理合度。

(3)、王船山所言之「心」，其修養，有待於「不厭不倦以爲學教」——論語、述而篇、第四一頁、曰：「子曰：『默而識之，學而不厭，誨人不倦，何有於我哉！』」「學」，所以求知也。求知，自知性層言之，一則於生活上閱歷所見聞之人情世故，一則自典籍中體驗所記錄之道術事理，凡此，所以累積其經驗，充實其知識，莫不觀念化以儲蓄於「心」中，自然擴充其領域。自悟性層言之，則即此所累積、充實之經驗、知識，而儲蓄於「心」中之觀念，以擷取其智慧，提昇其「明覺」。（案，王船山以「心」爲氣之妙合而明覺，此「明覺」即王陽明所謂之「虛靈不昧」。）「誨」，即本此人情世故，道術事理之經驗、知識，以及所擷取之智慧，提昇之「明覺」，傳授與人，即是「仁心」之廣被。「學而不厭，誨人不倦」，即是「仁心」之提昇並廣被。

船山全書、第六冊、讀四書（孟子、公孫丑篇上）大全說、卷八、第九三八頁、曰：「故自喻其性之善，而灼然見義之至足于吾心，乃其所由以致此者，則惟不厭不倦以爲學教，而即物窮理以豁然貫通于吾心之全體大用者也。」王船山承孟子言性善，義足於心，猶待於「不厭不倦之學教」，即示其深知氣所妙合而明覺之「心」，必須自我提昇並廣被，藉「即物窮理」以求我心之全體大用豁然貫通。案「即物窮理」之「物」，當指事物而言，乃即生活上所見聞之人情世故，以及典籍中所記錄之道術事理；窮理，即充實其知識，增進其智慧，以期「仁心」全體大用之豁然貫通。

案王船山之學，其論「心」之修養，猶然順隨對經典之注釋，就先聖先哲所已言者申述之；其理路亦不外①、自性功夫，與②、外緣功夫兩端。此其無奈避世唯致力於注疏，而缺乏師徒論道講學之機緣、有以致之乎！

綜觀儒家諸位聖哲之言心，除荀子以外，其餘者，大體上，①、其性質，大都確定爲道德性者。②、其內容，則以道德理性爲規定。③、其修養，自性功夫在於全幅呈現其自己；外緣功夫則爲於感性層消融情欲之累，於知性層累積經驗，增進智慧，然後可以經緯天地，創造德業。

# 第四章 道家所言之「心」

道家興起於春秋末年，道家之代表人物，魏晉以前是黃帝、老子並稱，魏晉以後則老子、莊子並稱。黃帝出現於遠古之傳說時代，今見有關其論、事跡，殆爲後世所僞託。老子，其輩分或略早於孔子，其書（老子）據熊十力先生之說，可能完成於稍後於孔子之春秋戰國之際。莊子書則可定位於戰國時代之中、晚期。道家之學術上主張與表現之精神，於老子、莊子兩書中，已可窺得其要義。

由春秋而戰國，社會日亂，風俗日衰，道家省察其緣由，蓋出於虛妄之分別，人爲之造作；乃致巧詐而爭，恣縱以逐。於是提倡上無爲則民自化，超相對即臻絕對；蓋期於反璞歸眞之自然生活，以爲百姓共遵之「道」。故道家之「道」，乃以自然任眞之學術性格爲規定。

「心」之觀念，經長期發展，由器官義進而爲主宰義。春秋戰國之際所成書之老子，即吸納於道家學術系統之中，賦予自然任眞之學術性格，是爲道家之「道心」。茲申述之。

## 第一節　老子所言之「心」

### ㈠、老子所言之「心」之性質

老子、（王弼、注本，下同）第八章、第十頁、曰：「上善若水，水善利萬物而不爭，處眾人之所惡，故幾於道。居善地，心善淵，與善仁，言善信，正善治，事善能，動善時。夫唯不爭，故無尤。」

老子、第三章、第五頁、曰：「不尚賢，使民不爭。不貴難得之貨，使民不爲盜，不見可欲，使民心不亂。是以聖人之治，虛其心，實其腹，弱其志，強其骨。常使民無知無欲，使夫智者不敢爲也，爲無爲，則無不治。」

老子、第二十章、第二二頁、曰：「絕學無憂，唯之與阿，相去幾何？善之與惡，相去若何？……我愚人之心也哉！沌沌兮，俗人昭昭，我獨昏昏。俗人察察，我獨悶悶。……」

老子、第四十九章、第五九頁、曰：「聖人無常心，以百姓心爲心。善者吾善之，不善者吾亦善之，德善。信者吾信之，不信者吾亦信之，德信。聖人之在天下，歙歙爲天下渾其心。百姓皆注其耳目，聖人皆孩之。」

⑴、老子所言之「心」，爲自然之心——老子之學，乃以自然主義爲涵蓋原則，即以自然主義之觀點，窮盡宇宙、人生，則天爲自然意義之天，道爲自然意義之道，心亦爲自然

意義之心。老子自然意義之人心觀，可自三層面瞭解之。

①、自自然生命之本能反應一層面言之，即自然生命無不有其「意欲」，老子所謂「心」也。亦即書經、大禹謨篇所謂「人心惟危」之「人心」。此一層面之心，乃自然生命之實然表現。蓋自然生命之活動，難免有所意欲，且其意欲亦未必盡惡，唯如荀子、性惡篇所言之「順是而無節」，於價值判斷下始謂之爲惡。例如老子、第十二章、第十四頁、曰：「五色令人目盲，五音令人耳聾，五味令人口爽，馳騁畋獵令人心發狂，難得之貨令人行妨。」夫五色、五音、五味、馳騁畋獵、難得之貨，皆屬實然性意欲。如果「順是而無節」至於目盲、耳聾、口爽、心發狂、行妨，則「惡」矣。

②、於自然生命之「意欲」一層面之上，無不有其思惟作用，於老子之心靈智用中則被視爲「智巧」，猶屬於自然生命者，亦所謂「心」，即「智心」是也。老子、第十八章、第二一頁、曰：「大道廢，有仁義。智慧出，有大僞。」釋憨山注之曰：「智慧，謂聖人治天下之智巧，即禮樂、權衡、斗斛、法令之事。……殊不知智巧一出，而民則因法作姦。」其實，「智慧」，乃心靈之悟性作用。悟性作用乃知性作用以上一層次之能力。知性作用乃在自具體世界抽象化爲「概念」，而悟性作用則提煉之爲「觀念」，並運用此「觀念」以指導實踐。此指導實踐之「智慧」，其運用所提煉之「觀念」，或於事務上所以解決問題，或於價值上則爲成就道德。平情而論，智慧之運用禮樂、權衡、斗斛、法令諸事，以解決事務問題，乃社會上共同生活所必需，未必爲非。及其如有違悖道德價值，則爲惡矣。今老子言「智慧出，有大僞」，蓋老子之學，乃以「自然」爲價值標準，凡順應自然者始爲道德，（老

子義之道德）凡違反自然者則爲非道德。而禮樂、權衡、斗斛、法令諸事，其用於治天下，天下百姓於禮樂、權衡、斗斛、法令諸事之規範下，難免有投機取巧、造僞作弊之舉動，則違反自然矣。故曰，「智慧出，有大僞」。此智慧之流於巧僞者，是爲「智巧」。

③、自然生命，於本能反應之意欲、思惟作用之智巧、以上，則爲體乎道、爲化道流行之「道心」。（道家義之「道心」）所謂體乎道者，老子、第五十一章、第六二頁、曰：「道生之，德畜之，物形之，勢成之。是以萬物莫不尊道而貴德，道之尊，德之貴，夫莫之命而常自然。」老子所言之道，即指「自然」。老子所謂自然之道，一則以自然意義之宇宙觀詮釋宇宙萬物化生之原理，莫非陰陽之感應，即氣化作用，而有生、畜、形、成。萬物體此，乃有自然生命。一則以自然意義之價值觀建立人間社會之常道，即凡事順應自然。由於自然生命之活動，故不能免於「意欲」、「智巧」之表現；固皆爲心之用。而老子所欲建立者，乃在「虛靜之心」[64]「虛靜之心」，相應「意欲」而言，即爲老子、第十九章、第二二頁、曰：「見素抱樸，少欲寡欲。」相應「智巧」而言，即爲老子、第三章、第五頁、曰：「使夫智者不敢爲。」是以「虛靜之心」即是消融意欲、智巧，凡事順應自然，即是體乎道，即是「道心」。「道心」之順應自然，即是化道之流行。

老子倡自然，方其詮釋宇宙萬物化生之原理，則生命稟此自然以爲「自然生命」，於具體活動中表現其意欲之「心」、智巧之「心」，此蓋自然生命之駁雜故也。方其建立人間

[64] 老子、第十六章、第十八頁、曰：「致虛極，守靜篤，萬物並作，吾以觀其復。」

社會之常道，則生命體此自然，以透顯其「精神生命」。精神生命之體乎自然，則精神生命之活動即是自然化道之流行。體乎自然化道之心即是「道心」，即是「自然之心」。以此自然之心，老子之精神境界，既安立其內在之根據；本此自然之心，老子之人間社會，亦建設其超越之常道。

(2)、老子所言之「心」，爲渾然之心——老子所言之心，既是體乎自然之化道，故其凡事順應自然，即是化道之流行。老子、第二十章、第二三頁、曰：「絕學無憂。唯之與阿，相去幾何？善之與惡，相去若何？人之所畏，不可不畏。」王淮先生、老子探義、第八三頁、[65]曰：「唯與阿，猶是與否。此言是非善惡之差異，皆爲相對而非絕對者。……聖人以之應世，則主觀上必無是非善惡之分別執著，而客觀上一切『因是因非』。（原註：『莊子、齊物論語』）方便行之，唯在從俗。」夫人間社會，於意念上可能或唯或阿，於價值上可能是善是惡，於實然上可能有大有小，……即屬於相對世界者。

老子所言之「心」，於精神生命一層次，既是體乎化道，順應自然。如是，對於相對世界之觀念，既無所肯定，亦無所否定；唯如其所是而是之。故老子、四十九章、第五九頁、曰：「善者吾善之，不善者吾亦善之，德善。信者吾信之，不信者吾亦信之，德信。」夫或善或不善，或信或不信，乃人間社會之相對性分別，相對性執著。於老子之「心」，或善或不善，皆善之；或信或不信，皆信之。即超越於相對性世界之上，於絕對性層次上，渾然而

[65] 王淮先生、老子探義，臺北市、商務印書館發行，民國五十八年、一月、初版。

順應之。此老子之心所以爲「渾然之心」。

老子所言之「心」之性質，如果以層次分之，「意欲」是一層次，此屬自然生命之本能反應。「智巧」是一層次，此屬自然生命之思惟作用。「道心」是一層次，此屬精神生命之化道流行。老子義之化道流行，即自自然然而已，故爲「自然之心」。而「渾然之心」則爲「自然之心」所呈現之形態。

㈡、老子所言之「心」之內容

老子、第五十七章、第六九頁、曰：「故聖人云：我無爲而民自化，我好靜而民自正，我無事而民自富，我無欲而民自樸。」

老子、第十章、第十一頁、曰：「載營魄，抱一，能無離乎？專氣致柔，能嬰兒乎？滌除元覽，能無疵乎？愛民治國，能無爲乎？天門開闔，能無雌乎？明白四達，能無知乎？」（「明白四達，能無知乎」，王弼本作「能無爲乎」。河上公本作「能無知乎」，於義爲勝，茲從之。）

⑴、老子所言之「心」，其內容全幅是「自然」——老子之心，既爲「自然之心」。「自然之心」乃體乎自然之化道。「自然之化道」，一則結聚爲自然生命，其駁雜者則有「意欲」、「智巧」。其化道之流行、賦予者爲精神生命，所呈現者則爲「自然之心」，（道心）故「自然之心」乃體乎自然之化道。

「自然之心」即是凡事順應自然，凡事順應自然即是於「我」處無爲、好靜、無事、無欲；而於「民」處，則自化、自正、自富、自樸。夫無爲、好靜、無事、無欲，即是心之作用而歸於其絕對性自己，自自然然而已。由是顯示心之內容全幅是「自然」。

老子所言之「自然之心」，亦每以「無」示之，而「無」，非表詮義，蓋無所「表」故。乃遮詮之義，即遮撥人間社會之「爲」、「事」、「欲」，甚至「知」，66以反顯其體之無知無欲、其用之無作無爲。夫無知、無欲、無作、無爲，即是自然化道之流行。故「無」即是以遮爲表而表其「自然」義。「自然」，既爲心所體，即是心之全幅內容。

(2)、老子所言之「心」，其內容全幅是「玄智」67——老子書中，最擅展示其「玄機」。所謂「玄」者，簡言之，即渾化「有」「無」，圓融爲一。老子既於第五十七章、第六九頁、曰：「我無爲而民自化，我好靜而民自正，我無事而民自富，我無欲而民自樸。」無爲、好靜、無事、無欲，此屬於歸於絕對性自己之「無」一層面。自化、自正、自富、自樸，此屬於人間社會之「有」一層面。無爲與自化，好靜與自正，無事與自富，無欲與自樸，乃分屬於「無」「有」兩層面，其間未必有因果之可能關係，今老子著一「而」字，使其間之因果關係成爲可能，則「有」「無」渾化，圓融爲一，是之謂「玄」。

66 老子、第三章、第六頁、曰：「常使民無知無欲，使乎智者不敢爲，則無不治。」

67 「玄智」，牟宗三先生所創之詞，見所著圓善論、第六章、第二節、第二五五頁。又，牟宗三先生、圓善論，臺北市、學生書局印行，民國七十四年、七月初版。

「滌除玄覽」，玄覽者，清、魏源、老子本義、第八頁、68引張爾岐、曰：「玄覽，即觀妙、觀徼之觀。」亦即徹照宇宙、人間之具體現象(有)與超越境域，(無)而渾化圓融之。(玄)而能玄覽之者，乃既已「滌除」之「絜淨心靈」。(「道心」)道心之所以能玄覽之，以其「智」之光也。道心之「智」，既徹照人間之具體現象(有)與超越境域，(無)並渾化而圓融之，(玄)是爲「玄智」。「玄智」乃發之於「心」，故爲「心」之全幅內容。「玄智」，其光輝既在徹照「有」「無」兩層面而渾化圓融之，蓋欲一切回歸於自然之化道。至於一旦淪爲「智巧」，則造作、矯僞，而違反自然，故老子斥之。

## (三)、老子所言之「心」之修養

老子、第十二章、第十四頁、曰：「五色令人目盲，五音令人耳聾，五味令人口爽；馳騁畋獵，令人心發狂；難得之貨，令人行妨。是以聖人爲腹不爲目，故去彼取此。」老子、第七十三章、第八五頁、曰：「天之道，不爭而善勝，不言而善應，不召而自來，繟然而善謀。天網恢恢，疏而不失。」老子、第六十六章、第七九頁、曰：「江海所以能爲百谷王者，以其善下之，故能爲百谷王。……以其不爭，故天下莫能與之爭。」老子、第二章、第四頁、曰：「天下皆知美之爲美，斯惡已。皆知善之爲善，斯不

68 魏源、老子本義，臺北市、世界書局，民國四十四年、臺一版。

善已。故有無相生，難易相成，長短相形，高下相傾，音聲相和，前後相隨。是以聖人處無爲之事，行不言之教。」

老子、第七十一章、第八四頁、曰：「知，不知，上；不知，知，病。」

老子、第十六章、第十八頁、曰：「致虛極，守靜篤，萬物並作，吾以觀其後。」（王弼本作「吾以觀復」，無「其」字。清、魏源本作「吾以觀其復」，有「其」字，於義爲勝，茲從之。）

(1)、老子所言之「心」，其修養在於超越爭逐而因勢利導——自然生命之於人間社會，或爲生活，或爲生存，出於「意欲」，則難免有所爭逐。爭逐之結果，往往是「馳騁田獵，令人心發狂」，「難得之貨，令人行妨」。心狂行妨，社會則亂，有違自然之道。

爭逐，既爲社會之亂源，老子主張超越之。老子善於以「水」爲喻。蓋，①、水，以其就下，故無所爭。②、水之流，隨勢曲折，以「善利萬物」。③、江海，「以其善下之，故能爲百谷王」。水之性如此，天之道亦復如此，即，「不爭而善勝」，蓋天道之運行，盈極則虧，虧極則盈，反復而無端。老子善於體察此運行之「機」、反復之「勢」以待之，故主不爭；不爭，非退避；乃超越乎爭逐。唯「善利萬物」，則爲萬物所宗，[69]故「天下莫能與之爭」。

(2)、老子所言之「心」，其修養在於渾化分別而任物自是——人間社會所出現之事物，

---

[69] 老子、第四章、第六頁、曰：「道沖而用之，或不盈，淵兮似萬物之宗。」

不能無差別，例如，於道德價值方面，有是非、善惡、美醜、……。於社會價值方面，有功過、得失、榮辱、……。於實然價值方面，有長短、大小、多少、……。凡此，皆屬於相對世界之現象。人，生活於人間社會，對於諸如此類之差別現象，每興起其分別心而執著於是、追逐於是。追逐之不足，於是「智慧出，有大僞」。此之「智慧」，釋憨山乃以「智巧」詮釋之，並舉禮樂、權衡、斗斛、法令爲例，而指出其流弊在於「智巧一出」，而民則因法作姦」。（參見前文、本章、本節、(一)「智巧」之「因法作姦」，實起於對相對世界諸差別現象之「分別」並「爭逐」。

老子崇自然，崇自然即渾化分別，故曰，「不尙賢」，「不貴難得之貨」，「善之與惡，相去若何」，「善者吾善之，不善者吾亦善之」，「信者吾信之，不信者吾亦信之」，……。夫人之賢不賢，貨之貴不貴，德之或善或惡，或信或不信，……我皆渾化之而無所分別，任其自是而是之。亦即我「心」唯歸於自然之絕對性自己。

(3)、老子所言之「心」，其智之徹照，止於無知無不知之「眞知」——夫「智」，一般而言，其作用在於「知」。「知」者，始於認識事物，進而概念化爲知識，或觀念化爲經驗，終於領悟其義理。然而，老子、第四十八章、第五八頁、則曰：「爲學日益，爲道日損。損之又損，以至於無爲，無爲而無不爲。」所謂「學」，乃所以累積知識，成就經驗，是爲知識之知，經驗之知。夫知識之知，對於現實生活，實爲擴大領域之助緣。但是老子認爲對精神發展，反而成爲一滯礙，故主張「絕學無憂」、「爲道日損」。蓋所「絕」、所「損」者，即「知識之知」，遮幾無爲精神生命之累。至於「經驗之知」，則轉化爲智慧之內容。

精神生命既已無累無滯，智慧又復融攝經驗之知而充實。其心靈之智光始能徹照「有」「無」兩層次，並渾化而圓融之，是老子所謂之「玄覽」。玄覽之智即是「玄智」。玄智之知，乃超越知識之知之上，對知識之知則「無知」，對「有」「無」渾化而圓融之精神宇宙之徹照則「無不知」。對知識之知超越之而「無知」，對「有」「無」渾化而圓融之精神宇宙之徹照而「無不知」，是爲「眞知」。

(4)、老子所言之「心」，其最高境界在於「絕對性虛靜自己」——老子、第十六章、第十八頁、曰：「致虛極，守靜篤，萬物並作，吾以觀其復。」宋常星、道德經講義、第五三頁、[70]曰：「致虛者，天之道也。守靜者，地之道也。……是故虛者乃造物之樞紐，靜者乃品彙之根柢也。」夫天道至虛，故任物自生；地道至靜，故任物自成。此即自然之化道。老子所言之心者即以此、並且體此。清、魏源、老子本義、第十二頁、曰：「凡有起於虛，動起於靜。」「有起於虛」，並不礙其虛，是「虛」者爲有所起而不有；「動起於靜」，亦不妨其靜，是「靜」者爲動所起而無動。於老子，「有」者，乃指相對相形之世界；「動」者，則爲有造有作之行爲。體乎天地之道之「虛靜之心」，即超越乎相對相形之世界，而任物之自是而是之。回歸於無造無作之自己，而任物之自爲而爲之。夫任物之自是而是之，任物之自爲而爲之，即是順應自然之化道。自然之化道，即是至虛至靜之天地之道，故體乎天地之道之「虛靜之心」，即是「自然之心」。是以老子之「心」，乃體乎天地之道，順應自

[70] 宋常星、道德經講義，臺中市、自由出版社印行，民國四十八年、七月出版。

然之化，而歸於「絕對性虛靜自己」成其最高境界。

老子所言「自然之心」，論境界，自有其高致；於生活，亦有其作用；對我華族之發展與創造，更有其深遠之影響。

## 第二節　莊子所言之「心」

### (一)、莊子所言之「心」之性質

莊子、知北遊篇、第三二〇頁、曰：「人之生，氣之聚也。聚則爲生，散則爲死。……故曰，通天下一氣耳。」

莊子、庚桑楚篇、第三四六頁、曰：「兵莫憯於志，鏌鋣爲下。寇莫大於陰陽，无所逃於天地之間；非陰陽賊之，心則使之也。」

莊子、列禦寇篇、第四五六頁、曰：「孔子曰：『凡人心險於山川，難於知天。』（成玄英、疏、曰：「人心難知，甚於山川，過於蒼昊。」）

莊子、盜跖篇、第四二七頁、曰：「……且跖之爲人也，心如涌泉，意如飄風，強足以距敵，辯足以飾非，順其心則喜，逆其心則怒。……」

莊子、天道篇、第二〇九頁：「要在於主，詳在於臣。三軍五兵之運，德之末也。賞罰利害，五刑之辟，教之末也。禮法度數，形名比詳，治之末也。鐘鼓之音，羽旄之容，樂之末也。哭泣衰絰，隆殺之服，哀之末也。此五末者，須精神之運，心術之動，然後從之者也。」

莊子、天地篇、第一九四頁、曰：「……爲圃者忿然作色而笑曰：『吾聞之吾師，有機械者必有機事，有機事者必有機心。機心存於胸中則純白不備，純白不備則神生不定，神生不定者，道之所不載也。吾非不知，羞而不爲也。』」

莊子、齊物論篇、第二九頁、曰：「夫隨其成心而師之，誰獨且无師乎？」

莊子、德充符篇、第九六頁、曰：「哀公曰：『何謂才全？』仲尼曰：『死生存亡，窮達貧富，賢與不肖毀譽，饑渴寒暑，是事之變，命之行也。日夜相代乎前，而知不能規乎其始者也，故不足以滑和，不可入於靈府。……』」

莊子、庚桑楚篇、第三四四頁、曰：「備物以將形，藏不虞以生心，敬中以達彼，若是，而萬惡至者，皆天也，而非人也。不足以滑成，不可內於靈臺。」（成玄英疏、引俞曲園曰：「『不可』上當有『萬惡』二字。」）

(1)、莊子所言之「心」，爲「氣」之所聚以爲主宰義官能——莊子既以「通天下一氣耳」詮釋宇宙現象，則萬物之生死，乃由於氣之聚散。夫氣聚爲生，而有五官百骸諸形象。莊子於徐无鬼篇、第三七六頁，將「心」與「目」、「耳」並列，且心能役耳、目以應物逐物。71故「心」乃氣所聚之官能，而主宰乎生命之活動。

(2)、莊子所言之「心」，其主觀作用在使氣逞能爲「心術」，故有得喪、喜怒，其賊害甚於兵寇——莊子所言之「心」，既爲氣之所聚，所謂「氣」者，乃謂陰陽之感應作用。陰陽之感應作用，每互有消長、盛衰。及其機（氣機）之鼓盪，則有強弱、久暫，是爲「使氣」。「心」既爲氣之所聚，其氣機之鼓盪，或爲應物，或爲逐物，每有得喪之感，喜怒之情，是爲「心術之動」，是爲「逞能」。（莊子、天道篇、第二〇九頁、成玄英、疏、曰：「術，能也。心之所能，謂之心術。」）由於使氣逞能而見諸「心術之動」，乃出自於主觀之作用。

主觀作用之「心術」，既爲氣機所鼓盪，故其應物、逐物，所感、所情，每爲非理性者。而莊子之所以以「通天下一氣耳」詮釋宇宙現象，乃在爲自然主義之宇宙觀、人生觀建立其理論基礎。蓋「通天下一氣耳」，則宇宙者，莫非氣之運之自然，而人生之最高精神境界即在任運而化之自然。然而，「心術之動」，以鼓盪氣機，而應物、逐物，有所得喪、有所喜怒，以致傷天害性，則甚於兵寇矣。

(3)、莊子所言之「心」，其客觀形態乃服從經驗以反應爲「機心」、「成心」，而致隨境生滅——人間生活，乃屬於具體之一層面。於此具體生活中，不論立身、處世、建功、立業，自能「前事不忘，後事之師」，所謂「經驗」是也。經驗之累積，每因個人之感受而

71 莊子、徐无鬼篇、第三七六頁、曰：「故目之於明也殆，耳之於聰也殆，心之於殉也殆。」成玄英、疏、曰：「役耳目，心思之用。」

各有不同。於是，凡所臨事物，輒以前事爲師，由前事之不忘，至後事之所師，每爲一「機栝式反應」。⑫連串諸多「機栝式反應」，則經驗之累積及其效用，乃形成一「機械式運轉」，心思之臨事接物，如果遵循以往經驗，作「機栝式反應」，以服從「機械式運轉」，即爲「機心」。故機心乃個人獨自累積經驗，以於臨事接物之時，作「機栝式反應」，故莊子又稱之爲「成心」。⑬

「心」之既成於各自之經驗之「機栝性反應」，於是，凡所人間之價值，如是非、得失、功過、榮辱、……皆爲所正視並追逐。爲求趨利避害，則心思之馳騁，意念之生滅，陷溺於是而無以自拔矣。故莊子、天地篇、第一九四頁、成玄英、疏、曰：「……機變存乎胸府，則純粹素白不圓備矣；純粹素白不圓備，則精神縣境，生滅不定。不定者，至道不載也。」至道者，自然之化道也。宇宙之運，萬物之生，莫不順應之，毫無造作、計議於其間，此所以爲「純粹素白」。而「機心」者，則服從經驗之「機械式運轉」，淪於人爲之造作、計議，違反自然之化道，故曰「至道不載」。

(4)、莊子所言之「心」，其精神境界在於所歸之「靈府」、「靈臺」自己，以與自然之化道相玄契——莊子所言之「心」，既爲「氣」之所聚以爲主宰性官能。而「氣」，於價

---

⑫「機栝」，見莊子、齊物論篇、第二五頁。成玄英、疏、曰：「機，弩牙也。栝，箭栝也。……言發心逐境，速如箭栝，役情拒害，猛若弩牙。」

⑬「成心」，見莊子、齊物論篇、第二九頁。成玄英、疏、曰：「夫域情滯著，執一家之偏見者，謂之成心。」

值上屬於中性，其作用則在鼓盪其氣機。「心」既爲「氣」之所聚，故爲「心氣」。心之鼓盪氣機以逐物，遵循機栝以臨事，則每陷於物化、僵化矣。

莊子之學，重點之一即在遮撥現實世界之執著與陷溺，而開闢其精神境界。此精神境界之本源，即出自於「心」。「心」之所以爲精神境界之本源，以其至「靈」，故曰「靈府」、「靈臺」。「靈府」者，莊子、德充符、第九七頁、成玄英、疏、曰：「靈府者，精神之宅，所謂心也。經寒涉暑，治亂千萬，與物俱往，未當概意，豈復關心耶？」至於「靈臺」者，莊子、庚桑楚、第三四五頁、成玄英、疏、引陸德明、經典釋文、曰：「案，(靈臺)謂心有靈智，能任持也。」夫「心」爲氣之所聚，所以「靈」者，以其「智」(靈智)故也。莊子、庚桑楚、第三四五頁、曰：「靈臺者，有持，而不知其所持，而不可持者也。」唯「持」，則是非、得失、功過、榮辱、……不能入焉。「不知其所持」，則物來而順應，任其自然而已。是以「持」而「不知其所持」，即「靈智」之徹照，所謂「天空任鳥飛，水闊隨魚游」，正如莊子、逍遙遊篇、第十頁、郭象、注，所曰，「與物冥而循大變」。如是，「心」雖爲氣所聚，爲事所臨，然而，並不鼓盪氣機，亦不陷於機栝，唯歸於絕對性自己，以與自然之化道相玄契。

### (二)、莊子所言之「心」之內容

莊子、德充符篇、第九九頁、曰：「惠子謂莊子曰：『人故无情乎？』莊子曰：『然！』惠子曰：『人而无情，何以謂之人？』莊子曰：『道與之貌，天與之形，惡得不謂之人？』……莊子曰：『……吾所謂无情者，言人之不以好惡內傷其身，常因自然而不益生也。』」

莊子、齊物論篇、第二二頁、曰：「南郭子綦，隱机而坐、仰天而噓，荅焉似喪其偶。顏成子游立侍乎前，曰：『何居乎？形固可使如槁木，而心固可使如死灰乎？……』」（郭象注曰：「夫任自然而忘是非者，其體中獨任天眞而已，又何所有哉？」）

莊子、大宗師篇、第一〇一頁、曰：「知天之所爲，知人之所爲者，至矣。知天之所爲者，天而生也。知人之所爲者，以其知之所知，以養其知之所不知。終其天年，而不中道夭者，是知之盛也。……且有眞人，而後有眞知。」

(1)、莊子所言之「心」，其內容全幅是「自然」——莊子既以氣之聚散詮釋宇宙、人生，而氣之聚散，實即陰陽之感應、之消長。陰陽之感應、消長，乃天運以生物規律，所謂道也，所謂天道也。此規律乃天運之自然，故此所謂道，所謂天道，即以自然爲規定。「心」既爲氣之所聚，則其作用自亦服從天運之自然，即，以自然爲內容。及其鼓盪氣機以逐物，遵循機栝以臨事，而致物化、僵化，則墮落其自己。心，既以自然爲內容，則如齊物論篇所言，「形如枯木，心如死灰」。郭象、注、曰：「死灰槁木，取其㝁（成玄英疏、引陸德明、經典釋文、曰：『㝁音寂，本亦作寂。』）莫無情耳。」是以其感其應，有如天之運之行，可以好可以惡，但無所執；或爲喜或爲怒，然未所困；其屬是其屬非，亦免所著；蓋氣機不曾鼓盪，機栝莫見作用。此之謂寂寞無情之「死灰槁木」，此之謂「自然」，是爲心之全幅內容。

(2)、莊子所言之「心」，其內容全幅是「眞知」——莊子、大宗師篇、第一〇一頁、所言之「知」，可分爲兩層面，其一是「所知之知」，「所知之知」所知者，乃「天之所爲」、「人之所爲」之諸現象，乃若成玄英、疏、曰：「天之所爲者，謂三景晦明、四時生殺、風雲舒卷、雷雨寒溫也。人之所爲者，謂手捉腳行、目視耳聽、心知工拙，凡所施爲也。」案此「所知之知」，即爲具體之知。具體之知即目視其色，耳聽其聲，……。其二是「所不知之知」，蓋成玄英、疏、曰：「雲行雨施，川源岳瀆，非關人力，此乃天生；能知所知，並自然也。」案此「所不知之知」，即爲超越之知。超越之知即郭象、注，「知天人之所爲者，皆自然也」之「自然」。

「自然」，既見於雲行雨施之天運，亦見於目視耳聽之官能。由雲行雨施、目視耳聽之具體之知，超轉爲「自然」之超越之知，以知所任運而順應，斯爲「知之盛」之「眞知」。

具體之知，所知者爲「具體物事」；超越之知，所知者爲「精神境界」。而能知者，則「心」也。心之具體之知，乃自然生命之實然作用，有其實然價値。莊子所貴者，乃在超越之知，以知乎天運之自然。天運之自然之精神境界，乃內在於具體事物，並超越乎其上。故「眞知」者，乃所以「乘物以遊心」（莊子、人間世、第七四頁之語。）既然，心具「眞知」以遊心焉，故「眞知」者，乃心之全幅內容。

## (三)、莊子所言之「心」之修養

莊子、知北遊篇、第三二三頁、曰：「孔子問於老聃曰：『今日晏閒，敢問至道？』老聃曰：『汝齊戒疏瀹而心，澡雪而精神，掊擊而知。……』」

莊子、養生主篇、第六〇頁、曰：「古者謂之遁天之刑。適來夫子時也，適去夫子順也。安時而處順，哀樂不能入也。古者謂之帝之縣解。……」

莊子、人間世篇、第六七頁、曰：「……回曰：『敢問心齋？』仲尼曰：『若一志，无聽之以耳，而聽之以心；无聽之以心，而聽之以氣。聽止於耳，（成玄英、疏、引俞樾、曰：「此文『聽止於耳』，當作『耳止於聽』，傳寫誤倒也。」）心止於符。氣也者，虛而待物者也。唯道集虛，虛者心齋。』」

莊子、應帝王篇、第一三八頁、曰：「至人用心若鏡，不將不迎，應而不藏，故能勝物而不傷。」

莊子、人間世篇、第七四頁、曰：「……且夫乘物以遊心，託不得已以養中，至矣！」

(1)、莊子所言之「心」，其修養在於「疏瀹而心」——莊子所言之「心」，其原始性質既爲「氣」之所聚，氣所聚之心，於價值上原屬中性。然而，及其役使耳目以應物、逐物，爲「心術之動」；一日鼓盪其氣機，則激起其「欲望」，欲望之念起念滅，無窮無盡，則駁雜矣，此所以傷生害性。故莊子、大宗師篇、第一〇三頁、曰：「其耆欲深者，其天機淺。」

相應原始性質爲氣所聚之「心」，其修養首先在於「疏瀹」之，成玄英、知北遊篇、第三三頁、疏、曰：「疏瀹，猶洒濯也。」「疏瀹而心」，即疏導其氣機，使免於鼓盪；消融其欲望，使免於競逐。夫欲望無所競逐則「虛」，氣機無所鼓盪則「寂」；心之虛寂，則灑然無事。

(2)、莊子所言之「心」，其修養在於「帝之縣解」——成玄英、養生主篇、第六〇頁、疏、曰：「帝者，天也。爲生死所係者爲縣，則無死無生者縣解也。夫死生不能係，憂樂不能入者，而遠古聖人謂是天然之解脫也。」依莊子，宇宙萬物，爲氣之所聚以生，氣之既散則死。是以生、所以規定生命爲有限存在，而不能及於永恆，此生命自然之過程，如以爲意，則爲其所「縣」。(係縛)

其次，人間之生活，主觀方面，難免有所追求；客觀方面，難免有所限制。於主觀追求與客觀限制之相對格局中，則憂樂、得喪，以及人間諸相對性價値觀念，若是非、榮辱、多少、……乃生命實然之情感，如以爲念，亦爲其所「縣」。

夫生死之意，憂樂諸念，既爲自然、實然之「縣」。莊子乃以爲對心靈之係縛，(縣)致使不能自由、自在。故莊子即主張「安時而處順，[74]哀樂不能入也。」是爲灑脫、歸眞，此之謂「帝之縣解」。(天然之係縛解脫)

(3)、莊子所言之「心」，其修養在於「心齋」——所謂「心齋」，成玄英、人間世篇、

---

74 成玄英、莊子、養生主篇、第六〇頁、疏、曰：「秦失歎老君大聖，妙達本源，故適爾生來皆應時而降誕；蕭然死去，亦順理而返眞耳。」

第六七頁、疏、曰：「齋，齊也。謂心跡俱不染塵境也。」郭象、人間世、第六八頁、注、曰：「虛其心則至道集於懷。」是以「心齋」者，心之虛寂，不染塵境也。

依莊子，「心」爲「氣」之所聚之主宰義官能，與耳目並列，且能役使耳目以應物、逐物。此爲實然作用一層面。此一層面之修養在「疏瀹而心」，在「帝之縣解」。

雖然，「心」爲「氣」之所聚，則有「靈」之一層面。自此層面，則見其內容全幅是「自然」，全幅是「眞知」。此爲精神意義一層面。此一層面之修養則在「心齋」。「心齋」者，方心之役使耳目以應物、逐物，以「心」「物」相對之格局中，當機超轉，而歸於絕對性自己，既外忘其物，亦內忘其心。唯任自然之運行，即所以「聽之以氣」；但見眞知之徹照，此之謂「用心若鏡」。蓋外忘其物，故不爲塵境所染；內忘其心，故臻於虛寂之境。

虛寂之心，固不爲塵境所染，但亦不與塵境隔絕，而「與世俗處」。（莊子、天下篇語）故曰「至人用心若鏡，不將不迎，應而不藏，故能勝物而不傷」。此之謂「來物以遊心」。斯爲「心齋」所至之精神境界。

老子、莊子所言之「心」亦一而已，唯其呈現則可分爲兩層面：其實然作用之應物、逐物，是一層面。其精神意義之歸於虛寂自己，又是一層面。其修養功夫即在超轉自己以臻於「道」，（道家義之道）故亦曰「道心」。

又者，今傳莊子書計三十三篇，包括內篇七、外篇十五、雜篇十一。是否全爲莊子所著，則頗有爭議。今本文所取材，無奈唯姑據是。

# 第五章　佛家所言之「心」

大乘佛學，在印度，最早出現者，是龍樹、提婆之「般若學」，又稱爲「中觀學派」，或名爲「空宗」。此學派以爲客觀方面之一切法，莫非緣生緣滅，如幻如之化「相」，(有)實無自性，蓋當體即「空」；主觀方面則當呈現其般若智，徹照空、有，無執無著，以歸於「中道」。其次者，是無著、世親之「唯識學」，又稱爲「瑜伽學派」，或名爲「有宗」。此學派以爲一切法，不論染、淨，皆爲阿賴耶識所變現，爲直接或間接所統攝，必須轉識成智，始能證得涅槃。此外，又有眞常經者，如華嚴經、法華經、楞伽經、大般涅槃經、……部分固爲早出，部分與唯識學爲同時。凡此諸經，於眾生則肯定一潛存之「如來藏」，於佛則彰著爲「法身」。故爲生死流轉、涅槃還滅所依止，亦即成佛所以可能之超越根據。

佛學傳入中國以後，大乘宏興，至隋唐而極一時之盛。如果就「佛心」之涵義觀之，則分別發展爲下列三系：

(甲)、識心系統。

(乙)、眞心系統。

(丙)、妄心系統。

案般若學之般若智，不執有、不著空，以歸於於中道，乃各宗派共通之慧悟進路，不能算是一獨立系統。至於唯識學之識心，即阿賴耶識，乃以迷染爲性，故爲「虛妄心」。然而由於隋陳之間開創之天臺宗，揭櫫「一念無明法性心」，爲妄心系統，爲示區別，乃姑直就唯識學之心，稱之爲「識心系統」。至於華嚴宗之展示「如來藏自性清淨心」，則自屬「眞心系統」。

## 第一節 唯識宗所言之「識心」

無著、世親之「唯識學」，最早傳入中國者，爲眞諦。眞諦於南北朝、梁武帝、大同元年，(西元五三五年)攜梵文經論傳記來華，與其弟子譯出六十四部、計二百七十八卷。其中有無著之「攝大乘論」三卷，世親之「攝大乘論釋」十五卷。復經其弟子之弘揚，爲當時所稱謂爲「攝論宗」。相傳眞諦又譯「大乘起信論」。其教義乃以第八識阿賴耶識爲迷染虛妄，爲對治之，故另安立一第九識「阿摩羅識」爲無垢識。此一系統之唯識學，於中國，稱爲早期唯識。眞諦所傳之前期唯識學，順第八識阿賴耶識，對玄奘所傳後期唯識學，有其影響；順第九識阿摩羅識，對其後興起之華嚴宗、禪宗亦皆有相當之影響作用。

在中國，繼眞諦所傳前期唯識學而後興起，建立中國「唯識宗」者，是玄奘法師，及其弟子窺基。相對眞諦所傳前期唯識學而言，是爲後期唯識學。

玄奘法師俗姓陳名禕，河南偃師人，生於隋文帝、開皇二十年，卒於唐高宗、麟德元年，（西元六〇〇年——西元六六四年）六十五歲。玄奘於唐太宗、貞觀三年西行求法，歷十七年，於唐太宗、貞觀十九年回國。攜回梵典六百五十七部。先後譯出七十五部，一千三百三十五卷。

唯識學，乃以「萬法唯識」、「三界唯心」爲旨歸，故名爲「識心系統」。論佛學之「識心系統」，當以玄奘所建立之唯識宗比較保存唯識學之原始規模，是以本節即據之以爲論。

### ㈠、唯識宗所言之「識心」之性質

金剛康海、解深密經、心意識相品第三、註、第一二二頁、[75]曰：「心、意、識義自有通別。別名心、意、識者，賴耶是心，以能集起三界生死色心法故。末那名意，以與六識爲同時，根生六識故。六識名識，以對六境分別強故。二通名心、意、識，謂入識中一一皆有集起名心，能生名意，了別名識。」

大正本、大藏經、第三十一冊、第六〇頁、下欄，[76]世親作、玄奘譯、唯識三十頌、第十五頌曰：「依止根本識，五識隨緣現，或俱或不俱，如濤波依水。」

大正本、大藏經、第三十一冊、第六〇頁、下欄，世親作、玄奘譯、唯識三十頌、

---

[75] 金剛康海、解深密經註，臺北市、新文豐出版公司印行，民國八十三年、一月，一版三刷。

[76] 大正本、大藏經，臺北市、新文豐出版公司印行。

第十六頌曰：「意識常現起，除生無想天，及無心二定，睡眠與悶絕。」大正本、大藏經、第三十一冊、第二頁、上欄，護法等造、玄奘譯、成唯識論、卷第一、曰：「……第七識緣第八識，起自心相，執爲實我。」

大正本、大藏經、第三十一冊、第七頁、下欄，護法等造、玄奘譯、成唯識論、卷第二、曰：「初能變識，大小乘教，名阿賴耶。此識具有能藏、所藏、執藏義故。謂與雜染互爲緣故，有情執爲自內我故。此即顯示初能變識所有自相，攝持因果爲自相。」

大正本、大藏經、第三十一冊、第七頁、上欄，護法等造、玄奘譯、成唯識論、卷第二、曰：「諸識所緣，唯識所現，依他起性，如幻事等。」

大正本、大藏經、第三十一冊、第一二頁、上欄，護法等造、玄奘譯、成唯識論、卷第三、曰：「法有四種，謂善不善，有覆無記，無覆無記。阿賴耶識何法攝耶？此識唯是無覆無記異熟性故。」

大正本、大藏經、第三十一冊、第一八頁、下欄，護法等造、玄奘譯、成唯識論、卷第四、曰：「契經說，心雜染故，有情雜染；心清淨故，有情清淨。若無此識，彼染淨心不應有故。謂染淨法以心爲本，因心而生，依心而住。心受彼熏持彼種故。」

(1)、唯識宗所言之「識心」，其自體唯一，其機能則可分之爲八——唯識宗所言之「識心」，其機能可分爲四層面，八作用。即：

①、前五識──包括眼識、耳識、鼻識、舌識、身識。夫「識」以了別爲義。前五識之了別作用，所依者爲五根，即眼根、耳根、鼻根、舌根、身根。所謂「根」，以能生、增上爲義。又分爲「外根」，或名「扶塵根」，即感覺器官；及「內根」，或名「淨色根」，即感覺神經。前五識之了別件用，所緣者爲五塵，即色塵、聲塵、香塵、味塵、觸塵。總之，前五識，即依於其根，緣於其塵，以成其識，即眼識、耳識、鼻識、舌識、身識。故此了別作用，乃個體生命感知宇宙、人間諸現象之機能，是爲識心作用之第一層面。

②、第六意識──意識視前五識，既具有了別之作用，且具有思辨之作用。其自覺所依者爲意根，其不自覺所依者則爲第七末那識、第八阿賴耶識。而所緣者則爲法塵。所謂「法塵」，包括宇宙、人間之一切現象、概念、觀念、境界等。因此，方其了別、思辨之作用，可能與前五識之任一、任二、……俱起，則稱爲「五俱意識」。否則，如果不與前五識俱起，則稱爲「獨頭意識」。

「獨頭意識」，即意識之獨立思辨作用。意識之獨立思辨作用，乃承受某根相對某塵所攝取之某識，而印象化，抽象化，概念化。然後，運用諸概念，以分析、比較、推理、綜合、判斷，而成就知識系統。由是可知知識系統，乃以與現象相應之概念爲內容。而現象、概念即意識所緣之「法塵」。又者，「獨頭意識」不自覺依於第七末那識、第八阿賴耶識之「俱有依」，其服從淨善種子之起現，所抒發之指導原則即是「觀念」，所嚮往之精神領域則爲「境界」。觀念、境界，所以引導超越凡俗，固然爲意識所抒發，亦爲意識所緣之「法塵」。

當然，依據佛教教義，一切法皆爲識心所變現，故曰「萬法唯識」。因此，一切「現象」無非因緣和合，一切「概念」、「觀念」僅爲方便假法，一切「境界」則當無捨無著，以免流爲緣塵幻影。

總之，第六意識者，乃自覺依於意根，不自覺依於第七末那識、第八阿賴耶識之「俱有依」，而緣於法塵，以成其了別、思辨之作用。故此了別、思辨之作用，乃個體生命概念化解知、觀念化實踐之機能，是爲識心作用之第二層面。

③、第七末那識——「末那」是梵文之音譯，中譯則爲「意」，以其執持自我，能生六識故，佛教爲免於與第六識混淆，特就音譯稱之。

末那識，一方面是第六意識所依之根，以生起意念。一方面與第八阿賴耶識爲同時相依之「俱有依」。即，末那識緣阿賴耶識之「見分」爲自我，緣阿賴耶識之「相分」爲我所，而生起所謂「我執」。末那識之我執，執持自我，爲第六意識之根，而第六意識乃運用概念、觀念以思辨。凡所概念、觀念即第六意識所緣之「法塵」，第六意識之思辨法塵，蓋不自覺依於「俱有依」之末那識與阿賴耶識，故「法塵」固爲意識所緣，意識則以末那識爲依。末那識爲意識不自覺之所依，即在執持其所緣之「法塵」，是所謂「法執」。

末那識既具「我執」、「法執」之作用，蓋緣於阿賴耶識之「見分」，而起「恆審思量」之機能。「恆審思量」，所審察、思慮、量度者即是「我」、「法」之存在性，而恆者，無間斷，故常「執」之。

總之，末那識緣於第八識阿賴耶識之見分，以爲第六意識之不自覺所依，以恆審思量之機能，生起我執、法執。是爲識心作用之第三層面。

④、第八阿賴耶識——阿賴耶識與第七末那識爲「俱有依」，即阿賴耶識依於末那識之「執」、所變現之一切有漏無漏諸法種子，而藏之。而阿賴耶識之「見分」，亦爲末那識之「見分」所妄執，以爲是恆常、普遍、主宰之自我。(我執)至於阿賴耶識所緣者，則爲根身、器界、種子。

阿賴耶識又譯爲「藏識」，蓋其機能即在「藏之而復緣起」。所謂「藏」，即能攝受前七轉識所熏一切善惡諸法種子而藏之，是爲「能藏」。既已攝受前七轉識所熏一切善惡諸法種子而藏之，則爲「所藏」。以其相續無間斷之「見分」，爲末那識之「見分」執以爲主宰我，故爲「執藏」。至於所藏之種子，復起現開展宇宙人間之一切萬法，即爲「阿賴耶緣起」。因此，可知阿賴耶識乃爲根身之主體，萬法之本源。

總之，阿賴耶識之藏乎種子，復變現而爲萬法，以建立其爲萬法所依止之主體性地位。是爲識心作用之第四層面。

(2)、唯識宗所言之「識心」，其第一層面之前五識隨緣而應或通「三性」，第二層面之第六意識統攝前五識亦通「三性」，第三層面之第七末那識爲「有覆無記」性，第四層面之第八阿賴耶識爲「無覆無記」性——「識心」之機能既可分之爲八，其層面則可分之爲四，其價值上之性質亦各有不同。

①、前五識——前五識乃五根，即眼根、耳根、鼻根、舌根、身根，對五塵，即色塵、聲塵、香塵、味塵、觸塵，而生五識，即眼識、耳識、鼻識、舌識、身識。大正本、大藏經、

第四十五冊、第四七〇頁、下欄，玄奘、八識規矩頌、前五識頌、曰：「性境現量通三性」所謂「性境」，乃指具體性現象。「現量」，是謂對現前之現象之感性直覺感應。「三性」，蓋稱善、惡、無記三者。

前五識，實由於眼根、耳根、鼻根、舌根、身根，各各分別相對於色塵、聲塵、香塵、味塵、觸塵諸具體現象，以感性直覺與之相感應、所成之眼識、耳識、鼻識、舌識、身識諸感知作用。凡此諸根之感知作用，於價值上僅爲實然性之感性直覺作用而已。然而，如果接受佛教教義之價值標準所判斷，則可能屬「善」，可能是「惡」，亦可能爲「無記」。故八識規矩頌、前五識頌稱之爲「通三性」。

②、第六意識——第六意識乃意根緣於「法塵」，而生意識。所謂「法塵」，乃或爲「五俱意識」與前五識之一、之二、……俱起所攝之「現象之印象」。或爲獨頭意識對現象所抽象化之「概念」，以及服從淨善種子之起現，所抒發之「觀念」，所嚮往之「境界」。

大正本、大藏經、第四十五冊、第四七〇頁、下欄，玄奘、八識規矩頌、第六意識頌、曰：「三性三量通三境，……善惡臨時分配之。」此言意識之作用中，可能涵有善、惡、無記三性，可能具備現量、比量、非量三量，可能兼賅性境、帶質境、獨影境三境。其實，就意識之性質而論，意識之攝取現象，運用概念以思辨。抒發觀念，嚮往境界而實踐。其自已亦屬實然性之知性作用而已。然而，如果接受佛教教義之價值標準所判斷，則可能屬「善」，可能是「惡」，可能爲「無記」。故八識規矩頌、第六意識頌稱之爲「善惡臨時分配之」。

③、第七末那識——第七末那識，一方面爲第六意識不自覺之所依，一方面與第八阿

賴耶識爲「俱有依」。末那識之作用即「恆審思量」，即以思量爲「性」，以思量爲「相」。其思量以自己之見分，緣第八阿賴耶識之見分，而生「我執」、「法執」。夫「我執」、「法執」，相應個體生命、於世間假法之立場言之，自有其實然性之意義，不可記爲善、不可記爲惡，故定之爲「無記性」。

然而，大正本、大藏經、第三十一冊、第六〇頁、中欄，世親作、玄奘譯、唯識三十頌、第六頌、(第二能變識頌)曰：「四煩惱常俱，謂我癡我見，並我慢我愛，及餘觸等俱。」夫我癡、我見、我慢、我愛四根本煩惱與末那識常俱，而覆蓋末那識而造成或染。使第八阿賴耶識及眞如性不得清淨。

是故，第七末那識於價值上，屬於「有覆無記」性者。

由於末那識「無記」而「有覆」，以其「有覆」，對「俱有依」之第八阿賴耶識，可能造成熏擾；對爲不自覺所依之第六意識，則陷之於有漏，難離生死輪迴。

④、第八阿賴耶識——第八阿賴耶識既與第七末那識爲「俱有依」，由於阿賴耶識不造業，不起惑，故其自身亦屬無記性。能造業者爲前六識，其種子則通過第七末那識之執著、熏習，儲藏於阿賴耶識，阿賴耶識爲種子所藏，仍然是無記性。

大正本、大藏經、第三十一冊、第六〇頁、中欄，世親作、玄奘譯、唯識三十頌、第三、四、五頌、曰：「初阿賴耶識，異熟一切種，……作意受想思，相應唯捨受，是無覆無記，觸等亦如是，恆轉如暴流，阿羅漢位捨。」阿賴耶識之性質既屬無記，其受末那識之熏習而儲藏萬法種子，一旦成熟而起現，而變現開展根身、器界及萬法。此外則無所覆蓋。至於種子之清淨或染污，其關鍵唯在末那識所依止之第八阿賴耶識之覺或不覺。

阿賴耶識之「無覆無記」，故能儲藏末那識之清淨或染污之種子而爲所共依，於「恆轉如暴流」中，或「流轉」，或「還滅」。

阿賴耶識既攝藏萬法種子，並「恆轉如暴流」，以爲個體生命之主體。於是，阿賴耶識之投胎時，即是個體生命之「生」，阿賴耶識之離開個體生命，即是個體生命之「死」。

（是爲「分段生死」）

## (二)、唯識宗所言之「識心」之內容

大正本、大藏經、第三十冊、第六五〇頁、中欄，彌勒説、玄奘譯、瑜伽師地論、卷六十三、曰：「識諸皆名心、意、識，若就最勝，阿賴耶名心，何以故？由此識能集聚一切法種識故。末那名意，於一切時，執我我所，及我慢等思量爲性。餘識名識，謂於境界了別爲相。」

大正本、大藏經、第三十一冊、第七頁、下欄，護法等造、玄奘譯、成唯識論、卷第二、曰：「論曰：初能變識，大小乘教，名阿賴耶，此識具有能藏、所藏、執藏義故。……此能執持諸法種子不失故，名一切種。」

大正本、大藏經、第三十一冊、第八頁、上欄，護法等造、玄奘譯、成唯識論、卷第二、曰：「此中何法名爲種子？謂本識中親生自果功能差別，此與本識及所生果不一不異，體用因果，理應爾故。」

大正本、大藏經、第三十冊、第二八四頁、中欄，彌勒說、玄奘譯、瑜伽師地論、卷二、本地分中意地、第二之二、曰：「又種子體，無始時來，相續不絕，性雖無始有之，然由淨不淨業，差別熏發，望數數取異熟果，說彼爲新。若果已生，說此種子爲已受果，由此道理，生死流轉相續不絕。」

大正本、大藏經、第三十一冊、第四八頁、中欄，護法等造、玄奘譯、成唯識論、卷第九、曰：「何謂大乘二種種性？一、本性住種性，謂無始來，依附本識法爾所得無漏法因。二、習所成種性，謂聞法界等流法已，聞所成等熏習所成。要具大乘此二種性，方能漸次悟入唯識。」

大正本、大藏經、第三十一冊、第八頁、中欄，護法等造、玄奘譯、成唯識論、卷第二、曰：「……由此等證無漏種子，法爾本有，不從新生。有漏亦應法爾有種，由熏增長，不別熏生，如是建立因果不亂。故有漏種必藉熏生，無漏種生，亦由熏習。」

大正本、大藏經、第三十一冊、第六頁、下欄，護法等造、玄奘譯、成唯識論、卷第二、曰：「……俱生法執無始時來，虛妄熏習內因力故，恆與身俱。不待邪教及邪分別，任運而轉，故名俱生。此復兩種：一、常相續，在第七識緣第八識，起自心相，執爲實法。二、有間斷，在第六識，緣識所變蘊處界相，或總或別，起自心相，執爲實法。」

大正本、大藏經、第三十一冊、第九頁、上欄，護法等造、玄奘譯、成唯識論、卷第二、曰：「心性淨者，說心空理所顯眞如，眞如是心眞實性故。」

唯識宗所謂之前五識、第六識、第七識、第八識，綜合言之，即爲「識心系統」；如果分解言之，則第八識名「心」，第七識名「意」，第六識及前五識名「識」。蓋緣於其內容或功能各有所不同故也。此各有所不同之內容或功能即稱爲「種子」。萬法之種子，無不攝藏於阿賴耶識之田中。夫阿賴耶識名「心」。心者，生命之主宰。心之主宰乎生命，依佛教，乃以「攝藏萬法種子」爲規定。所謂「種子」，實爲一潛存之功能。

「種子」，如果依其體位，可以分爲「見分種子」與「相分種子」兩類。「見分種子」乃阿賴耶識轉出見分、緣慮以起現，屬於心法，故亦名「心法種子」。「相分種子」，「相分」乃指客觀事物、如根身、器界之相狀，依阿賴耶識之見分，攝藏於阿賴耶識；復依阿賴耶識見分之所挾而起現，屬於色法，故亦名「色法種子」。凡此「見分種子」、「（心法種子）」，「相分種子」，「（色法種子）」一皆爲阿賴耶識所攝藏。

「種子」，如果依其價值，可以分爲「無漏種子」與「有漏種子」兩種。夫「漏」者，煩惱之異名，染汙之意也。「無漏種子」，即本質上無染汙，全體清淨、圓滿，斯爲成佛之內在根據。「有漏種子」，可能是惡性，可能是善性，（如見道之菩薩，雖證得本性清淨，然猶未圓滿。）可能是無記性。此爲三界、六趣中種子生現行，現行熏種子，以受生受死之種子。

「種子」，如果依其性質，可以分爲「諸業種子」與「名言種子」兩類。「業」者，造作之謂。「造作」，有身、口、意三者。「身業」，指個人行爲。「口業」，指口之語言。

「意業」，指心之所思。心之所思者，乃爲意念、意象。凡此身、口、意所造作者，即是「諸業種子」。至於意念、意象之表達，或概念化爲語言、文字、符號；或觀念化爲理想、境界。凡此概念化之「概念」，觀念化之「觀念」，即是「名言種子」。不論「諸業種子」、「名言種子」，莫不爲阿賴耶識所攝藏。

「種子」，如果依其弊端，可以分爲「煩惱障種子」與「所知障種子」兩目。「煩惱障種子」緣於我執，起現爲貪、瞋、癡諸惑，而煩惱有情之心、身。「所知障種子」緣於法執，起現而執著法塵，妄作分別，一則障蔽能知之智，一則障蔽所知之境。總之，「煩惱障種子」與「所知障種子」，其最後之蔽端在於障蔽涅槃境界。

「種子」，如果依其本源，可以分爲「本性住種」與「習所成種」兩項。「本性住種」乃阿賴耶識，所攝藏之無始以來，法爾本具之大乘無漏種子。「習所成種」，即新熏之種子。即以本性住種爲因，依七轉識之作用起現爲果；又以七轉識之起現爲因，熏成各類種子儲藏於阿賴耶識爲果。如此，「種子起現行，現行熏種子」，因因果果，相熏相起，循環不已。至於八識各別之種子則如下：

(1)、唯識宗所言之「識心」，其前五識各有其自性種子，攝藏於阿賴耶識——前五識者，眼識、耳識、鼻識、舌識、身識，其功能在於分別現量，屬於自性分別識，其種子皆攝藏於阿賴耶識中。阿賴耶識所藏之前五識各類「相分種子」，（「色法種子」）例如眼識種子，變現出眼識之「相分」；而阿賴耶識所藏之前五識各類「見分種子」，（「心法種子」）例如眼識種子，變現出眼識之「見分」。眼識之見分，依恃眼根，隨緣起現，則見分見照相分，

(色塵)而生眼識。眼識復熏習生成眼識種子，(見分種子與相分種子)儲藏於阿賴耶識。其餘之耳識、鼻識、舌識、身識亦爲如是。

(2)、唯識宗所言之「識心」，其第六、意識之種子，亦攝藏於阿賴耶識——夫意識之作用有二：①、與前五識之或一識，或二識，或……隨緣而起了別作用，是爲「五俱意識」。②、獨立隨緣相對其法塵，以了別，以思辨；甚至及於過去、現在、未來三世，是爲「獨頭意識」。意識之種子既攝藏於阿賴耶識，阿賴耶識所藏之意識「相分種子」，(「色法種子」)變現出意識之「相分」。意識之「相分」，相應五俱意識而言，則爲「色塵」；(例如：形狀、聲音、香味、……)相應獨頭意識而言，則爲「法塵」。(例如：觀念、概念、符號、……)而阿賴耶識所藏之意識「見分種子」，(「心法種子」)變現出意識之「見分」。意識之見分，依恃意根，隨緣起現，則見分見照相分，以了別，以思辨，而生意識。又者，意識乃以第七、末那識爲依止，故每受末那識「我執」、「法執」之影響而起惑造業。凡此意識之攀塵緣境、起惑造業，復熏習生成意識種子，(見分種子與相分種子)儲藏於阿賴耶識。

(3)、唯識宗所言之「識心」，其第七、末那識之種子，亦攝藏於阿賴耶識——末那識之種子，既亦攝藏於阿賴耶識，阿賴耶識所藏之末那識「相分種子」，(色法種子)由於末那識唯有「非量」之功能，不起現量與比量，故被扭曲而不變現。而阿賴耶識所藏之末那識之「見分種子」，(心法種子)變現爲末那識之「見分」。末那識之見分，所緣者，反而是阿賴耶識之「見分」。阿賴耶識，唯識三十頌頌之曰：「恆轉如瀑流，阿羅漢位捨。」意謂阿賴耶識之功能恆常相續，故末那識幻起阿賴耶識之見分爲我相之「相分」，妄執之爲「我」，是爲「我執」。

又者，末那識既爲第六、意識之所依，而意識，不論爲五俱意識或獨頭意識，其所攀之塵，所緣之境，實爲因緣之和合，識心所變現，如幻如化之假法而已，而末那識則執之爲實有，此末那識之「法執」。

末那識既妄起「我執」，故每爲四煩惱所纏，即：①、「我癡」，即爲無明所蔽之愚癡而不自覺。②、「我見」，即妄執四大、五蘊和合之假我爲眞我。③、「我慢」，即因我見而生矜持傲慢之心理。④、「我愛」，即由妄執之假我而滋生其貪愛。末那識既起「我執」，致爲四煩惱所纏，則不能證「我空」。同理，末那識既亦妄起「法執」，以假法爲實有，迷惘陷溺，故不能證「法空」。

其實，末那識並不造作善惡諸業，唯因其我執、法執，每每影響意識或造善爲淨業，或作惡爲染業，故末那識乃意識之「染淨依」。

由是可知，阿賴耶識所藏之末那識種子，其起現以致變生爲末那識之「我執」與「法執」。末那識之「我執」、「法執」則爲意識之所依，影響意識之或爲善而清淨，或作惡而染汙。此末那識之影響作用，復反以成爲末那識種子，儲藏於阿賴耶識。

(4)、唯識宗所言之「識心」，其第八、阿賴耶識攝藏萬法之種子——阿賴耶識攝藏萬法之種子，故又名「藏識」。藏識之「藏」，涵有三義：①、「能藏」，謂阿賴耶識能攝藏諸法種子。②、「所藏」，謂阿賴耶識接受前七識之現行、熏習所生成之種子之所藏。③、「執藏」，謂阿賴耶識之「見分」，爲末那識之「見分」妄執爲「我」；即末那識爲能執，阿賴耶識爲所執；則阿賴耶識所攝藏之「見分種子」，爲末那識之「見分」所緣以妄執爲「我」，故稱「執藏」。

阿賴耶識所攝藏之種子，如果依其體位，可分爲「見分種子」與「相分種子」。如果依其性質，可分爲「無漏種子」與「有漏種子」。如果依其本源，可分爲「本性住種」與「習所成種」。凡此，皆已詳述於前文。

(5)、唯識宗所言之「識心」，其第八、阿賴耶識攝藏之萬法種子，隨緣起現，通過七轉識，即變現宇宙之萬象、人間萬事——阿賴耶識既攝藏萬法之種子，故爲宇宙萬象、人間萬事之本源。蓋宇宙萬象、人間萬事，莫非阿賴耶識所藏種子所變現。其變現當然必須通過前七識之轉變。大正本、大藏經、第三十一冊、第六〇頁、上欄，世親作、玄奘譯、唯識三十頌、第一頌、曰：「由假說我法，有種種相轉，彼依識所變，此能變唯三。」所謂「三能變」者，即：①、「初能變識」阿賴耶識，變現出能緣之各自識「見分種子」，以及所託之各自識「相分種子」。②、「第二能變識」末那識，以阿賴耶識所藏而變現之末那識之「見分種子」爲自識之「見分」，一則妄執阿賴耶之「見分」爲「我執」，一則妄執意識之見分所了別、思辨之「相分」爲「法執」，並影響意識之起惑造業。③、「第三能變識」前六識，一則以阿賴耶識所藏而變現之各自識「見分種子」爲各自識「見分」，一則以阿賴耶識所藏而變現之各自識「相分種子」爲「相分」；以各自識之「見分」了別各自識之「相分」，（其中之「獨頭意識」則以其「見分」思辨其「相分」。）此所了別、思辨之「相分」，即是宇宙之萬象。（例如：形狀、聲音、香味、……。以及觀念、概念、符號、……）至於意識受末那識之我執、法執所影響而起惑造業，即是人間萬事。故曰「萬法唯識」。

「萬法唯識」，如果自眞諦之立場觀之，萬法實無自性，故「空」。如果自俗諦之立場觀之，萬法各具莊嚴，故「有」。而唯識宗則以萬法實由阿賴耶識之種子，隨緣而起現之所變現，此之謂「阿賴耶緣起」。

## ㈢、唯識宗所言之「識心」之修養

大正本、大藏經、第三十一冊、第一三六頁、中欄，無著造、玄奘譯、攝大乘論本、卷中、總標綱要分、第一、曰：「云何一切種子異熟果識爲雜染因，復爲出世能對治，彼淨心種子又出世心，昔未曾習故，彼熏習決定應無，既無熏習，從何種生？是故應答：從最清淨法界等流，正聞熏習種子所生。……此聞熏習，隨在一種子所依轉處，寄在異熟識中，與彼和合俱轉，猶如水乳，然非阿賴耶識是彼對治種子性故。」

大正本、大藏經、第三十一冊、第一一七頁、上欄，無著造、眞諦譯、攝大乘論、卷上、依止勝相品、眾名品、第一、曰：「此聞慧種子，以何法爲依止？至諸佛無上菩提位，是聞彗熏習生，隨在一依止處，此中共果報諸俱生。」

大正本、大藏經、第十六冊、第四八七頁、下欄，南朝宋、求那跋陀羅譯、楞伽阿跋多羅寶經、卷第一、曰：「……菩薩摩訶薩善觀二種無我相？謂人無我，及法無我。」

大正本、大藏經、第十六冊、第四八七頁、中欄，南朝宋、求那跋陀羅譯、楞伽阿跋多羅寶經、卷第一、曰：「彼自覺藏者，自煩惱習淨，見法無我得三昧，樂住聲聞，當得如來最勝之身。」

大正本、大藏經、第四十五冊、第四七〇頁、上欄，玄奘、八識規矩頌、曰：「變相觀空唯後得，果中猶自不詮眞，圓明初發成無漏。……發起初心歡喜地，俱生猶自現纏眠，遠行地後純無漏，覓察圓明照大千。……極喜初心平等地，無功用行我恆摧，如來現起他受用，十地菩薩所被機。……不動地前才捨藏，金剛道後異熟空，大圓無垢同時發，普照十方塵刹中。」

大正本、大藏經、第三十一冊、第九頁、上欄，護法造、玄奘譯、成唯識論、卷二、曰：「心性淨者，說心空理所顯眞如，眞如是心眞實性故。」

(1)、唯識宗所言之「識心」，其修養之初階在「正聞熏習」——「正聞」，即聽聞佛之正教法音。「熏習」，即七轉識之起現，通過身、口、意之造作，其或善、或惡、或無記之行爲，其「氣習」反而轉化、增長其功能，（種子）而攝藏於阿賴耶識；此對功能（種子）之轉化、增長之作用，謂之『熏習』。

如果以因果關係論之，阿賴耶識所攝藏之種子是「因」，其起現、轉變爲七轉識之作用是「果」；反之，七轉識之或獨頭，或一俱，或二俱，……之起現是「因」，轉化、增長其功能，（種子）攝藏於阿賴耶識是「果」。一般凡夫於世間之生活，常常是隨緣流轉，陷溺於「種子起現行，現行熏種子」之因果循環機栝中而不自知。

「正聞熏習」乃是以佛之正教法音，轉化、增長其趣向清淨之願力與智慧。此一轉化、增長之功能，所熏成之「正聞熏習種子」，攝藏於阿賴耶識。原來阿賴耶識於價值上是「無覆無記」，雖然，則爲雜染種子與清淨種子所依止，亦爲轉化雜染分爲清淨分之依體。正聞熏習之種子，既攝藏於阿賴耶識，其起現以轉化、增長趣向清淨之願力與智慧，正是發揮促進阿賴耶識「轉識成智」之功能。

不過，「正聞熏習」之「正聞」，乃意識俱耳識以聽聞佛之正教法音，此屬於外緣之功夫；「熏習」，以轉化、增長趣向清淨之智慧與願力，此屬於內在之自覺。以外緣功夫促進內在自覺，故爲識心修養之初階。

(2)、唯識宗所言之「識心」，其修養之進程在「破二執」、「斷二障」——所謂「破二執」，即破我執與法執；「斷二障」，即斷煩惱障與所知障。夫緣於我執乃生起煩惱障，以致不能證我空，緣於法執乃生起所知障，以致不能證法空。而破之、斷之之道，即在轉化、增長其趣向清淨之智慧與願力，徹悟「我」者，不過五蘊和合而已；「法」者，祇是因緣幻有而已。我、法二者皆無自性，蓋「空」而已。

煩惱障種子與所知障種子，皆爲阿賴耶識所攝藏，皆以阿賴耶識爲依止；而煩惱障與所知障屬「迷」，則阿賴耶識爲「迷依」。正聞熏習種子亦爲阿賴耶識所攝藏，亦以阿賴耶識爲依止，其功能在轉化、增長其趣向清淨之智慧與願力，則阿賴耶識爲「轉依」。「轉依」者，即轉雜染分爲清淨分。

(3)、唯識宗所言之「識心」，其修養之極致在「轉識成智」——「識心系統」之「識心」，既包括八識，八識之前五識，其作用在於了別所對之塵。第六意識之作用，在於了別一切法塵。第七末那識之作用，在於執著我與法。第八阿賴耶識之作用，在於攝藏萬法種子。凡此諸作用，皆屬於實然性、原始性者，故於價値上可能是善，可能是惡，可能是無記，皆爲有漏種子之所起現，於宗教之教義上，是必須轉化者。其轉化之義理途徑即在「轉識成智」。大正本、大藏經、第三十一冊、第五六頁、中欄，護法造、玄奘譯、成唯識論、卷十、曰：「智雖非識，而依識轉。」所謂「轉」者，即：

①、轉前五識爲「成所作智」——前五識之作用在了別所對之塵，其了別之方式則爲「現量」，現量之了別，所得者僅爲諸塵之「相」，未能及於其「性」，未能及於其「性」，即未能體悟萬法如如之「實相」。此前五識之所以爲有漏識。前五識之所以爲有漏識，乃緣於前五識能了別之見分，與所了別之相分，皆爲阿賴耶識所變現，如果阿賴耶識猶然停留於雜染有漏階段，則前五識亦與之停留於有漏之境地。唯有阿賴耶識先轉成無漏之大圓鏡智，圓具眞如妙理，則其所變現之前五識見分、相分，亦轉爲清淨無漏。如是，前五識亦隨之轉爲「成所作智」無漏識。

既然，前五識依阿賴耶識之雜染而雜染，隨阿賴耶識之轉爲清淨而轉爲清淨。阿賴耶識之轉爲清淨，即爲圓具眞如妙理之大圓鏡智。阿賴耶識既然清淨，則其攝藏之種子，雜染者消融，清淨者起現；既然圓具眞如妙理之大圓鏡智，則萬法之「相」，固有差別，萬法之「性」，則平等一如。於此理境涵蓋下，前五識之見分與相分，無不清淨，無不如如，而宇宙、世間呈現一片清明矣。此乃前五識所轉成興起入道契機之智慧，故曰「成所作智」。

②、轉第六意識爲「妙觀察智」——意識之作用，一則爲與前五識之或一俱，或二俱，或……以了別，爲「五俱意識」；一則獨立思辨爲「獨頭意識」。不論爲五俱以了別，獨頭之思辨，如同前五識，其能了別、思辨之見分，與所了別、思辨之相分，皆爲阿賴耶識所變現；阿賴耶識所變現之種子如果爲有漏，則爲末那識所執著，而生起煩惱障與所知障，以致影響意識之見分與相分亦爲有漏。同理，唯有阿賴耶識轉成無漏之大圓鏡智，依止於阿賴耶識之末那識，亦隨之破二執，斷二障；爲所影響之意識，其見分與相分，亦轉爲清淨無漏。如是，意識亦隨之轉爲「妙觀察智」之無漏識。

大正本、大藏經、第三十一冊、第五六頁、上欄，護法造、玄奘譯、成唯識論、卷十、曰：「妙觀察智相應心品，謂此心品善觀諸法自相共相，無礙而轉，攝觀無量總持之門。……」所謂「自相」者，即諸法自身之相狀；諸法各有其特殊之相狀。意識與前五識之或一俱，或二俱，……之五俱意識即觀察此諸法之特殊自身相狀。所謂「共相」者，即諸法共通之相狀；諸法共通之相狀，每每以概念化或觀念化之形式表達。意識不與前五識俱之獨頭意識即領悟、思辨此諸法之共通相狀。「善觀諸法之自相、共相」，即善於別異類同。其實，如果自俗諦之立場觀之，諸法之自相、共相，各有其實然性之意義，乃大千世界之所以爲大千世界之莊嚴所在。如果自眞諦之立場觀之，八識規矩頌曰，「觀察圓明照大千」，蓋意識之轉爲妙觀察智，必依止於阿賴耶識之轉爲大圓鏡智圓具眞如妙理。意識依止於阿賴耶識轉爲大圓鏡智所圓具之眞如妙理，則其見分與相分，亦圓具眞如妙理；以此觀察，則其所觀察之諸法自相共相，亦圓具眞如妙理。此意識轉爲妙觀察智之所以爲「妙」，此妙觀察智之所以「圓明照大千」。

③、轉第七末那識爲「平等性智」——第七末那識之作用在「恆審思量」，一則以其見分執持「恆轉如瀑流」之阿賴耶識見分，幻起爲我相之相分，而生我執；一則以其見分妄執依止於己之意識、所變現之假法爲實有，而生法執。固然，末那識並不造作善惡諸業，但其我執、法執能招致煩惱障、所知障，以致影響意識之或造善，或作惡。此末那識之所以爲有漏。

末那識之轉爲「平等性智」，必須一則阿賴耶識轉成大圓鏡智，圓具眞如妙理，則阿賴耶識「恆轉如瀑流」之見分被消融，末那識我執不起。一則所影響之意識轉爲妙觀察智，所觀察之諸法自相、共相亦圓具眞如妙理，則末那識不以爲執，而法執不生。夫我執不起，則煩惱障破除，所以證我空；法執不生，則所知障消滅，所以證法空。

其實，末那識祇是向深度承受阿賴耶識以起我執，而招引煩惱障；向廣度影響意識以生法執，而導致所知障。至於其自己，於實踐上，祇是意識染淨依，並不造作染淨業，故其「轉識成智」之動力並不足夠，則其自我超轉，必有仗於阿賴耶識與意識之超轉爲依止與扶持，及其轉爲「平等性智」，則亦依隨阿賴耶識與意識之超轉以圓具眞如妙理而圓具眞如妙理。末那識既圓具眞如妙理，一則滅我執而生我空之智，即有情無有彼此之相對而一律平等；一則泯法執而生法空之智，即諸法無有相狀之差別而一律平等。此之謂「平等性智」。

④、轉第八阿賴耶識爲「大圓鏡智」——第八阿賴耶識，其作用在攝藏心法、色法、

無漏、有漏、……一切諸法種子。其所以攝藏諸法種子，一則或爲本性住種，一則或爲前七識所熏之種子；（或爲見分熏、或爲相分熏之習所成種。）或爲種子起現行，或爲現行熏種子，循環無端而不已。雖然，阿賴耶識自已屬於「無覆無記」，但由於所攝藏者，或爲無漏，或爲有漏，故爲「虛妄唯識」。又者，由於「種子」起現行，現行熏種子，循環無端而不已，故「恆轉如瀑流」，以致永墮生死苦海。

阿賴耶識既攝藏「無漏種子」，此無漏種子即圓具眞如妙理，及其起現，一則「恆轉如瀑流」之見分被消融，故末那識不起我執，不生煩惱障；一則爲所依止之意識，所觀察之諸法自相、共相，亦圓具眞如妙理，故末那識無所緣乃不起法執，不生所知障。末那識不起我執、法執，不生煩惱障、所知障，是轉爲平等性智。意識所觀察之諸法自相、共相，亦圓具眞如妙理，不起分別，是轉爲妙觀察智。阿賴耶識攝藏無漏種子圓具眞如妙理之起現，即是阿賴耶識之「正覺」。俱有依之末那識，破二執，除二障；爲所依止之意識妙觀諸法不起分別，唯任運而化而已。因此，染汙有漏種子伏除，即是阿賴耶識之「解脫」。阿賴耶識之正覺、解脫，則名之爲「無垢識」，所生智慧，曰「大圓鏡智」。

所謂「大圓鏡智」，大正本、大藏經、第三十一冊、第五六頁、上欄，護法造、玄奘譯、成唯識論、卷十、曰：「大圓鏡智相應品，謂此心品，離諸分別，所緣行相，細微難知，不妄不愚，一切境相，性相清淨，離諸雜染。純淨圓德現種依持，能現能生身土智影，無間無斷，窮未來際，如大圓鏡，現眾色像。」大圓鏡智，乃對智光之形容。此智光之「智」即指染汙之阿賴耶識超化爲清淨之「無垢識」、所圓具之「眞如妙理」之「智」。眞如妙理亦即阿賴耶識之圓成實性，即圓滿成就之阿賴耶識眞實性體。蓋阿賴耶識攝藏諸法種子，及其隨緣起現，即幻現宇宙、世間之事象，乃屬於依他起性，生滅無常，每爲意識之「遍計」，每爲末那識之「所執」。唯眞如妙理所以圓滿成就阿賴耶識之眞實體性。阿賴耶識之眞實體性既然圓滿成就，即是眞如妙理之圓具。阿賴耶識既然圓具眞如妙理，則其起現爲前七識之見分與相分，亦依止於阿賴耶識之圓具眞如妙理而亦圓具眞如妙理。雖然，眞如妙理之於唯識宗之阿賴耶識，祇是圓滿成就其眞實體性，不能隨緣而起現，故不能言「眞如緣起」。但阿賴耶識既圓具眞如妙理，爲所依止之前七識見分與相分亦依之圓具眞如妙理，則其所起現之宇宙、世間之事象，莫不爲眞如妙理之智光所遍照。爲眞如妙理所涵攝，爲眞如妙理之智光所遍照之宇宙、世間諸事象，雖遷流不息，生滅無常，但既爲眞如妙理所涵攝，則得以貞定而「攝假歸眞」；既爲眞如妙理之智光所遍照，則得以淨化而「轉迷成悟」。

轉識成智，簡約言之，大正本、大藏經、第三十一冊、第五一頁、上欄，護法造、玄奘譯、成唯識論、卷九、曰：「由數修習無分別智，斷本識二障麤重，故能轉捨依他起上徧計所執，及能轉得依他起中圓成實性。由轉煩惱障得大涅槃，轉所知障證無上覺，成立唯識，意爲有情證得如斯二轉依果。」夫識心之修養，其極致功夫在「轉識成智」。轉識成智，前七識固然各有其轉捨，各有其轉得；而其所依止，則皆在阿賴耶識。阿賴耶識既然攝藏有漏之煩惱障種子與所知障種子；但亦攝藏無漏之菩提種子，並以圓成實性、所謂「涅槃」爲其超越體性。阿賴耶識之自我超轉，即轉捨雜染之煩惱種子，了脫生死苦海，而轉得圓成實性之大涅槃；轉捨雜染之所知障種子，證悟我法空智，而轉得無上大菩提。雖然，但是，大乘佛法之教義，總是教人立定宏願，即：悲心遍潤，智光普照；脫離苦海而復入苦海，證悟涅槃而不住涅槃；以利樂有情，普渡眾生，而同登彼岸。此阿賴耶識轉為大圓鏡智，必然涵攝前五識轉成之成所作智、意識所轉成之妙觀察智、末那識所轉成之平等性智，其智光既輝映阿賴耶識之超越體性真如妙理，亦復遍照其見分、相分所幻現之宇宙、世間諸事象；即攝假歸真，以真涵假，「真」「假」圓融，不一不二。此阿賴耶識轉為大圓鏡智之所以為「圓具」。

## 第二節、天臺宗所言之「一念無明法性心」

據黃懺華、佛教各宗大意、第三輯、第一種、天臺宗大意、第一章、此宗之名稱及其略史、第三頁、[77]曰：「先是北齊有慧文禪師，讀大智度論、『三智實在一心中得』文；及中論『因緣所生法，我說即是空，亦為是假名，亦是中道義』偈，頓悟龍樹即空、即假、即中之旨，立為心觀。（一心三觀）傳之南岳慧思禪師，思傳之智顗。顗於陳宣帝、建德七年，入天臺山，為終身道場，開拓宏業，以名一家。」顗，即智顗，世稱「智者大師」。智者大師所傳之法統，依次為章安灌頂、法華智威、天宮慧威、左溪玄朗、荊溪湛然、（因推尊龍樹，故稱「天臺九祖」）……。

[77] 黃懺華、佛教各宗大意，臺北市、新文豐出版公司，民國六十二年、六月、初版。

又據大正本、大藏經、第四十六冊、第四五三頁、下欄，唐、荊溪湛然述、止觀義例、卷上、曰：「況（天臺宗）所用義旨，以法華爲宗骨，以智論爲指南，以大經（涅槃經）爲扶疏，以大品（鳩摩羅什譯、摩訶般若波羅密經）爲觀法，引諸經以增信，引諸論以助成。觀心爲經，諸法爲緯，織成部帙，不與他同。」

## ㈠、天臺宗所言之「一念無明法性心」之性質

大正本、大藏經、第四十六冊、第五七八頁、下欄，智顗說、灌頂記、四念處、卷第四、曰：「若約識爲唯識，論者破外向內。今觀明白十法界法皆是一識。識空，十法界空；識假，十法界假；識中，十法界亦中，專以內心破一切法。若外觀十法界，即見內心。當知若色若識，皆是唯識；若色若識，皆是唯色。今雖說色、心二名，其實祇『一念無明法性』，十法界，即是不可思議。一心具一切『因緣所生法』。一句，名爲『一念無明法性心』；若廣說四句，成一偈，即因緣所生心，即空、即假、即中。」

大正本、大藏經、第三十三冊、第六九六頁、上欄，智顗說、妙法蓮華經玄義、卷第二上、曰：「觀根塵相對，一念心起，於十界中，必屬一界。若屬一界，即具百界千法，於一念中，悉皆備足。」

大正本、大藏經、第四十六冊、第六五三頁、下欄，陳、慧思說、大乘止觀法門、卷第三、曰：「眞心是體，本識是相，六、七等識是用。……故論云：『不生不滅，

與生滅和合，說名阿賴耶識。』即本識也。以與生死作本，故名爲本。」

大正本、大藏經、第四十六冊、第六四七頁、下欄，陳、慧思說、大乘止觀法門、卷第二、曰：「如來之藏，從本以來，俱時具有染淨二性。以具染性，故能現一切眾生等染事，故以此藏爲在障本住法身。亦名佛性復具淨性故，能現一切諸佛等淨德，故以此藏爲出障法身，亦名性淨法身，亦名性淨涅槃也。」

大正本、大藏經、第三十三冊、第九二〇頁、上欄，唐、湛然、法華玄義釋籤、卷第十五、曰：「初理事中云，『從無住本立一切法』者，無明爲一切法作本，無明即法性，無明復以法性爲本，當知諸法亦以法性爲本。法性即無明，法性復以無明爲本。法性即無明，法性無住處；無明即法性，無明無住處。無明法性雖皆無住，而與一切諸法爲本，故云，『從無住本立一切法』。」

大正本、大藏經、第四十六冊、第七八二頁、下欄，唐、湛然述，金剛錍云：「故知一塵一心，即一切生佛之心性。……萬法是眞如，由不變故。眞如是萬法，由隨緣故。……故萬法之稱，寧隔於纖塵？眞如之體，何專於彼我？」

(1)、天臺宗所言之「一念無明法性心」，先是三祖慧思，首言「如來藏」(心)涵蓋及於佛教「心靈宇宙」中之「眞心」與「妄心」兩層面——印順法師、如來藏之研究、第八章、

第一節、第二四〇頁，[78]申述佛教於印度，爲說明一切法之根源，原有以如來藏（眞心）爲依止，與阿來耶識（妄心）爲依止之兩思想系統。如來藏系統之經、論，如「如來興顯經」、……「究竟一乘寶性論」……等，其含義是著重「心性本淨」之意。而阿賴耶識系統之經、論，如「解深密經」……「瑜伽師地論」……等，其含義著重「客塵煩惱所覆之雜染種子」之意。至於「楞伽經」，始依勝鬘經「自性清淨如來藏，而客塵煩惱、上煩惱所染，（是）不思議如來境界。」將如來藏與阿賴耶識統合而爲一，爲第八識。而第八阿賴耶識又名「識藏心」、「藏識」者，以「藏」是窟、宅之意，即阿賴耶識是隱藏之窟宅。

眞諦於梁武帝時來華，所傳之學，即將如來藏學與瑜伽學之阿賴耶識之學相結合。[79]

天臺宗之初祖爲北齊之慧文禪師，二祖爲南岳之慧思禪師。慧思於梁末晉謁慧文，受觀心之法。

慧思於大乘止觀法門、言如來藏具染、淨二性。淨性，乃恆常不變之眞心，其起淨業爲淨事，則顯諸佛之淨德。此即「性淨法身」、「性淨涅槃」是也。染性，乃如來藏中所涵阿賴耶識之一面，其起染業爲染事，則顯眾生之一切差別。夫淨性、染性，其「體」也；淨事、染事，則其起淨業、染業所現之「相」也。如來藏既具淨、染二性，大正本、大藏經、第四十六冊、第六四八頁、上欄，南岳慧思說、大乘止觀法門、卷第二、曰：「藏體平等，

---

78 印順法師、如來藏之研究，臺北市、正聞出版社，民國八十一年、五月、修訂一版。

79 參見印順法師、如來藏之研究、第七章、第三節、第二〇八頁。

實無差別，即是空如來藏。然此藏體，復有不可思議用，故具足一切法性有其差別，即是不空如來藏。」

依慧思之說，如來藏既具淨性，染性，故皆爲「不可改」。其淨性乃屬眞心之層面，其染性則屬妄心之層面。此如來藏心靈宇宙之所以涵蓋「眞心」與「妄心」兩層面。

(2)、天臺宗所言之「一念無明法性心」，乃法性與無明互相涵攝、互爲其住本，以爲一切法作本——「一念無明法性心」乃陳、隋間、智者大師所提出，或簡稱爲「一念心」。夫「一念無明法性心」，分解言之，其一爲「無明心」，乃屬於經驗層；其一爲「法性心」，係屬於超越層。一「心」而涵具經驗層之無明，與超越層之法性。其彼此之關係，如果自無明自己言之，無明即是終極自己，（無明雖以眞如爲體性，但此眞如誠如賢首大師所言爲「凝然眞如」，不能有緣起作用。）故另無所住，另無所本；如果自法性自己言之，法性亦即是終極自己，故亦另無所住，另無所本。今智者既將不同層面、相反性質之無明與法性，同納於一心之中，依智者之義，無明與法性實互相涵攝，互爲其住本。即：無明無本，以法性爲本，故無明即法性；無明爲一切法作本，亦法性爲一切法作本。反之，法性無本，以無明爲本，故法性即無明；法性爲一切法作本，亦無明爲一切法作本。無明爲一切法作本，即念具一切染法；法性爲一切法作本，即理具一切淨法。於是一切不論淨法、染法，皆爲「一念無明法性心」所攝具。

(3)、天臺宗所言之『一念無明法性心』，至九祖荊溪，提出眞如隨緣起現萬法——「眞如隨緣起現萬法」之說，是唐、荊溪、湛然禪師所提出。原來，相傳爲眞諦依楞伽等經所造之大乘起信論，首先提出「一心開二門」：「心眞如門」、「心生滅門」。一心者名「如來藏」，心眞如門爲寂靜本覺，心生滅門則隨緣生滅。心眞如門兼攝心生滅門，心生滅門不離心眞如門。於是二門分別總攝一切法，而不相離。[80]

湛然禪師提出「眞如隨緣」之說，眞如即是法性心，眞如寂靜不動，而理具萬法；眞如隨緣，即是無明心，隨從客塵煩惱之緣，而起現差別相，是事造萬法。是以萬法當體即是寂靜不動之眞如，眞如當體即是隨緣起現之萬法。

(4)、天臺宗所言之「一念無明法性心」，依例判屬虛妄心系——「一念無明法性心」，雖然是「無明心」與「法性心」互相涵攝，互爲其住本，並具染性與淨性；雖然，自其「法性心」一層面言之，其起淨業爲淨事，但自其「無明心」一層面言之，則其起染業爲染事；雖然，無明心無所住、無所本，而以法性心爲所住、爲所本，故無明心之隨從客塵煩惱之緣，起染業爲染事，由於無明心以法性心爲所住、爲所本，得以當體有所涵攝，有所超化，而得以消化圓融，以言「煩惱即菩提」，「生死即涅槃」之不思議境界；但能隨從客塵煩惱之緣，以起染業爲染事之「無明心」，則當依例判屬虛妄心之一系。

[80] 參見四明、圓瑛、大乘起信論講義、卷上、第四八頁。又，大乘起信論講義，臺北市、新文豐出版公司印行，民國八十三年、一版、三刷。

## (二)、天臺宗所言之「一念無明法性心」之內容

黃懺華、中國佛教史、第三章、第三節、一、第二〇五頁、曰：「慧文、北齊時代人，……嘗閱大智度論，至第二十七卷，『三智實在一心中得』文，證一心三智。又讀中論，至觀四諦品、因緣所生法偈，恍然大悟，頓了空假中三諦之深旨。其道蹟雖不甚詳，然遠承龍樹，依智論，立一心三觀，奠天臺一宗之基礎。」慧文傳南岳慧思，慧思傳天臺智顗。智者大師則弘揚之而提出「一念三千」之義。

大正本、大藏經、第四十九冊、第一七八頁、中欄，宋、四明、志磐撰、佛祖統記、第六、(天臺宗)中土九祖、第三之一、(二祖慧文傳)曰：「(慧文)師夙稟圓乘，天眞獨悟。因閱大智度論，引大品云：『欲以道智具足道種智，當學般若。欲以道種智具足一切智，當學般若。欲以一切智具足一切種智，當學般若。欲以一切種智斷煩惱及習，當學般若。……』師依此文，以修心觀。論中三智實在一心中得。……師又因讀中論，至四諦品偈云：『因緣所生法，我說即是空，亦名爲假名，亦名中道義。』恍然大悟，頓了諸法無非因緣所生。而此因緣，有不定有，空不定空，空有不二，名爲中道。師既一依釋論，是知遠承龍樹也。」

大正本、大藏經、第四十六冊、第五五頁、中欄，隋、智顗說、灌頂記、摩訶止觀、卷第五、上、曰：「若法性無明合有一切法陰界入等，即是俗諦；一切界入是一法界，即是眞諦；非一非一切，即是中道第一義諦。如是遍歷一切法，無非不思議三

諦。云云。若一法一切法，即是因緣所生法，是爲假名，假觀也；若一切法即一法，我說即是空，空觀也；若非一非一切者，即是中道觀。一空一切空，無假中而不空，總空觀也；一假一切假，無空中而不假，總假觀也；一中一切中，無空假而不中，總中觀也。即中論所說，不可思議一心三觀。歷一切法亦如是。若因緣所生一法者，即方便隨情道種權智；若一切法一法，我說即是空，即隨智一切智；若非一非一切，亦名中道義者，即非權非實，一切種智，例一權一切權，一實一切實，一切非權非實，遍歷一切，是不思議三智也。」

大正本、大藏經、第四十八冊、第六二二頁、下欄，宋、延壽集、宗鏡錄、卷第三十五、曰：「一念心起，有三千世間相：國土一千，山河大地，日月星辰是也；五陰世間一千，染淨一切色心是也；眾生世間一千，六凡四聖假質是也。一念心起，三千性相一時起；一念心滅，三千性相一時滅。念外無一毫法可得，法外無一毫念可得也。此心性圓明，一而能多，小而能大，染而能淨，因而能果，有而能無。故一一色，一一香，一一念，介爾有心，即具三千也。」

大正本、大藏經、第四十六冊、第九三四頁、上欄，元、懷則述、天臺傳佛心印記、曰：「是知今家性具之功，功在性惡。若無性惡，必須破九界，修惡，顯佛界性善，是爲緣理斷九，非今所論。」

(1)、天臺宗所言之「一念無明法性心」，先是二祖慧文，遠承大智度論、「三智實在一心中得」、以修「心觀」——「三智」者，即一切智、道種智、一切種智。蓋眾生在迷，其惑有三，即：①、見思惑，乃六根相對六塵以生六識，而起妄見妄思，不悟其性實空。②、塵沙惑，蓋所妄見妄思者，萬法之相也。其數多若塵沙。既遍計起執，則不知其相實假。③、無明惑，出於盲目意志，對於諸法，不悟其理之空，不知其事之假，更不覺即空即假，即假即空之中道，以致競逐於煩惱之途而不知反。

慧文遠承大智度論、「三智實在一心中得」、所修之「心觀」，即反修自己心中之觀照智慧，以破三惑。所謂觀照智慧，其目亦三，即：①、一切智，悟萬法之性實空，此所謂空觀，以破見思惑。②、道種智，知萬法之相實假，此所謂假觀，以破塵沙惑。③、一切種智，既悟萬法之性實空，且知萬法之相實假，又覺即空即假，即假即空，無非中道，此所謂中觀，以破無明惑。

夫修空觀、假觀、中觀之觀照智慧，所透顯之一切智、道種智、一切種智，莫不皆具於一心之中。

(2)、天臺宗所言之「一念無明法性心」，至四祖智顗，弘揚「一念心」起之「一心三觀」——「一心三觀」既爲慧文禪師繼承龍樹之大智度論而發明；爾後，復經智者大師之弘揚而光大。「一念心」即「一念無明法性心」，涵蓋及於眞、妄兩面。由於一念心涵蓋及於眞、妄兩面，則「一心三觀」亦及於超越層與具體層。

依大正本、大藏經、第四十六冊、第八頁、中欄，智者說、灌頂記、摩訶止觀、卷第一、下、所言：諸法莫非一心所作，方一念心之起，所觀者，即空即假即中。蓋諸法皆爲因緣所生起，緣生則無自性，而以空爲性，是爲空諦。雖然，諸法既然緣生，則其相宛然、森然列陳而妙有；妙有相對其空性而言，則爲假有，是爲假諦。既然，則諸法既是空性，又見假有；即空即假，即假即空，空假不二，而得其中，是爲中諦。因此，言空，則涵攝假、中而一切皆空；言假，則涵攝空、中而一切皆假；言中，則涵攝空、假而一切皆中。因此，三諦互相涵攝而圓融，爲一念心所觀照，爲一念心所變現。故大正本、大藏經、第四十八冊、第五四四頁、中欄，宋、延壽集、宗鏡錄、卷第二十三、曰：「又知此心常寂常照，用寂照心破一切法，即空即假即中。」

夫空諦，屬於超越層；假諦，屬於具體層；中諦，則即超越層即具體層，即具體層即超越層，相即相攝，渾然圓融而爲一。是以「一心三觀」既智照宇宙諸法之不同層面，亦渾化宇宙諸法不同層面而爲一整全，以收攝於「一念心」。

(3)、天臺宗所言之「一念無明法性心」，其「一念心」乃具「三千諸法」——「一念心具三千諸法」，簡稱「一念三千」。所謂「三千諸法」，乃指假諦諸法。假諦諸法，可分爲十法界，即：地獄、餓鬼、畜生、修羅、人、天、（以上稱六凡）聲聞、緣覺、菩薩、佛。（以上稱四聖）此十法界一一法界各具其他九法界之性德，成百法界。百法界一一具十如；十如即：如是相、如是性、如是體、如是力、如是作、如是因、如是緣、如是果、如是報、如是本末究竟等，於是成爲千如，是爲百界千如。又百法界一一各有三種世間，即：眾生世間、五陰世間、國土世間。如此，百法界乘以三世間，得三百世間；三百世間乘以十如是，得三千之法數，故曰「三千諸法」。落實言之，大正本、大藏經、第四十八冊、第六二二頁、下欄，宋、延壽集、宗鏡錄、卷第三十五、曰：「故一一色、一一香、一一念，介爾有心，即具三千也。」

所謂「三千諸法」，既指假諦諸法而言。然而，依據空諦、假諦、中諦三諦圓融之理，假諦涵攝空諦、中諦，而不離空諦、中諦，則三千即是三諦。大正本、大藏經、第四十六冊、第九三五頁、上欄，元、懷則述、天臺傳佛心印記、曰：「非但三千即三諦，亦乃三諦即三千。故云：中諦者，統一切法；眞諦者，泯一切法；俗諦者，立一切法。」是以言「三千」者，乃著眼於假諦之諸法；言「三諦」者，則爲玄悟空諦、假諦、中諦之互攝互融而言。

又者，三千諸法，乃法性所本具，故曰「理具三千」；及其隨緣起現，諸相宛然、森然，則爲「事造三千」。然而，理與事，實爲相即相融；理具三千，即是隨緣起現處之事造三千；事造三千，即是眞實體性處之理具三千；蓋理事無礙也。凡此三千諸法，不論在悟在迷，皆爲一念心所具足。「一念心」即「一念無明法性心」，當在悟，乃爲法性心所具；在迷，則爲無明心所具。

(4)、天臺宗所言之「一念無明法性心」，自「法性心」一層面言之，本具淨善法門與穢惡法門——「一念無明法性心」之「法性心」者，即是眞如，即是本覺之心，即是智照之心。「具」者，即是具足、涵攝之義。

「法性心」一層面之本具淨善法門者，蓋由於法性心一層面，乃屬於超越層之「眞心」，爲超善惡之絕對性境界者，而淨善法門之本性則與之爲同質，故爲其所本具。

至於「法性心」一層面之本具穢惡法門者，蓋謂「穢惡法門」之「性」爲法性心所本具，是爲「性惡」。性惡之說，自智者之觀音玄義[81]啓之，唐荊溪、湛然於止觀輔行[82]提出，及宋、四明，相對華嚴宗、山外之質疑，而盛張之。所謂「穢惡法門」，其分類可有兩種，即：①、六道眾生：（亦稱六凡）地獄、餓鬼、畜生、修羅、人、天，爲穢惡法；而四聖：聲聞、緣覺、菩薩、佛，爲淨善法。②、六道眾生：地獄、餓鬼、畜生、修羅、人、天，並三聖聲聞、緣覺、菩薩，稱爲九界，爲穢惡法；而佛界爲淨善法。

「法性心」一層面之本具穢惡法門者，謂六道、九界修惡之性，涵攝於本覺智照之法性心。夫天臺宗有一心三觀、三諦圓融之說。即三千諸法，自其實相觀之，其理法界一切皆空，爲空諦；自其現象觀之，其事法界無不緣生而宛然、森然，爲假諦；自其實相幻顯爲現象，現象融攝於實相，其理事無礙法界但見「一」、「多」相涵，爲中諦。因此，言空諦，則幻顯爲假諦，空諦、假諦相涵爲中諦；言假諦，則融攝於空諦，假諦空諦相涵爲中諦；言中諦，則空諦幻顯爲假諦，假諦融攝於空諦，既不失整全之「一」，復見其散殊之「多」。夫空諦、假諦、中諦三諦互相涵攝而圓融。今依據天臺宗之此一體用不二之心性觀、宇宙觀，以詮釋天臺宗法性心一層面本具穢惡法門，所謂「性惡」說，則可有下列諸義：

①、自超越層言之，三千諸法之體性皆空，以法性心綜領之，性善之性、淨善法門之性，即本具於此。

---

81 智顗、觀音玄義，見大正本、大藏經、第三十四冊。

82 荊溪湛然、止觀輔行，見大正本、大藏經、第四十六冊。

②、自具體層言之，法性心之起現爲事造三千，接受俗諦之價值判斷，而有相對性之善、惡。(淨善法門、穢惡法門)

③、具體層相對性之善、惡，(淨善法門、穢惡法門)乃屬於緣生之假諦。

④、緣生爲假諦，假諦融攝於實相爲空諦，假諦空諦相即相涵爲中諦。依此，穢惡法門(假諦)之性融攝於法性心，(空諦)爲法性心所本具。法性心(空諦)智照穢惡法門，(假諦)穢惡法門之性爲法性心所本具。(中諦)

⑤、是故「性惡」者，即穢惡法門之性，爲法性心所本具。法性心既屬於超越層，屬於超越層者即爲超善惡之絕對性境界。超善惡之絕對性境界之法性心，既爲穢惡法門之性所本具，則其智照穢惡法門，乃即假、即空、即中之圓融，可經由修養而淨化。依此，「生死即涅槃，煩惱即菩提」之語，可以得其正解。即：生死、煩惱爲穢惡法門，屬假諦；涅槃、菩提爲法性心之特殊形態，爲生死、煩惱之穢惡法門之性所本具，屬空諦；即生死即涅槃，即煩惱即菩提，即穢惡法門之性即爲法性心所本具，屬中諦。即假諦、即空諦、即中諦，三諦圓融，不一不離，故曰「生死即涅槃，煩惱即菩提」。

⑥、佛氏爲淨善法門，但亦入世化導眾生。既入世，則自然順應穢惡法門。佛氏固然入世順應穢惡法門以化導眾生，然而，實至「解心無染」之境地，(出世)故其佛智即寂即照，其智照所及，「通達惡際，即是實際」，即不「緣理斷九」；一方面保持絕對性超越境界，(空諦)一方面亦涵攝三千諸法，(假諦)即出世即入世，即入世即出世，即空諦、即假諦渾然而運，即中諦也。

綜觀天臺宗對「心靈宇宙」內容之開拓，自慧文之倡修「一心三觀」：空觀、假觀、中觀，以顯空諦、假諦、中諦之「三諦圓融」之宇宙架構；智者則由假諦切入，以假諦涵攝空諦、中諦，而言「三千諸法」，並收攝於「一念心」（一念無明法性心）中。因此，三千諸法不論是淨善法門、不論是穢惡法門，皆屬「法性心」所本具。於是，含容一切出世精神、入世事業於「世出世」之胸懷中。至於破三惑：破見思惑、塵沙惑、無明惑，以成三智：成一切智、道種智、一切種智，則見即寂即照之「智照之心」之遍運焉。

### (三)、天臺宗所言之「一念無明法性心」之修養

天臺宗之「一念無明法性心」，既涵具經驗層之無明心與超越層之法性心，無明心與法性心又互相涵攝，互爲其住本，以爲一切法作本，則如何超轉自己、圓成自己？乃爲其修養功夫之所在。

大正本、大藏經、第四十六冊、第四六二頁、中欄，智顗述、修習上觀坐禪法要、曰：「若夫泥洹之法，入乃多途，論其急要，不出止觀二法。所以然者，止乃伏結之初門，觀是斷惑之正要；止則愛養心識之善資，觀則策發神解之妙術。」

大正本、大藏經、第三十四冊、第八八二頁、下欄，智顗說、灌頂記、觀音玄義、卷上、曰：「問：『緣了既有性德善，亦有性德惡否？』答：『具。』問：『闡提與佛斷何等善惡？』答：『闡提斷修善盡，但性善在；佛斷修惡盡，但性惡在。』……

問：『闡提不斷性善，還能令修善起；佛不斷性惡，還令修惡起耶？』答：『闡提既不達性善，以不達故，還爲善所染，修善得起，廣治諸惡；佛雖不斷性惡，而能達於惡，以達惡故，於惡自在，故不爲惡所染，修惡不得起，故佛永無復惡。以自在故，廣用諸惡法門，化度衆生。終日用之，終日不染，不染故不起，那得以闡提爲例耶？』」

大正本、大藏經、第三十四冊、第八八〇頁、中欄，智顗說、灌頂記、觀音玄義、卷上、曰：「九、釋了因、緣因者，了是顯發，緣是資助；資助於了，顯發法身。了者即是般若觀智，亦名慧行正道，智慧莊嚴。緣者即是解脫，行行助道，福德莊嚴。」

大正本、大藏經、第四十六冊、第六四六頁、下欄，慧思說、大乘止觀法門、卷第一、曰：「一一衆生心體，一一諸佛心體，本具二性，而無差之相，一味平等，古今不壞。但以染業熏染性故，即生死之相顯矣；淨業熏淨性故，即涅槃之用現矣。……是以染熏息，故稱曰轉凡；淨業起，故說爲成聖。」

大正本、大藏經、第三十四冊、第一七一頁、上欄，湛然述、法華文句記、卷第一下、曰：「但理爲九界覆，而爲所依。法界祇是法性，復是迷悟所依。于中亦應云：從無住本立一切法。無明覆理，能覆所覆，俱名無住，但即不即異，而分教殊。」

大正本、大藏經、第十四冊、第五四八頁、上欄，鳩摩羅什譯、維摩詰所說經、卷中、觀衆生品第七、曰：「舍利佛言：『不復以離淫怒癡爲解脫乎？』天曰：『佛爲增上慢人離淫怒癡爲解脱耳，若無增上慢者，佛説淫怒癡性即是解脱。』」大正本、大藏經、第三十三冊、第七八八頁、下欄，智顗說、妙法蓮華經玄義、卷第九上、曰：「五、約斷斷不斷斷者，夫至理虛無，無明體性本自不有，何須智慧解惑？既無安用圓別？涅槃云：『誰有智慧？誰有煩惱？』淨名曰：『婬怒癡性即是解脫。』又：『不斷癡愛，起於明脫。』此則不論斷不斷。大經云：『闇時無明，明時無闇；有智慧時，則無煩惱。』此用智慧斷煩惱也。……若圓有門，解惑不二，多明『不斷斷』。五住皆不思議，即是不思議斷。乃至三門亦如是，是爲圓四門相。」大正本、大藏經、第四十六冊、第七〇三頁、中欄，唐、湛然述、十不二門、曰：「三、性修不二門者，……性雖本爾，藉智起修，由修照性，由性發修。存性則全修成性，起修則全性成修。性無所移，修常宛爾。修又二種，順修逆修。順謂了性爲行，逆謂背性成迷，迷了二心，心雖不二，逆順二性，性事恆殊。可由事不移心，則令迷修成了。故須一期迷了，照性成修。見性修心，二心俱泯。」

(1)、天臺宗所言之「一念無明法性心」，其修養之切要功夫在修「止」「觀」——大正本、大藏經、第四十六冊、第二頁、上欄，智顗說、灌頂記、摩訶止觀、卷第一、上、曰：「法性寂然名止，寂而常照名觀。」夫「止」者，「法性寂然」，法性即指「法性心」。法性心屬於超越層，本來即是寂然者，然而由於天臺宗言心，曰「一念無明法性心」，心，有超越層之法性心一面，復有經驗層之無明心一面，並互爲其住本，以爲一切法作本。即，無明無住，以法性爲本；法性無住，以無明爲本。則雖然法性本寂，但由於「法性無住，以無明爲本」，而無明心既落於經驗層，其感其應，則轉爲「意識」之活動。[83]夫意識之活動，一方面向外造染淨業，一方面向內熏染淨種子，雖然，於經驗生活有其實然性意義，然於佛教之價值標準判斷下，則爲迷失自己之虛妄者。因此，如何超化無明心，依本於法性心，復歸於絕對性之寂然自己，是之謂「止」。

絕對性寂然之法性心，早在慧文已提出修「心觀」，即修自己心中之觀照智慧，具體言之，即修三智：一切智、道種智、一切種智，以破三惑：見思惑、塵沙惑、無明惑。慧文亦提出「一心三觀」：觀空、觀假、觀中。復經智者之弘揚而光大。然則天臺宗修止觀之「觀」，乃透顯法性心之「觀照智慧」，以「智觀」諸法無非一心所作，並藉緣生而幻有，有其實然性之價值，故姑名之爲「假諦」。夫緣生而有實然性價值之幻有，其性實空，此爲不易之眞理，故乃稱之爲「空諦」。其實，假諦雖是緣生而幻有，而實依止於空諦以有所貞定；空諦雖是假諦緣生幻有諸法之實相，但亦必須涵攝緣生幻有之假諦諸法，以反顯其眞實。假諦依止於空諦，空諦涵攝其假諦。假諦之與空諦，亦即亦離，不即不離，玄然而圓融，故特謂之爲「中諦」。所謂「修止觀」之「觀」，即是以般若智不捨不著之智照，自諸法之「假

---

[83] 大正本、大藏經、第四十六冊、第六五四頁、中欄，慧思說、大乘止觀法門、卷第三、曰：「問曰：『但用淨心修行，止觀即是，何用意識爲？』答曰：『已如上說，由意識能知名義，能滅境界，能熏本識，令惑滅解成，故須意識也。』」

諦」切入，既觀其假，亦觀其空，且觀其中。如是，世間諸法，即假、即空、即中，皆爲智觀之心所「觀」，皆爲法性心之心所「具」。

大正本、大藏經、第四十八冊、第五四四頁、中欄，宋、延壽集、宗鏡錄、卷第二十三、曰：「又知此心常寂常照，用寂照心破一切法，即空、即假、即中。」天臺宗既規定其心爲「一念無明法性心」，法性心之一層面固然本寂，而無明心一層面則落於經驗生活，難免轉出「意識活動」，以造染淨業，熏染淨種子，以致迷失自已。超化之道，固在法性之心本寂，亦賴觀照之智之常照，以「智觀」圓照諸法，則世間諸法，即假、即空、即中；而觀照之智則不捨不著，以其不捨不著，故能「常照」，以其常照，乃所以涵攝世間諸法，以歸於法性心之絕對性自已，並極成法性心之本寂，爲常照常寂，常寂常照，蓋寂照一如，而無所滯，無所流。是爲「止」「觀」兼修。

(2)、天臺宗所言之「一念無明法性心」，其修養之方便功夫在修善修惡，轉凡成聖——「一念無明法性心」之「法性心」一層面，既本具淨善法門與穢惡法門，則修善修惡是爲轉凡成聖之方便功夫。

「修善」者，以法性心本具淨善法門故，順此法性心之「覺」，於經驗生活中，造淨善之業，熏淨善種子，則本具淨善法門之法性心，得以充實飽滿。

「修惡」者，以法性心本具穢惡法門故，所謂「穢惡法門」，或指六道眾生：地獄、餓鬼、畜生、修羅、人、天而言，或者並及三聖：聲聞、緣覺、菩薩計九界皆屬之。修惡，即落於經驗生活中，其義有二：①、於諸法念念執著，不能了達空觀、假觀、中觀之道。②、造穢惡之業，熏穢惡種子。如是，則法性心所本具之穢惡法門，於經驗生活中顯現。由之可知「修惡」，即本具穢惡法門之法性心之在「迷」。依此，如果凡夫「修惡」，法性心在迷，則將永墮煩惱，永淪生死苦海。唯佛氏，已至「解心無染」之境界，雖然法性心本具穢惡法門不可改，且為普度眾生，必須入世間。既入世間，則必須隨順世間方便，以達於惡；佛氏雖達於惡，卻能自在，不為穢惡所染。夫佛氏既已臻於「解心無染」，即是本具淨善法門與穢惡法門之法性心之在「悟」。法性心之既「悟」，即是觀照智慧之遍照。方其觀照智慧之遍照，而及於穢惡法門之諸法，以及隨順世間方便之所造之「業」，皆以不捨不著之玄智，即觀其假，即觀其空，即觀其中，而得以超化、淨化。是以佛氏之「修惡」，實即既達於惡而自在，亦所以為「廣用諸惡法門，化導眾生」。

依天臺宗之教義，於法性心本具淨善法門與穢惡法門，乃凡夫與佛之所同然。於經驗生活，凡夫之所以為凡夫，則因在「迷」而每隨緣流轉。其超凡入聖之關鍵，則唯在「悟」。佛氏之所以為佛氏，即在修善既滿，復達於惡，且智照自在而不染，以「廣用諸惡法門，化導眾生」，所以極成其消融一切之普渡眾生大業。

(3)、天臺宗所言之「一念無明法性心」，其修養之圓融功夫在「不離淫怒癡為解脫」——淫怒癡即貪瞋癡之舊譯，乃佛教三毒之煩惱，犯此戒律，即是造穢惡之染業，而染業熏染種，以致永淪生死輪迴之苦海，不得解脫。

論修養功夫，依照一般之理路，應當能「離」淫怒癡，不為所染，不起所熏，以呈現其絕對性清淨心靈自己，始有解脫之可能。

天臺宗則不然，其所以主張「不離淫怒癡爲解脫」者，蓋其所透顯之心，爲「一念無明法性心」。一則，法性與無明互爲涵攝，互爲其住本；並分別爲一切法作本。再則，無明爲一切法作本、即念具一切染法；法性爲一切法作本，即理具一切淨法。夫「念具」，即心之在迷；「理具」，即心之在悟。轉迷成悟之關鍵，在於智心之觀照，即觀其假，觀其空，觀其中。淫怒癡固爲染法，「不離淫怒癡」，乃示其心之涵容既及於超越層，亦及於經驗層，並觀照其即假、即空、即中之理。如是，一則見其解心之無染；另則化其染業爲淨業。因此，「離淫怒癡爲解脫」，乃「佛爲增上慢人」所說之教，乃直覺反應形態之進路。「不離淫怒癡爲解脫」，蓋「佛說淫怒癡性即是解脫」，斯爲圓融境界形態之進路。

大正本、大藏經、第三十三冊、第七八八頁、下欄，智顗說、妙法蓮華經玄義、卷第九上，有所謂「不斷斷」者之功夫語。此一功夫語之涵義，可以分析如下：①、「斷」者，意謂斷淫怒癡之執，斷無明心之迷。此即佛教共通所必須；亦即天臺宗「佛爲增上慢人」所教之「截斷眾流」（此借用唐、雲門禪師語）修養功夫。②、「斷斷」者，乃謂「斷」此「所應斷」者；此斷之之斷，稱爲「思議斷」。③、「不斷斷」者，則謂「不斷」此「所應斷」者；爲實踐此一修養功夫，應當先通過「斷此所應斷」（「斷斷」）者之過程，然後始能眞正達到此一「不斷」此「所應斷」者之大自由大自在境界。於此境界，客觀上爲「不離淫怒癡爲解脫」，主觀上則「解心無染」。此即天臺宗「不斷斷」，又稱「不思議斷」、「圓斷」，以「隨波逐浪」（此借用唐、雲門禪師語）之修養功夫。

(4)、天臺宗所言之「一念無明法性心」，其修養之渾化功夫在「性修不二」——大正本、大藏經、第四十六冊、第七一三頁、上欄，宋、知禮述、十不二門指要鈔、曰：「修，謂修治造作，即變造三千；性，謂本有不改，即理具三千。」夫天臺宗標舉「性具法門」，即其法性本具六道九界之穢惡法門、與佛界之淨善法門。亦即法性本具三千世間之善惡諸法。此本具之三千世間善惡諸法，即是一切眾生之性德。

「修」者，「謂修治造作，即變造三千」，此乃落在經驗生活言之，並「藉智起修」，即藉般若智之觀照而持修。而「修」又有順修、逆修兩路數。

①、「順修」——所謂「順修」，即「了性爲行」。夫性既本具三千淨善法門，於智照之下，不捨不著，實踐於經驗生活，造淨善之業，薰淨善之種。則本具三千淨善法門之法性，即假、即空、即中，呈現於經驗生活，此爲承性體以起修用。反之，經驗生活中之三千淨善法門，於不捨不著之智照下，即假、即空、即中，皆涵攝以歸諸此本具三千淨善法門之法性，此爲攝修用以歸性體。故曰「性修不二」。

②、「逆修」——所謂「逆修」，即「背性成迷」。蓋性亦本具三千穢惡法門，如果法性在「迷」，則與之互爲涵攝之無明心爲一切法作本，落在經驗生活中，即三千諸法唯「念」所造。夫念造三千，是爲無明心之起染用，造染業，熏染種，以致隨煩惱、生死之緣而流轉。此即法性本具三千穢惡法門呈現於經驗生活之「惡」。「逆修」，即逆惡而修，亦即所謂「修惡」。由於眾生之在世間，舉凡起居生活、人情往來、設施作爲、……或造淨業，或造染業，實不可免，以致煩惱之惑，生死之緣，其不能斷。修之之道，唯在自覺透顯其觀照智慧，於覺智觀照之下，觀其假，照其空，悟其中，不捨不著。不捨不著，則「解心無染」；

觀其假，照其空，悟其中，則三千諸法，爲念所造者轉爲唯智所具。如是，始爲轉迷成悟，化惡爲善；然後可以言「煩惱即菩提」，「生死即涅槃」。天臺宗之性既本具三千穢惡法門，呈現於經驗生活，即是念造三千之「惡」。逆此惡法而修，即以覺智之即假、即空、即中以觀照之，則三千諸法，爲念所造，轉爲唯智所具。故此智觀之逆修，即見其法性之呈現，呈現之法性，亦見諸逆修之智觀。故曰「性修不二」。

「順修」，即順善而修，此爲直截之路數，非佛氏豈能至？「逆修」，乃逆惡而修，此爲曲折之路數，是眾生所共由。蓋六道眾生，既屬穢惡法門，即念造三千；及其一旦通過覺智之觀照，而轉爲智具三千，以化惡爲善。則此轉化之過程，誠爲天臺宗修養功夫之必要經驗與極成價值。

## 第三節、華嚴宗所言之「如來藏自性清淨心」

華嚴宗乃以大方廣佛華嚴經爲依據之聖典，故稱「華嚴宗」。華嚴經相傳爲釋迦牟尼佛成道後，爲弟子文殊、普賢等菩薩所說，旨在闡明法界自在無礙法門，故名「法界宗」。華嚴宗之師承，乃緣於華嚴經，於東晉、安帝、義熙年間，由佛陀跋陀羅初譯流傳於中國。陳、隋之間，杜順禪師於終南山，弘揚華嚴教義，立華嚴宗之端緒，爲華嚴初祖。杜順傳智儼，宗風漸振，爲二祖。智儼傳賢首法藏，（唐、武后時稱賢首國師）則華嚴一宗之教相觀門，臻於周備，爲三祖。以其眞正完成華嚴理論，故亦稱「華嚴太祖」。

## (一)、華嚴宗所言之「如來藏自性清淨心」之性質

華嚴宗之學脈，蓋由於佛教傳入中國，至南北朝之陳，有①、地論師之相州北道「道寵派」，主張以阿賴耶爲依持，而阿賴耶爲眞妄和合識，故偏於妄心派。②、地論師之相州南道「慧光派」，主張以眞如爲依持；蓋以前五識與第六意識爲前六識，第七識爲染汙識，第八識則爲眞如淨識，故偏於眞心派。③、眞諦譯攝大乘論，夫無著之攝大乘論，原屬於妄心系，即以妄心爲主，以正聞熏習爲客之思想；而眞諦之思想則嚮往眞心系，於譯攝大乘論時益以己意，稱阿賴耶識爲以解爲性，曰「解性賴耶」，亦即自性清淨心，爲生死流轉之因，亦爲涅槃還滅之因。又，眞諦於譯決定藏論時，安立一第九「阿摩羅識」，爲眞常、無漏之識心，亦即自性清淨心。④、陳、隋間有大乘起信論者，大正本、大藏經、第三十二冊、署名馬鳴造，眞諦譯，相傳或爲眞諦所作，但後人多疑之。大乘起信論會通歷來之「如來藏」與「自性清淨心」，爲「如來藏自性清淨心」，並申一心開二門，即「心眞如門」與「心生滅門」，以各總攝一切法。以上，爲唯識學興於陳、隋間之概況。

逮乎唐初太宗時，玄奘大師之弘揚唯識學，立唯識宗，乃遵循妄心系之阿賴耶緣起之路數所發展而至者。

至唐、武后時，賢首法藏始完成理論之華嚴宗，乃遠奉大方廣佛華嚴經爲依據聖典，並勝鬘師子吼一乘大方便方廣經，近承陳、隋間地論師、攝論師、(眞諦屬攝論師)及大乘起信論之眞心系，以如來藏自性清淨心涵攝阿賴耶識，爲如來藏緣起之形態。

大正本、大藏經、第十一冊、第六七七頁、下欄，唐、菩提流志重譯、大寶積經、卷一一九、勝鬘夫人會、曰：「如來藏者，是法界藏，是法身藏，出世間藏，性清淨藏。」

大正本、大藏經、第十二冊、第二二一頁、下欄，南朝宋、求那跋陀羅譯、勝鬘師子吼大方便方廣經、空義隱覆眞實章、第九、曰：「世尊！如來藏智是如來空智。……世尊！有二種如來藏空智。世尊！空如來藏，若離、若脫、若異，一切煩惱藏。世尊！不空如來藏，過於恆沙，不離、不脫、不異、不思議佛法。」

大正本、大藏經、第十二冊、第二二二頁、中欄，南朝宋、求那跋陀羅譯、勝鬘師子吼大方便方廣經、自性清淨章、第十三、曰：「世尊！生死者依如來藏。……世間言說，故有死有生，死者謂根壞，生者新諸根起，非如來藏有生有死。如來藏者，離有爲相，如來藏常住不變，是故如來藏是依、是持、是建立。」

大正本、大藏經、第三十一冊、第八一三頁、下欄，後魏、勒那摩提譯、究竟一乘寶性論、一切衆生有如來藏品、第五、曰：「問曰：『云何得知得一切衆生有如來藏？』答曰：『偈言：「一切衆生界，不離諸佛智，以彼淨無垢，性體不二故。依一切諸佛，平等法性身，知一切衆生，皆有如來藏。……不善思惟行，住清淨心中，自性清淨心，不住彼諸法。」』」

大正本、大藏經、第三十二冊、第五七六頁、上欄，相傳馬鳴造、眞諦譯、大乘起信論、解釋分、曰：「顯示正義者，依一心法有兩種門。云何爲二？一者心眞如門，二者心生滅門。是二種門皆各總攝一切法。此義云何？以是二門，不相離故。

大正本、大藏經、第四十五冊、第五一八頁、中欄，唐、智儼、華嚴一乘十玄門、第九、曰：「……所言唯心迴轉者，前諸義教門等，並是如來藏性清淨眞心所建立。若善若惡，隨心所轉，故云迴轉善成。心外無別境，故言唯心。若順轉，即名涅槃，故經云心造諸如來。若逆轉，即是生死，故經云三界虛妄，唯一心作。生死涅槃，唯一心作。生死涅槃，皆不出心。是故不得定說是淨及與不淨。故涅槃云，佛性非淨亦非不淨。淨與不淨皆唯心，故離心更無別法。」

大正本、大藏經、第三十一冊、第四八五頁、上欄，唐、法藏述、華嚴一乘教義分齊章、卷第二、曰：「如勝鬘經說，依如來藏有生死，依如來藏有涅槃等。乃至廣說。是故當知二門別也。若依頓教，即一切法唯一眞如心，差別相盡離言絕慮，不可說也。」

⑴、華嚴宗所言之「如來藏自性清淨心」，乃經長期孕育、發展而完成——印順法師，著有如來藏之研究一書，對「如來藏」與「自性清淨心」之孕育與發展，有極詳盡之述論，茲摘其要義如下：

「如來藏」，①、其說之興起，約在西元三世紀，從初期大乘進入後期大乘之階段。其時之大乘經，有「般若」與「華嚴」兩大流。②、「般若經」僅言「一切法本空，一切法本淨」，並未提及「如來藏」。而心性則屬於一切法爲一切法所涵攝，亦未特言心性之本淨。

③、「大方廣佛華嚴經」，晉、佛陀跋陀羅譯本，寶王如來性起品之末，提及「如來藏」一觀念。是品，晉、法護譯本，唐、實叉難陀譯本，品名皆有所不同；「如來藏」一觀念，亦別譯爲「如來祕奧之藏」，「諸佛微密法藏」。因此，印順法師以爲華嚴經僅爲含蓄「如來藏」說而已，「如來藏」之觀念並未成熟。④、勝鬘師子吼大方便方廣經始以「如來藏」爲「自性清淨心」，立空如來藏、不空如來藏。⑤、究竟一乘寶性論，不屬瑜伽學派，（即唯識學派）但受瑜伽學派之影響，以爲眾生在煩惱覆藏中，有本性清淨之如來。⑥、眞諦譯攝大乘論，將寶性論之「如來藏」說，與瑜伽學派之「阿賴耶識」說相結合。蓋瑜伽學派以爲一切眾生有「如來藏」，此「如來藏」即阿賴耶識之「圓成實性」，亦即「眞如性」。（此「眞如性」賢首大師稱之爲「凝然眞如」。）而眞諦則將瑜伽學派所言阿賴耶識之眞如性，（圓成實性）釋爲「解」性，故稱「解性賴耶」。並即此解性賴耶之眞如性加以點化，立爲第九、阿摩羅識。⑦、大乘起信論，（或以爲眞諦所作，但後人多疑之。）以如來藏清淨心爲主體，進而言一心開二門，一者心眞如門，二者心生滅門，則眞心、妄心盡爲所涵，淨法、染法皆爲所攝。

「自性清淨心」，①、阿含經中首先提出「心性本淨，客塵所染」之說。②、初期大乘經之般若經，言「一切法本空，一切法本淨」，當然涵攝所屬於「法」之心性亦本空、本淨。此本空、本淨，僅形容般若智所觀照之一切法，包括心性，不捨不著，歸於實相自己之相狀而已。此外別無莊嚴功德。③、勝鬘經既以「如來藏」爲「自性清淨心」，並立空如來藏、不空如來藏。則不空如來藏一層面所示之自性清淨心，實具足無量數之清淨莊嚴功德。是爲其豐富之價值內容。（以上兩段，乃摘錄自印順法師、如來藏之研究一書諸有關章節而寫成。）

華嚴宗乃繼眞諦及大乘起信論，承勝鬘經以言「如來藏自性清淨心」。勝鬘經既以如來藏爲自性清淨心，並立空如來藏與不空如來藏。承之者之眞諦與大乘起信論，所處之時代陳隋間，正是妄心說與眞心說之對立。①、妄心系即唯識學派（瑜伽學派）以「阿賴耶識」爲內在主體，而言「阿賴耶緣起」，順此一系義理之發展，而大成於唐初玄奘之唯識宗。（法相宗）②、眞心系則有地論師之相州南道慧光派，攝論師眞諦超轉第八阿賴耶識，另安立第九阿摩羅識，以及大乘起信論之一心開二門。華嚴宗即繼之選取以「如來藏自性清淨心」爲內在主體，而言「如來藏緣起」。

(2)、華嚴宗所言之「如來藏自性清淨心」，爲通體達用，體用一如之全幅清淨——勝鬘經既以「如來藏」即是「自性清淨心」。而大正本、大藏經、第三十一冊、第七九五頁、下欄，世親造、眞諦譯、佛性論、顯體分第三、如來藏品第三，以「如來藏」涵有三義，即：所攝藏、隱覆藏、能攝藏。但世親之學乃屬於唯識系，其意旨當在著落於阿賴耶識之圓成實性上；今言華嚴宗者，或可取其有所相通之涵義以相襯顯。

華嚴宗所言之「如來藏」者，「如」是眞如，是一切法之實相，即一切法之眞實、普遍超越體性。「來」是對眞如之圓滿體現者。諸佛圓滿體現眞如，故稱「如來」。圓滿體現眞如之諸如來佛，主觀上是具足如如智，客觀上是呈現如如境；如如境爲如如智所涵攝，故不二亦不一。「藏」是涵容在內。是以「如來藏」當指諸佛所體現之一切衆生所具足之超越體性，亦即所謂眞如。

如來藏既然當指一切衆生所具足之超越體性、所謂眞如，故亦即大正本、大藏經、第三十二冊、第五七六頁、上欄，相傳馬鳴造、眞諦譯、大乘起信論、解釋分、所謂之「一法界大總相法門體」。而圓瑛、大乘起信論講義、第五十頁，對此一語之疏解、曰：「一法界者，即無二眞心，平等一相，爲萬法之所因依；界即因義，一切聖凡依正因果，莫不依此而得建立。無法不收，無法不攝，故云大。不取別相，故云總相。法者，軌生物解。門者，通入涅槃。舉此一心，通攝二門，二門不出一心，爲顯是義，故言體也。」據此，可以藉以詮釋本節前文所引資料、勝鬘夫人會所言之「如來藏」所涵諸義：

①、「如來藏」是「法界藏」——自萬法之立場言之，如來藏是萬法所依之體，萬法無不爲所收、攝。此萬法所依之體，即是所謂法界，爲萬法所依，故稱「法界藏」。

②、「如來藏」是「法身藏」——自眾生之立場言之，眾生亦萬法之屬，亦依如來藏，且攝具如來藏。諸佛圓滿體現此如來藏，呈現其法身，是其法身即如來藏。蓋隱名如來藏，顯名法身，故名「法身藏」。

③、「如來藏」是「出世間藏」——如來藏既爲萬法及眾生之所依所具，而萬法與眾生係屬於世間之具體存在，則其所依所具之如來藏，當爲出世間之超越存在，故謂「出世間藏」。

④、「如來藏」是「性清淨藏」——如來藏既爲出世間之超越存在，凡出世間之超越存在，皆無所染汙，皆爲絕對性之清淨，故爲「性清淨藏」。

諸佛之體現如來藏，即透顯眞如心，轉出如如智。如如智，即如其所如之智。如其所如之智照，即在捨離虛妄分別、煩惱執著，返歸於絕對性寂靜如來藏自己。此所返歸之絕對性寂靜如來藏自己，即是如其所如之如如境之呈現。此如如智所照而呈現之如如境，即示心體之自性清淨。是以自一切眾生所具足之超越體性言之，爲如來藏。由諸佛透顯其眞如心，轉出如如智，呈現如如境，所證顯者則爲自性之清淨。蓋通體達用，體用一如，而全幅清淨，故而名之爲「如來藏自性清淨心」。

(3)、華嚴宗所言之「如來藏自性清淨心」，爲生死、涅槃之所依止——如來藏自性清淨心，既然，相應萬法而言，爲其超越體性；相應眾生而言，爲其內在主體。依佛教之教義，所謂萬法包含眾生，於具體世界，莫非因緣和合，即緣聚而起，緣散而滅，於眾生則稱生死。其實，據勝鬘經，「死者謂根壞，生者新諸根起」，（見本節前文所引資料）引而申之，方其「新諸根起」之生，亦難免有無明煩惱，造作諸業，而隨緣流轉，以致沉淪苦海，甚至永墮輪迴。凡此因緣聚散，無常生死，僅爲世間之偶然現象，其本質則爲超越層之體性，所謂自性清淨之如來藏，而世間萬法之起滅，眾生之生死，無不以此如來藏自性清淨心爲依止。而如來藏自性清淨心則爲恆常、清淨、普遍者；既爲萬法之超越體性，故爲萬法起滅、眾生生死之所依止。

眾生既然有生有死、有死有生，而輪迴不已，以致沉淪苦海；超拔之道，唯在「了生死，入涅槃」。夫涅槃者，煩惱既滅，惑業已盡，自生死、輪迴之苦海中解脫，臻於大自在之境界。此大自在之涅槃境界，乃涵有常、樂、我、淨四德，即眞如之別名，亦即萬法之超越體性。華嚴宗以此超越體性而內在安立，即是如來藏自性清淨心。故涅槃境界之呈現，即是如來藏自性清淨心之呈現，是以如來藏自性清淨心亦爲涅槃所依止。

如來藏自性清淨心，既爲生死所依止，復爲涅槃所依止，印順法師、如來藏之研究、第六章、第四節、第一八〇頁、曰：「依如來藏才能善說衆生有生死、涅槃，如來藏是生死與涅槃的依止。從生死而轉爲涅槃，就是如來藏轉依，轉生死依爲涅槃依。」如來藏自性清淨心，既然是轉生死爲涅槃之「轉依」，則爲超凡入聖之關鍵，爲成佛之內在根據。

(4)、「如來藏自性清淨心」爲一切衆生所具足——如來藏自性清淨心，既然是萬法之超越體性，是衆生之內在主體。（參見上文）一切衆生既爲萬法超越體性之如來藏自性清淨心所涵攝，因此，萬法超越體性之如來藏自性清淨心，亦爲一切衆生所具足。又者，既然，如來藏自性清淨心是轉生死爲涅槃之轉依，爲超凡入聖之關鍵，爲成佛之內在根據，而且爲一切衆生所具足，則原則上一切衆生皆可成佛。

## (二)、華嚴宗所言之「如來藏自性清淨心」之內容

大正本、大藏經、第九冊、第六一四頁、上欄，東晉、佛馱跋陀羅譯、大方廣佛華嚴經、寶王如來性起品、第三十二之一、曰：「……如來智慧應化不同。佛子，如來性起正法，一切如來智慧光明所起，一切如來一味智慧，出生無量無邊功德。」

大正本、大藏經、第十二冊、第二二一頁、下欄，宋、求那跋陀羅譯、勝鬘師子吼一乘大方便方廣經、空義隱覆眞實章、第九、曰：「世尊，有二種如來藏空智。世尊，空如來藏，若離若脫若異一切煩惱藏。世尊，不空如來藏，過於恆沙，不離不脫不異不思議佛法。」

大正本、大藏經、第三十二冊、第五七六頁、上欄，相傳馬鳴造、眞諦譯、大乘起信論、解釋分、曰：「顯示正義者，依一心法有二種門。云何爲二？一者心眞如門，二者心生滅門。是二種門，皆各總攝一切法。此義云何？以是二門，不相離故。心眞如者，即是一法界大總相法門體。所謂心性，不生不滅。一切諸法，唯依妄念，而有差別，若離心念，則無一切境界之相。是故一切法，從本已來，離言說相，離名利相，離心緣相，畢竟平等，無有變異，不同破壞，唯是一心，故名眞如。……復次，此眞如者，依言說分別，有二種義，云何爲二？一者如實空，以能究竟顯實故。二者如實不空，以有自體，具足無漏性功德故。」

大正本、大藏經、第三十一冊、第四八五頁、上欄，唐、法藏述、華嚴一乘教義分齊章、卷第二、諸教所詮差別、第九、曰：「故勝鬘中云，『不染而染』者，明隨緣作諸法也；『染而不染』者，明隨緣時不失諸性。由初義，故俗諦得成；由後義，故眞諦復立。如是，眞俗但有二義，無有二體，相融無礙，離諸情執。」

大正本、大藏經、第三十一冊、第四八七頁、下欄，唐、法藏述、華嚴一乘教義分齊章、卷第二、諸教所詮差別、第九、曰：「……故佛性論云，『自性清淨心名爲道諦』，又涅槃經云，『佛性者名第一義空，第一義空名爲智慧』。此等並就本覺性智說爲性種，其習種亦從眞如所成故。」

大正本、大藏經、第四十五冊、第六七二頁、上欄，唐、澄觀述、華嚴法界玄鏡、卷上、曰：「言法界，一經之玄宗，總以緣起法界不思議爲宗故。然法界之相要唯有三，然總具四種：一事法界，二理法界，三理事無礙法界，四事事無礙法界。」

⑴、華嚴宗所言之「如來藏自性清淨心」，所空者爲妄念計執，所不空者爲恆沙無量無漏清淨功德——華嚴宗之如來藏自性清淨心，既是繼承華嚴經、勝鬘經、大乘起信論一系所發展而至者，則如來藏自性清淨心之內容、功能，亦爲順是逐漸孕育而成。

勝鬘經言「空如來藏」、「不空如來藏」。所謂「空如來藏」，即以如來藏爲主體，而「空」卻妄念煩惱，離一切迷染計執諸差別相，而反顯其眞如實相。所謂「不空如來藏」，即如來藏具有恆沙無量無漏清淨功德。是以勝鬘經所言之空不空如來藏，即是捨妄歸眞，此之謂「眞空」，而眞空實充滿無限豐富內容，此之謂「妙有」。諸佛圓滿體證此空不空如來藏之眞空妙有，所呈現者則爲「法身」。

大乘起信論繼勝鬘經，言「如來藏」，言「自性清淨心」，並分析之曰：一心開二門，即心眞如門，心生滅門。其義可有下列數端：①、「心眞如門」者，或曰心眞如，或曰眞如心，乃由眞如之體性義，轉出心之主宰義。大乘起信論以眞如心有二種義：一者「如實空」，乃謂其「空」諸妄染，而顯其實相。二者「如實不空」，以示其體性中具足無漏性功德。②、「心生滅門」者，或曰心生滅，或曰生滅心。生滅心乃以如來藏爲所依之憑依因。如來藏爲不生不滅。而生滅心爲能依，生滅心乃憑依如來藏而起生滅。如來藏之不生不滅，與憑依之以起現之生滅和合，名爲「阿賴耶識」。（此義之阿賴耶識，與唯識宗義之阿賴耶識，有所不同。）

阿賴耶識所憑依之不生不滅，與憑依之所起之生滅，二者和合，非一亦非異。[84]③、「一心」者，即是如來藏自性清淨心，開二門，即開出其二層面。「眞如心」乃指此一心之超越層面「眞心」，亦即指如來藏自性清淨心之體性自己，故謂爲「一法界大總相法門體」，所以總攝一切涅槃還滅之清淨功德法。「生滅心」乃以此「一心」爲憑依，因無明所介入，而起現之經驗層面「妄心」。亦即憑依此「一心」而總攝（於「一心」之如來藏自性清淨心，或指如來藏自性清淨體性自己之眞如心，則爲兼攝。）一切生死流轉染汙法。

(2)、華嚴宗所言之「如來藏自性清淨心」，乃「隨緣不變，不變隨緣」——「如來藏自性清淨心」，依勝鬘經，言「不染而染，染而不染」。依大乘起信論，則言一心開二種門，即眞如門與生滅門，而皆各總攝一切法。華嚴宗賢首大師則承之言「隨緣不變，不變隨緣」。①、「隨緣」者，乃承「不染而染」言，即如來藏自性清淨心（眞如心）在迷，無明介入，轉出生滅心，落入經驗層，隨染淨緣，造染淨業，起染淨法。②、「不變」者，乃承「染而不染」言，即如來藏自性清淨心（眞如心）在覺，於超越層，保持其清淨之自性。

(3)、華嚴宗所言之「如來藏自性清淨心」，統攝「法界緣起」——先是以大乘起信論爲代表，言「眞如緣起」。所謂「眞如緣起」，眞如，乃一切法之實相，亦即一切法之體性，相應一切法，爲超越而普遍之存在，爲清淨而智慧之境界。大乘起信論言一心開二門，一心即如來藏自性清淨心，二門即眞如門與生滅門。眞如門或曰眞如心，乃即如來藏自性清淨心

[84] 參見圓瑛、大乘起信論講義、卷上、第十八頁。

之超越體性一層面，所謂眞如者以言心。眞如心總攝一切涅槃還滅清淨功德法。生滅門或曰生滅心，乃謂如來藏自性清淨心之在迷而不覺，亦即眞如心爲無明介入所覆，而憑依眞如心，以間接起生滅。(念)如果是隨染緣，造染業，爲染熏，則淪於經驗層之生死流轉；如果是如來藏自性清淨心之覺，眞如心之悟，無明既遮，以隨淨緣，造淨業，爲淨熏，則回歸超越層之涅槃還滅。此所回歸之超越層涅槃還滅，即是如如智所遍照之如如境之證顯，即眞如心之直接呈現。依上所述，隨染淨緣起染淨法之所謂「緣起」者，如果是憑依眞如心，則爲「眞如緣起」；如果是憑依眞如性，(法身)則爲「性起」；如果是憑依如來藏自性清淨心，則爲「如來藏緣起」。

華嚴宗乃繼眞如緣起之說，而言「法界緣界」。所謂「法界」者，可有二義：①、就事言，「界」即「類」之意，法界即法類。一切法各有其定體，各有其現象，各自成一品類，故各自成一法界。又總一切法之整全而言之，亦爲一法界。②、自理言，「界」指一切法之體性，(法性)即一切法之實相，即狀其眞眞實實超越存在之眞如。蓋姑稱其自成一類，故亦爲一法界。依此，自理言之「界」，又涵有「因」義，由於一切法之體性、眞如實相，乃一切法之所依，或爲直接之生因，或爲間接之憑依因。是故可以言「法界緣起」。華嚴宗言「法界緣起」，乃析之爲所謂「四法界」，即：

①、事法界——宇宙、世間之一切事象，如水流花開，家齊國治等，變動不居者，皆爲事象，各自成爲一法類，故各爲一事法界。又總宇宙、世間之一切事象，而總名之爲一事法界。

②、理法界——宇宙、世間事法界之一切事象，莫非因緣和合，無有自性；但自其本質觀之，乃以「空」爲性，此空性、空理即一切法普遍而超越之體性、實相，所謂眞如是也。此之謂理法界。

③、理事無礙法界——一切變動不居之事法界諸事象，皆從理法界之眞如或間接緣起，或直接現起。是以承理法界之體，乃起事法界之用；即事法界之用，則見理法界之體。夫事法界與理法界，相即相入，不一不二，是爲理事無礙法界。

④、事事無礙法界——據理事無礙法界，事法界之一切事象，皆爲理法界之眞如所或間接緣起，或直接現起；是故事法界之一一事象，莫不具足理法界之眞如，以爲體性。既然事法界之一一事象，莫不具足理法界之眞如，以爲體性，則，莫不具足理法界之眞如以爲體性之事法界一一事象，因各皆具足理法界眞如以爲體性之「同質性」，而相融相攝，即，一切事象融於一事象，一事象攝具一切事象。故設因陀羅網之喻，即帝釋天（因陀羅）宮殿中所懸之網，珠玉交絡，相互映照。一一珠中現一切珠影，一切珠影之中復現一切珠影，重重相現，無盡無數。是爲事事無礙法界。

凡此，四法界者，所以窮盡宇宙、世間之現象界與實相界兩層次諸境域，並渾然攝歸爲一「法界」。法界，既爲渾然攝歸現象界與實相界，其終極所趣，則在如來藏自性清淨心，故曰「一心法界」。又者，「法界」之「界」有因義，（參見前文）即一切法之體性、如來藏自性清淨心，爲一切法之所依，則或爲間接之憑依因，或爲直接之生因。「法界緣起」乃所以說明如來藏自性清淨心，或間接變現一切法，或直接起現一切法；因此，一切法皆爲如來藏自性清淨心所涵攝，以為豐富之內容。

(4)、華嚴宗所言之「如來藏自性清淨心」，其自性即是「本覺性智」——既然，據大乘起信論、解釋分，依如來藏開不生不滅之眞如心，與生滅之生滅心；而不生不滅與生滅和合，（眞心與妄心和合）名「阿賴耶識」。（此大乘起信論之義，與唯識宗所言者有所不同）至於阿賴耶識，則有覺與不覺二義。覺，又分為本覺與始覺。夫覺與不覺，皆屬於生滅之生滅心阿賴耶識。阿賴耶識固為生滅無常者，然亦與不生不滅之眞如心和合。故「不覺」者乃指眞如心在迷，而生滅心之阿賴耶識隨緣起念。至於「覺」者，誠亦與不覺同屬生滅心之阿賴耶識，而其「覺性」則憑依不生不滅之眞如心，為眞如心之性德，故曰「本覺」。本覺之所以能覺，乃在眞如心如如智之遍照，如如境之呈現，故曰「本覺性智」。由於本覺性智內熏之功力，於生滅心阿賴耶識之「本覺」自我向上超轉，起現為「始覺」，是為「一心」之悟。反之，不覺者，即生滅心阿賴耶識，停滯在經驗生活，無明介入，覆蓋眞如，隨緣以流轉，是為「一心」之迷。大正本、大藏經、第四十四冊、第二五〇頁、中欄，賢首法藏撰、大乘起信論義記、卷上、曰：「是心則攝一切世間出世間法，次攝一切世出世法，辨法功能。以其此心體相無礙，染淨同依，隨流返流，唯轉此心。是故若隨染成於不覺，則攝世間法；不變之本覺，乃返流之始覺，攝出世間法。此猶約生滅門辨，若約眞如門者，則鎔融含攝染淨不殊，故通攝也。」

## (三)、華嚴宗所言之「如來藏自性清淨心」之修養

華嚴宗言如來藏自性清淨心，既是通過歷史發展所孕育而成者，則其修養功夫，亦爲散見於各階段之典籍。

大正本、大藏經、第三十一冊、第五一二頁、中欄，杜順說、華嚴五教止觀、第五、曰：「但法界緣起，惑者難階，若先不濯垢心，無以登其正覺。……故維摩云，無以生滅心行說實相法故，須先打計執，然後方入圓明。」

大正本、大藏經、第三十一冊、第八九五頁、下欄，堅慧菩薩造、大唐、于闐三藏、提雲般若譯、大乘法界無差別論、（一名如來藏論）曰：「……此善法如實眞如法界自性清淨心相應法體，我依此自性清淨心，爲衆生故說爲不可思議。……此復云何？在不淨時煩惱所染，猶如重雲掩覆麗日。自性清淨心無有所染，客塵煩惱既除遣已，日輪晃曜遍滿空。」

大正本、大藏經、第三十二冊、第五七九頁、下欄，相傳馬鳴菩薩造、陳、眞諦譯、大乘起信論、解釋分、曰：「復次顯示從生滅門，即入眞如門。所謂推求五陰，色之與心，六塵境界，畢竟無念。以心無形相，十方求之，終不可得。如人迷故，謂東爲西，方實不轉，衆生亦爾。無明迷故，謂心爲念，心實不動，若能觀察，知心無念，即得隨順，入眞如門故。」

大正本、大藏經、第九冊、第四八二頁、中欄，東晉、佛䭾跋陀羅譯、大方廣佛華

嚴經、卷第十三、如來昇兜天宮一切寶殿品、第十九、曰：「……令一切眾生皆大歡喜，不斷一切種智，住佛所住於三世，住佛家生無盡眾生皆令清淨，悉令生出一切菩薩清淨智慧，發起一切菩薩諸根。」

大正本、大藏經、第三十四冊、第一七一頁、上欄，唐、湛然述、法華文句記、卷第一下、曰：「眞如在迷，能生九界。即指果佛爲佛法界，故總云十。是故別人覆理無明爲九界因，故下文自行化他皆須斷九，九盡方名緣了具足，足故正因方乃究顯。」

(1)、華嚴宗所言之「如來藏自性清淨心」，或悟或迷，其關鍵在於「覺」或「不覺」——如來藏自性清淨心之「覺」或「不覺」，固屬於眞妄和合之生滅心阿賴耶識，(此華嚴宗承大乘起信論所言者，與唯識宗所言者有所不同) 而其覺之「覺性」，則憑依於眞如心。

如果，如來藏自性清淨心在「迷」，乃由於無明介入，客塵所染，則陷於經驗層之阿賴耶識(華嚴宗義者，參見前文)「不覺」，而隨緣起念，爲「識起」、「念起」，以造作諸業。諸業復熏阿賴耶識。(華嚴宗義者，參見前文) 夫如是輾轉反復染熏，以致永墮生死流轉。

如果，如來藏自性清淨心在「悟」，即本覺性智之遍照，呈現內熏之功力，而爲「性起」。(此義參見前文) 而阿賴耶識則憑依此本覺性智，起現其「本覺」爲「始覺」，破無明，自我超轉，臻於超越層之如來藏自性清淨心自己。於是一切妄念、計執，當體寂滅，一切法界緣起諸差別相，亦當體泯滅，莫不融攝於如來藏自性清淨心之中，是爲涅槃還滅。

(2)、華嚴宗所言之「如來藏自性清淨心」，其透顯絕對性自己，必須「斷九界」——

既然，如來藏自性清淨心之不覺，即轉出經驗層之阿賴耶識，（華嚴宗義者，參見前文）以統攝一切生死流轉法；如來藏自性清淨心之覺，則歸於超越層之自己，而涵具一切涅槃還滅法。

夫華嚴經有「十界」之稱，十界即指地獄、餓鬼、畜生、修羅、人間、天上、（以上稱六凡）聲聞、緣覺、菩薩、佛。（以上爲四聖）十界，又以佛界爲淨善法，而其餘之地獄、餓鬼、畜生、修羅、人間、天上、聲聞、緣覺、菩薩計九界，屬穢惡法。九界之所以屬穢惡法，乃以無明未能破除，而致眞如爲所覆蔽。

蓋眞如者，乃萬法之實相，亦即大乘起性論所謂之「一法界大總相法門體」，其內容即「恆沙無量無漏清淨功德」，此眞如之理，此如來藏自性清淨心之理。華嚴宗即以如來藏自性清淨心爲內在之絕對性主體，由佛界之諸佛所證顯者。華嚴宗之理想境界，既在透顯此內在絕對性主體之如來藏自性清淨心，故其修養功夫，主觀上必須破無明，客觀上則在「斷九界」。蓋如來藏自性清淨心之理，爲九界所憑依，是以如果如來藏自性清淨心在「迷」，則能生九界，如來藏自性清淨心之理亦反爲九界所覆。因此，必須緣如來藏自性清淨心之理，而斷九界，始能透顯如來藏自性清淨心爲內在絕對性主體，故天臺宗判之爲「緣理斷九」。

總之，華嚴宗如來藏自性清淨心之修養，其外緣功夫，主觀上在破無明，客觀上在斷九界。其自性功夫，在呈現本覺性智，以遍照經驗生活，涵攝一切法，消融一切法，以透顯其絕對性自己，斯乃超凡入聖之義理途徑。

# 第六章、牟宗三先生為人類所拓展之「心靈宇宙」

（本章之綱要，已發表於鵝湖雜誌社等，於民國八十四年十二月三十日、在臺北市、國立臺灣師範大學、國際會議廳、所舉辦之「牟宗三先生與中國哲學之重建」之學術會議。）

**本章主旨**　牟宗三先生馳思於中外古今之學術者數十年，夫運巨椽以解析、批判，抒慧思而會通、創造。其間，已為人類拓展一「心靈宇宙」。於是，人類之「心靈宇宙」已全幅顯豁矣；而道德領域之呈現，自然世界之開發，人文事業之實踐，則盡為此「心靈宇宙」所涵攝焉。本章之主旨，乃在嘗試介紹此「心靈宇宙」之大略。至於或有未諦、未逮之處，則當為筆者之過也。

「心靈之學」，經過牟宗三先生數十年以來之開拓，總持言之，已展現出三層面，即：

①感性層、②知性層、③悟性層。而古今中西聖哲所講論者，盡涵其中矣。

牟宗三先生、認識心之批判、第一卷、第三章、第一節、四、第一〇六頁、[85]曰：「中土聖哲之言心，只有經驗的或心理的心，與道德的天心（即良知）之別；而無邏輯的心一義。」

牟宗三先生、歷史哲學、第三部、第二章、第三節、第一五六頁、[86]曰：「依西方的哲學，人心之知性，其了解外物而成知識，一方必須有『感覺的直覺』供給材料，即依感覺的直覺而與外物接觸。一方知性本身之活動亦必須是辨解的，即遵守邏輯的理路的，因而亦必使用概念。這是總持的說法。」

牟宗三先生參照省察中西聖哲所透顯之「心靈之學」，以爲我華族所體現者爲「道德心靈」與「經驗心靈」，所未開發者爲「知性心靈」，反觀西方學者所盛言者爲「知性心靈」，並兼賅「經驗心靈」以爲基礎。（「經驗心靈」乃屬於「知性心靈」一層面者）至於「道德心靈」則迄未悟入。

夫牟宗三先生之言「心」，一則繼承儒家傳統，一則消融西方學說，相互補足，而開拓一足以涵蓋於具體事象宇宙、純粹理性宇宙、道德理性宇宙三層面之「心靈宇宙」。於是，

---

[85] 牟宗三先生、認識心之批判，臺北市、師大美術社影印流通。

[86] 牟宗三先生、歷史哲學，臺北市、強生出版社印行，民國四十四年、六月、初版。

「心靈之學」至此可謂臻於極致也。

牟宗三先生言「心」之宏論，主要者，先是於「認識心之批判」一書、以及「現象與物自身」之第四章，提出一「認識心」，以涵蓋感性層與知性層，一則分析感性層「感性心靈」之感知外在現象諸作用，進而轉升至知性層「知性心靈」，所以貞定現象界之理則，並通過概念化之思辨而成就知識之功能。然後，則復於其上指點悟性層「道德心靈」之絕對性價值，以為形而上根據。此外，則於「歷史哲學」、「心體與性體」、「智的直覺與中國哲學」[87]、以及「圓善論」，對形而上根據之「道德心靈」諸內容、諸作用，更有透闢之展示與申述。至於「才性與玄理」所呈現之「道心」——「自然心靈」，「佛性與般若」所顯示之「佛心」——「清淨心靈」，兩者皆屬於悟性層心靈宇宙之特殊形態。又者，牟宗三先生論道講學所言及，見諸藝術欣賞、藝術創作之「藝術心靈」，則為會通於道家之「道心」——「自然心靈」，而為其所涵攝。繫屬於「政道與治道」之「政治心靈」，則為「知性心靈」之移轉於政治生活領域之運用。凡此，人類心靈宇宙之諸層次、諸條理所結構之諸內容、諸作用，已然全幅呈現矣。茲先簡列其表於下，然後據之以一一說明。

---

87 牟宗三先生、智的直覺與中國哲學，臺北市、臺灣商務印書館發行，民國六十年，三月、初版。

## 牟宗三先生為人類所拓展之「心靈宇宙」內容簡表

| 「心靈宇宙」內容所屬之學術統系 | 「心靈宇宙」內容之層面 | | |
| --- | --- | --- | --- |
| 「心靈宇宙」內容之基本模式（西方心靈屬於「認識心」） | 「智之直覺」 | 「認識心」：「超越之統覺」「想像之統覺」（「先驗之想像之統覺」「經驗之想像之統覺」） | 「直覺之統覺」（「直覺」「生理感」） |
| 儒家之心靈 | 「道德心」 | 「道德意識」 | |
| 道家之心靈 | 「道心」 | | |
| 佛家之心靈 | 「佛心」<br>①唯識宗——「凝然眞如」姑準屬此<br>②華嚴宗——「如來藏自性清淨心」<br>③天臺宗——「法性心」<br>④禪宗——「禪心」 | 第六意識——第七末那識、第八阿賴耶識，另有獨具深義者在，姑準附此。<br>「無明心」姑準屬此。 | 前五識 |
| 藝術家之心靈 | 「藝術心靈」 | | |
| 政治家之心靈 | | 「政治心靈」 | |
| 心理學之心靈之作用分層 | 悟性層 | 知性層 | 感性層 |

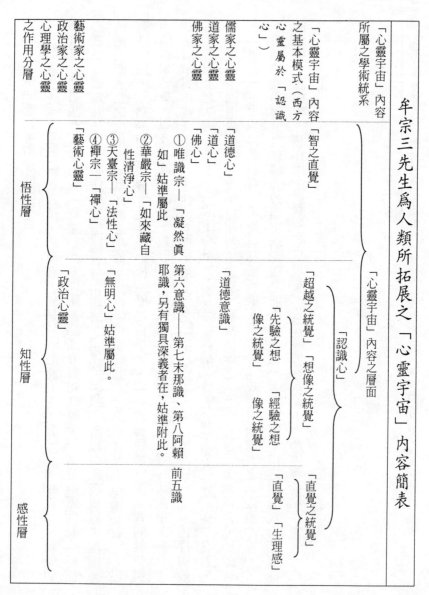

## 第一節、牟宗三先生所申述之「認識心」

### (一)、牟宗三先生所申述之「認識心」之性質

牟宗三先生、認識心之批判、序言、第四頁、曰：「主體有二：一曰知性主體，一曰道德主體。茲所言之『認識心』，即知性主體也。」

牟宗三先生、現象與物自身、第四章、5、第一三〇頁、曰：「感觸直覺即是認知心（亦曰識心）之陷於感性中。所謂陷於感性，即是隨順官覺而起用。起用者，起直接的攝取之用也。凡隨順官覺而覺者，皆是一直的，（直而無曲）故曰直覺。以隨官覺故，故曰『感觸的直覺』。」

牟宗三先生、認識心之批判、第一卷、第二章、第二節、四、第六六頁、曰：「存在的關係命題，既只是個體間的、或情態間的，而個體與情態都是經驗、或可能經驗的對象，所以整個關係命題之世界，就是這個呈現於認識心前之現實世界、或現象世界。此世界的現實性及實在性，是以生理主體之感發（原註：感是感受，發是揭發）而證實。生理主體感發之，認識心之心覺，即隨而覺知之。」

牟宗三先生、認識心之批判、第一卷、第二章、第一節、第四五頁、曰：「生理機體所接觸之生起事，名曰氣質的事，而每一氣質的事，總是隸屬於生理機體的，亦總是變化的。自其隸屬於生理機體言，是主觀的。此『主觀的』一義，可自兩層言：

一、爲生理機體所制約，而隸屬於生理主體；二、爲直覺的統覺所覺，……我之覺雖有所覺，可以直接給吾以意義。」

牟宗三先生、現象與物自身、第四章、5、第一三〇頁、曰：「……當此認知心脫離感性而爲思維主體——即知性時，它即須使用概念而顯思想之用。故思辨的知性是辨解的，而不是直覺的。」

牟宗三先生、認識心之批判、第一卷、第三章、第一節、一、第九五頁、曰：「在經驗對象之限制中，主體方面顯出一種『覺識之用』。此覺識之用，吾人名曰『認識的心』，簡名曰『識心』。識心以『覺』爲性，以『及物之了別』爲用。了者明了，別者辨別。有靈覺之性，即有了別之用。性與用非二層也。」

牟宗三先生、認識心之批判、第一卷、第三章、第一節、五、第一〇八頁、曰：「吾意心覺活動皆是統覺、故於順生理感而起者，亦名直覺的統覺。自此而躍起之記憶與想像，（經驗的或超越的）亦曰統覺。自想像之統覺而躍起者，爲理解之概念的思考，此亦名統覺。自心覺活動言，皆名統覺。惟自其層層躍起之階段上，始加限制而名以別之。」

牟宗三先生、認識心之批判、第一卷、第一章、第二節、一、第一一頁、曰：「認識心之了別作用，大體分三級：知覺、想像、及理解。綜言之，俱可曰統覺。」

綜觀牟宗三先生之言「心」，「心」唯一，其功能則分爲「認識心」、（知性層之知性主體）與「道德心」、（悟性層之道德主體）兩層面。「認識心」一層面、又依其作用分爲「直覺之統覺」、（感性層之感性作用）「想像之統覺」、（由感性層之感性作用躍起而臻於知性層之知性作用之心覺活動）與「超越之統覺」。（知性層之知性作用）此中，「直覺之統覺」復依其階次分爲「生理感」、（生理機體——五官之感觸作用）與「心覺」。（心之覺識作用）而「想像之統覺」亦依其程序分爲「經驗之想像之統覺」、（下接感性層之感性作用）與「先驗之想像之統覺」。（上通知性層之知性作用）茲嘗試列表並分析說明如下：

- 心
  - 道德心
  - 認識心
    - 超越之統覺
    - 想像之統覺
      - 先驗之想像之統覺
      - 經驗之想像之統覺
    - 直覺之統覺
      - 心覺
      - 生理感

(1)、牟宗三先生所申述之「認識心」，分爲「直覺之統覺」、「想像之統覺」與「超越之統覺」三層級——牟宗三先生分析「認識心」爲「直覺之統覺」、「想像之統覺」、與「超越之統覺」三層級，其概略已介紹於前文。

(2)、牟宗三先生所申述之「認識心」之「直覺之統覺」，其要義有三——所謂「直覺

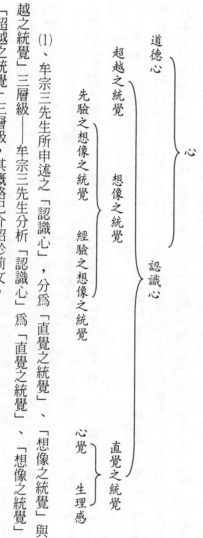

之統覺」，其要義茲分別介紹如下：

①、「直覺之統覺」之作用，又分爲「生理感」與「心覺」兩階次——「認識心」自「能」一邊言之，其相對外在事物之初階，即以其「生理機體」（即心理學所謂之感覺器官）之機能，（牟宗三先生又稱之爲「生理主體」、「感觸主體」。）[88]起用而感觸外在事物，是爲「生理感」。隨生理感之「感」、所起之覺識作用，是爲「心覺」。蓋即感即覺之也。[89]

②、「直覺之統覺」之對象，爲外在世界之事物——「認識心」自「所」一邊言之，其所對之對象，爲生理感所感、爲心覺所覺者，如色、聲、香、味、觸，皆爲外在世界之事物。

③、「直覺之統覺」之作用，乃「直而無曲」者——所謂「統覺」，牟宗三先生、智的直覺與中國哲學、6、第一七頁、曰：「『統覺』者，主動地統而一之而覺識之之謂也。」所謂「直而無曲」者，牟宗三先生、認識心之批判、第一卷、第一章、第二節、一、第一二頁、曰：「直者，如生理感之現起之所是，而如如地攝取之，或曰接受之。……無曲者，無思想辨解歷程之謂也。」夫外在事物乃各如其相而紛然雜陳，直覺之統覺之感之覺之，乃直接各如其相以綜攝之。

(3)、牟宗三先生所申述之「認識心」之「想像之統覺」，其要義有二——所謂「想像

[88] 參見牟宗三先生、認識心之批判、第一卷、第二章、第一節、第四五頁。

[89] 參見牟宗三先生、認識心之批判、第一卷、第二章、第二節、四、第六六頁。

之統覺」，其要義茲分別介紹如下：

①、「想像之統覺」，乃「認識心」將「直覺之統覺」所記憶之外在事物之影像，相聯綜攝而覺之——直覺之統覺所對之外在事物，雖緣起緣滅，過而不留；但其影像則印於心中為印象，為心所「記憶」。將此心中所記憶之諸多印象，相互聯合、綜攝以覺之，是為「想像之統覺」。[90]

②、「想像之統覺」，又分為「經驗之想像之統覺」與「先驗之想像之統覺」——所謂「經驗之想像之統覺」，乃外在事物之影像，為直覺之統覺所覺識而為記憶，心則循其經驗以綜攝而覺之，使之浮現。所謂「先驗之想像之統覺」，即，如果此心之綜攝而覺之，使之浮現，復自動湧現一「形式」(時間與空間)以綜攝經驗之想像，並確定之。此憑藉時空形式之「先驗之想像之統覺」，牟宗三先生又稱之為「超越之想像之統覺」。[91]

(4)、牟宗三先生所申述之「認識心」之「超越之統覺」，其要義有三——所謂「超越之統覺」，其要義茲分別介紹如下：

①、「超越之統覺」，乃自「想像之統覺」而躍起者——順生理感而起者，為直覺之統覺；自直覺之統覺而躍起者、為想像之統覺，自想像之統覺而躍起者、為超越之統覺。此

[90] 參見牟宗三先生、認識心之批判、第一卷、第三章、第一節、二、第九八頁。
[91] 參見牟宗三先生、認識心之批判、第一卷、第三章、第一節、三、第一〇〇頁。

三層乃相連屬者。[92]

②、「超越之統覺」，乃心之湧發其先驗之概念或規律，以理解、思考——夫外在事物爲生理感所感，爲心覺所覺，其影像則印於心中爲記憶。復爲此心所綜攝而浮現，並自動湧現時空形式而確定之。於是，外在事物之影像，則爲此心所抽象化、概念化。外在事物之影像，爲具體存在，相應而言，爲時空形式所確定而抽象化之「概念系統」，則爲超越存在。心之就此超越存在之概念系統、所作之綜攝活動，即爲「超越之統覺」。[93]

③、「超越之統覺」，乃以「超越之我」爲「體」，而爲其「用」——「超越之統覺」乃「心」之作用，而「心」爲「體」。牟宗三先生乃相應「超越之統覺」作用，即「心體」而肯定一「超越之我」。依據「超越之我」，一則外在事物可以屬於「我」之「表象」，一則外在事物可以由屬於「我」之「表象」而確定。「超越之統覺」屬於「知性」之活動，「超越之我」即是「知性主體」。[94]

(5)、牟宗三先生所申述之「認識心」，自「直覺之統覺」躍起而爲「想像之統覺」，至於「超越之統覺」，是爲「客觀之心」——牟宗三先生以爲心覺之活動皆是「統覺」，依其層面則分爲「直覺之統覺」、「想像之統覺」、「超越之統覺」三者。方其躍起而爲「超

---

[92] 參見牟宗三先生、認識心之批判、第一卷、第三章、第一節、五、第一〇八頁。
[93] 參見牟宗三先生、認識心之批判、第一卷、第三章、第一節、五、第一〇九頁。
[94] 參見牟宗三先生、認識心之批判、第一卷、第三章、第一節、五、第一〇九頁。

越之統覺」，即轉為知性之概念性思辨。此概念性思辨之統覺，即是「客觀之心」。95

(6)、牟宗三先生所申述之「認識心」，乃「以『覺』為性，以『及物之了別』為用」96——認識心之相對外在事物，所以能認識之，以其性之「覺」也。性之「覺」必由於體之「靈」故；此「靈覺」即認識心之性質。97以「靈覺」為性之心，乃其既「及」於外在之事物，即各如其現象以了別之。

(7)、牟宗三先生所申述之「認識心」屬「氣」，98故「靈」——「認識心」當涵屬於自然生命而為其「主體」。自然生命為「氣」所結聚，其所涵屬之「認識心」，即其最「靈」者。99以其「靈」，故呈現為「直覺之統覺」形態，則能感之、覺之；呈現為「想像之統覺」形態，則能記憶、綜攝而覺之、復使之浮現；呈現為「超越之統覺」形態，則能為概念性之思辨。然而，以其屬「氣」，難免隨自然生命資質之差異，而於「智」「愚」之間，乃有程度之不同。

(8)、牟宗三先生所申述之「認識心」，是「由自由無限心（即道德心）之自我坎陷（自覺

95 參見牟宗三先生、認識心之批判、第一卷、第三章、第一節、五、第一〇八頁。

96 參見牟宗三先生、認識心之批判、第一卷、第三章、第一節、一、第九五頁。

97 參見牟宗三先生、認識心之批判、第一卷、第三章、第一節、四、第九五頁。

98 參見牟宗三先生、認識心之批判、第一卷、第一章、第二節、三、第一五頁。

99 周濂溪、太極圖說、曰：「唯人也，得其秀（陰陽、五行之秀氣）而最靈。」見臺北市、中華書局、四部備要，朱熹編、近思錄、卷一、第一頁。

之自我否定）而成，它本身本質上就是一種『執』」之狀態[100]——心，自道德心一層次言，本屬自由無限之心，「認識心」即其自我坎陷而開顯。自由無限心既坎陷而開顯「認識心」，則停滯其自由無限性而顯其「停滯相」，而執持其自己；其執持之狀態，乃自知性作用一直至感性作用，蓋陷於「能」「所」相對之局格，並服從自知性至感性之諸作用與限制。自由無限之道德心，經此曲折發展，始能極成其大用。[101]

## (二)、牟宗三先生所申述之「認識心」之內容

牟宗三先生、認識心之批判、第一卷、第一章、第二節、一、第一一頁、曰：「普通言感覺，印象或知覺，多注重物理一面，而不注重心用一面。實則一感即覺，而感爲生理感，覺即心覺。感覺者，才感即覺也。印象則言心覺之被動性、純接收性，言對象作用於吾心，猶如銘刻而印之。自物理方面言，雖銘刻而印之，而自吾之接受言，亦必心覺而受之，受之即攝取之。由感而成之覺曰知覺，則知覺自亦屬於心覺也。此二者異名而同實。」

牟宗三先生、認識心之批判、第一卷、第一章、第二節、三、第一四頁、曰：「……

---

[100] 參見牟宗三先生、現象與物自身、序文、第七頁。

[101] 參見牟宗三先生、現象與物自身、序文、第七頁。與第四章、3、第一二三頁。及第四章、8、第一六六頁。

聲音之爲一聲音，由耳官爲其條件之制約，亦由發此聲音之某物爲其條件之制約。然不管其條件之制約爲如何，當其呈現爲一聲，吾人即如其爲一聲而了解之。如其爲一聲而了解之，即函說：此聲音有其獨立之各自性，因而成其爲特體。」

牟宗三先生、認識心之批判、第一卷、第一章、第二節、六、第二一頁、曰：「生理感覺自身並無先驗之形式，它只有在某種樣式之主觀的構造下有所表象。譬如在視覺、聽覺、觸覺之主體的特殊構造下，表象顏色、聲音或臭味。」

牟宗三先生、認識心之批判、第一卷、第一章、第二節、一、第一一頁、曰：「認識心以以下兩義定：一，以了別對象爲性。……二、其了別之用必以對象爲所知，必限於對象而彰其實。」

牟宗三先生、認識心之批判、第一卷、第三章、第一節、二、第九八頁、曰：「緣起實事實不能留。普通所謂留者，乃事之影像。其實亦無所謂影像，只是一不在之事而已。又事不留，而事之爲事之意義則永恆不變。覺一事實覺一事之意義。……凡爲生理感所已接觸，無論在與不在，皆爲心之覺力之所達，此達於不在者即曰『記憶』。由記憶而將起過之事聯於一起，而綜之於統覺中而覺之，名『想像』。」

牟宗三先生、認識心之批判、第一卷、第三章、第一節、三、第一〇三頁、曰：「首先，相應於邏輯系統言，它(心覺)湧現爲純理自己。此時，心覺不只是一了別之用，而且是一純理之體。由純理自己之客觀化，即形成此『非存在的形式系統』之基本規律或概念。」

牟宗三先生、認識心之批判、第一卷、第二章、第一節、四、第五二頁、曰：「從此心覺之『能』，向外對於現象施行兩套之措置，即成功超越之決定，一套爲時空系統之超越的決定。一套爲純理系統在理解中，復其具體運用時所表現之概念系統之超越的運用。」

本段所言「認識心」之內容，乃自其所表現之機能，能力、作用而見，蓋其所表現之機能、能力、作用，必爲其內容所涵，故自是而論其內容焉。

(1)、牟宗三先生所申述之「認識心」，相應其「直覺之統覺」、具有「感」之、「覺」之之機能——「認識心」相應其「直覺之統覺」言之，自「能」一邊，既分爲「生理感」與「心覺」兩階層。如上文所言者。

①、「生理感」乃「生理機體」之機能，即「生理機體」具有「感」之之機能——「生理機體」乃指眼官、耳官、鼻官、舌官、身官，其所對者乃外在之色、聲、香、味、觸。每一色、聲、香、味、觸爲一「特殊事」。特殊事之呈現於生理機體之前，爲生理機體所對之對象，生理機體立即相對而「感」之。此「感」之即生理機體之機能。此「感」之之生理機體機能，乃與自然生命而具有。凡自然生命，除非先天或後天之喪失或障礙，原則上莫不與生而具有此眼、耳、鼻、舌、身諸生理機體、以及其「感」之之機能。生理機體相對其所感之不同特殊事，而見其「感」之之特殊機能。例如，眼對色而見視之機能，耳對聲而見聽之機能，鼻對香而見嗅之機能，舌對味而見甜之機能，身對物而見觸之機能。特殊事之呈現於

生理機體之前，引起生理機體之「感」之，是爲「生理感」之現起，而「感」之爲一「特殊事」。特殊事與所引起之生理感爲一因果關係。一則生理機體（如眼官）即是其所對之特殊事（如色）爲其條件之制約者，一則特殊事之某物，亦爲其條件之制約者，生理感（如眼之視）與所對之特殊事，（如色）即在一因果關係之制約中，乃有特殊事（如色）之爲如此呈現。[102]特殊事之呈現，爲生理感所「感」而留之之影像，是爲「表象」。生理機體（如眼）即在其特殊機能（如視）之制約下表象特殊事。（如色）[103]

②、「心覺」乃「心」之機能，即「心」具有「覺」之之機能──「心覺」，「心」指心官，「覺」爲覺識作用。「心覺」乃隨生理感而起，生理感之表象特殊事，則特殊事現起爲「現起事」，心官對現起事即「如其所如以綜攝之」，此爲心官之覺識作用，牟宗三先生稱之爲「心覺」。此覺識作用即心官之機能。此「覺」之之心官機能，亦與自然生命而具有。凡自然生命，除非先天或後天之喪失或障礙，亦原則上莫不與生而具有此心官、以及其「覺」之之機能。例如，現起事爲一色，爲眼官之所對，眼官（生理感）即就其爲一色而感之，而表象其爲一色；心覺亦如其爲一色而覺之，覺之即知之，其覺之乃「直而無曲」者。雖然，生理感相對其所「感」之不同特殊現起事，而見其「感」之之特殊機能。「心官」則綜攝諸生理機體之特殊機能，就其所「感」而「表象」者，

[102] 參見牟宗三先生、認識心之批判、第一卷、第一章、第三節、三、第二四頁。
[103] 參見牟宗三先生、認識心之批判、第一卷、第一章、第二節、六、第二一頁。

以「直而無曲」之形態而「統覺」之。[104]

「心覺」既綜攝生理機體之生理感，生理感與現起事乃一一相應，現起事乃「一起即逝」，生理感之現起而感之，亦爲「一忽之歷程」；「心覺」亦隨生理感「一忽歷程」之「感」之，而爲「一忽歷程」之「統覺」。[105]「心覺」對現起事之統覺，固隨生理感之一忽歷程而爲「一忽之歷程」，然而必有所取者，此取者、牟宗三先生名之爲「把住」，即就現起事之爲一忽歷程而「把住」之。[106]

牟宗三先生以爲，生理感所「感」、所「表象」者，或爲一色、一聲、或者一花、一石，皆屬於特殊事之材料，非爲心覺之對象。雖然，但一色、一聲、一花、一石，莫不有其「形狀」，此形狀即其形式或意義，亦即所謂「型」。此「意義」屬於特殊事，相應心覺而言，則爲「所」。特殊事爲一現起之歷程，而其形式或意義則爲彌綸於此歷程中之脈絡，而與現起事一起現起。此彌綸於特殊事現起歷程中爲其脈絡之「意義」，始爲心覺之眞實對象，「心覺」所覺者，即此「意義」。[107]

---

[104] 參見牟宗三先生、認識心之批判、第一卷、第一章、第二節、一、第一二頁。及同第二節、二、第一三頁。

[105] 參見牟宗三先生、認識心之批判、第一卷、第一章、第二節、一、第一二頁。

[106] 參見牟宗三先生、認識心之批判、第一卷、第一章、第二節、五、第一九頁。

[107] 參見牟宗三先生、認識心之批判、第一卷、第一章、第三節、二、第二三頁。及同第三節、三、第二四頁。

此外，「心覺」之「覺」，猶兼及下述二端：

①、「心覺」之「覺」兼及「心理情態」——所謂「心理情態」，其一，如痛、癢、饑、渴、冷、暖，為「內部情態」，屬於緣起事。先是生理感以「感」之，繼而心覺以「覺」之，始成為「內部心理情態」。其二，如色、聲、草、木、形、狀，固為外部感覺之「外部情態」，然而通過心覺，則亦可能轉為「心理情態」，轉為「內部心理情態」。凡此「心理情態」皆為「心覺」所兼及。[108]

②、「心覺」之「覺」兼及「覺自身」——「心覺」之「覺自身」，能自知自明，故可自知自明其「覺」，此為「覺自身」之「自覺」，亦為「心覺」所兼及。[109]

附識——「認識心」所「感」所「覺」之對象，牟宗三先生於認識心之批判、第一卷、第一章、第一節、一、二、三，分為「特體事」、(特殊事)「物理事」兩類。

①、「特體事」——「特體事」，例如聲音，乃生理感所引起者。生理感乃生理機體對外物之「感」之，而為一「特殊事」，於此，牟宗三先生又名之為「聚生理事」或「主體事」。生理感與外物接觸，即呈現或引起一「特體事」。例如聲音，聲音之為一聲音，乃由生理機體(如耳官)與發此聲之某物，於因果關係之條件制約而現起之聲音。生理感即如其為一聲音而「感」之，心覺即隨之如其為一聲音而「覺」之。雖然，但不論生理感之感或不

108 參見牟宗三先生、認識心之批判、第一卷、第三章、第一節、五、第一一〇頁。

109 參見牟宗三先生、認識心之批判、第一卷、第三章、第一節、五、第一一一頁。

感，心覺之覺或不覺，聲音總自爲一聲音，而各有其獨立之「自性」，因而成爲一「特體」。[110]

②、「物理事」——「物理事」，例如桌子，亦生理感所引起者。生理感之「感」之，而呈現一「聚物理事」桌子。其實，並無一桌子之常物；乃由重重疊疊之因果關係，將其結聚而成，如此，而成爲一「型式」，顯示出整一之「個體」。如果將整一之個體，將其所統者抽去，即反顯一拆不開之統一，牟宗三先生稱之爲「個體之統一」。個體之統一必有其個性，此個性即個體之統一，乃爲其情態所隸屬之主體。例如桌子，是一個體，當其所以爲具體而現實之個體，必連帶其情態言。個體與情態合，則個體爲情態之「主」，情態爲個體之「謂」。「主」「謂」之合，名曰「個體」，個體之統一，牟宗三先生名之曰「現象之本體」，亦名「暫時之主體」。[111]

每一「特體事」、「物理事」，其現起皆有一歷程，而於此歷程中彌綸一脈絡，以與「事」一起呈現，是爲此「事」之形式，代表此「事」之「意義」。因此，每呈現一「事」，皆有其形式，代表其意義。例如，一張桌子，即有如其爲桌子之形狀，此形成即其形式，代表其意義。「事」之生起，服從「變」之原則，現起即逝，不能爲對象；唯「意義」爲永恆

---

[110] 參見牟宗三先生、認識心之批判、第一卷、第一章、第二節、三、第一四頁。

[111] 參見牟宗三先生、認識心之批判、第一卷、第二章、第一節、二、第四七頁。及同第一節、三、第五〇頁。

不變。心覺所覺者，即此「意義」。故此意義，乃心覺所「覺」之「所」、之對象。[112]

此外，既然「特體事」、「物理事」由重重疊疊之因果關係結聚而成，而為一「形式」、顯示出「個體」，代表其「意義」。個體為「主」，恆常而不變；情態為「謂」，為能變。個體何以能變其情態？牟宗三先生於此預定一「力」。「力」貫於其中，與「理式」合，以成其強度，故能變。[113]

(2)、牟宗三先生所申述之「認識心」，相應其「想像之統覺」、涵有「記憶」、「想像」之能力——「認識心」相對外在之「特體事」，及「物理事」，既然，先是「生理機體」以「感」之，繼而「心覺」以「覺」之。心覺所覺者，乃覺其「意義」。據此，「認識心」復踵之而表現其「記憶」與「想像」之能力。[114]

①、「認識心」涵有「記憶」之能力——「認識心」之「心覺」，相對特體事、物理事，既然僅為覺其「意義」，此意義立即為認識心所接受並攝取，而銘印於認識心之中，是為「印象化」。此印象化之意義，乃自「事」上抽離而得，故為「抽象化」。抽象化之意義，銘印於認識心之中，相應其形狀而言，則為「意象化」。意象化歸納其共相，並通過定義之

---

[112] 參見牟宗三先生、認識心之批判、第一卷、第一章、第三節、一、第二三頁。及同第一卷、第三章、第一節、二、第九八頁。

[113] 參見牟宗三先生、認識心之批判、第一卷、第二章、第一節、三、第五〇頁。及同第一節、四、第五四頁。

[114] 參見牟宗三先生、認識心之批判、第一卷、第三章、第一節、二、第九八頁。

手續，則為「概念化」。概念化之「概念」，銘印於認識心之中，為認識心之覺力所達，即是「記憶」。[115]

②、「認識心」涵有「想像」之能力——所謂「想像」，牟宗三先生、認識心之批判、第一卷、第三章、第一節、二、第九八頁、曰：「由記憶而將起過之事聯於一起，而綜之於統覺中而覺之，名曰『想像』。」易言之，「想像」者，即將記憶於心中之「意象」或「概念」，重新回憶而浮現以綜攝之。如果其回憶、浮現以綜攝之者，乃順經驗之歷程，或為相應經驗之歷程，則為「經驗之想像」。如果心覺中「復自動地湧現出一種『形式』」，以綜括經驗之想像」；依此「形式」以綜括之而言，則為「超越之想像」，亦即「先驗之想像」。[116]

(3)、牟宗三先生所申述之「認識心」，相應其「超越之統覺」、稟有「理解」之作用——「認識心」之理解作用，其目的乃在成就知識。欲求成就知識之認識心，自「能」方面言之，乃自其感之、覺之，而記憶、想像一層層之自我躍起，自我超轉，以透顯其知性主體，呈現其理解作用。自「所」方面言之，則必須於經驗世界中，將「特體事」、「物理事」推出以為外在化之對象，然後運用概念以理解外在化對象之「意義」。牟宗三先生以為於此，必須建立兩系統，一為「時空系統」，一為「純理系統」。心覺具備此兩系統，即轉為客觀

[115] 參見牟宗三先生、認識心之批判、第一卷、第三章、第一節、二、第九八頁。

[116] 參見牟宗三先生、認識心之批判、第一卷、第三章、第一節、三、第一〇〇頁。

之心、邏輯之心。[117]

①、「認識心」之理解作用、所必須建立之「時空系統」——「時空系統」乃心隨直覺之統覺所建立者。時空爲附著於存在而限定存在，由是而見出時間關係與空間關係，則存在之現象即有時間相與空間相。此種時間相與空間相，即是時空系統對於現象之超越決定。時空系統對於現象之超越決定，一則使現象有其久歷或繼續之時間相，一則使現象有其廣袤或體積之空間相。對於現象個體，決定其久歷或繼續之時間相、以及廣袤或體積之空間相，則現象個體即有其形式之輪廓或表徵。故時間與空間爲最普遍之純形式，唯有在時間、空間形式下，對象始能成爲吾人之對象。[118]

②、「認識心」之理解作用、所必須建立之「純理系統」——「純理」即純粹理性。「認識心」相對外在對象，既是「覺」其「意義」，而「想像」之能力，即在將其所記憶者，重新回憶而浮現以綜攝之；「理解」之作用，即建立其時間相與空間相，以貞定現象個體之「形式」。此時理解作用之認識心，即湧現爲純理自己，爲「純理之體」。牟宗三先生、認識心之批判、第一卷、第三章、第二節、一、第一一九頁，以爲『純理』之第一步直接形式化即爲純邏輯，第二步外在化爲數學，第三步外在化爲幾何。」純理自己之認識心，一則於外在之對象建立一「形式」之推演系統，一則循此「形式」之推演系統，重疊展現其自己。

[117] 參見牟宗三先生、認識心之批判、第一卷、第二章、第一節、六、第六〇頁。

[118] 參見牟宗三先生、認識心之批判、第一卷、第三章、第二節、三、第一二五頁。及同第一卷、第二章、第一節、四、第五二頁。與同第一卷、第一章、第二節、六、第二二頁。

斯爲認識心之客觀化爲「客觀之心」，爲「知性主體」。[119]

牟宗三先生以爲「純理」之呈現於理解，可有離、盈兩形態：「離」者，即離乎經驗現實之知解；純理之呈現，所顯示之先驗純粹概念，即形式化而爲一純形式系統（原註：「即純邏輯系統。」）構成之形式規律，如否定、或、及函蘊等。「盈」者，即切合經驗現實之理解而不離；純理則在理解之具體功能中呈現，因而亦即在此呈現中，見其具體之作用。[120]

此外，客觀化之認識心，對於存在，一方面可以言「超越之決定」，一方面可以言「超越之運用」諸作用。[121]

①、「認識心」客觀化，對於存在所言之「超越之決定」——外在之色、聲、香、味、觸，其所以能成爲認識心之對象，必須爲時空系統所附著並限定。蓋認識心湧現其時空形式，附著於對象，以成功對象之時間相與空間相，使之成爲一客觀之對象，此即時空系統對於存在對象（現象）之「超越之決定」。（決定其時間相與空間相）[122]客觀化之認識心，憑藉其純理之外在化所成之數學與幾何，以決定附著於存在之時空，而見出其時間關係與空間關係。而於超越之決定中，乃可有先驗之形式知識。[123]

---

[119] 參見牟宗三先生、認識心之批判、第一卷、第二章、第三節、二、第八二頁。

[120] 參見牟宗三先生、認識心之批判、第一卷、第三章、第二節、一、第一一六頁。

[121] 參見牟宗三先生、認識心之批判、第一卷、第三章、第二節、三、第一二三頁。

[122] 參見牟宗三先生、認識心之批判、第一卷、第二章、第一節、四、第五二頁。

[123] 參見牟宗三先生、認識心之批判、第一卷、第三章、第二節、三、第一二五頁。

②、「認識心」客觀化、對於存在所言之「超越之運用」——認識心之理解其對象，運用其概念系統，透過其時空之爲純形式，而至於現象之實際，爲對於現象之個體之爲「個」之實際決定，此爲先驗之概念對現象之「超越之運用」。藉此超越之運用，則可以成就經驗知識。[124]

「時空系統」、「純理系統」既已建立，「超越之決定」、「超越之運用」既已可言，然則「理解」者，何謂也？牟宗三先生、認識心之批判、第一卷、第三章、第二節、一、第一一六頁、曰：「理解是依理而解，亦即如理而行。理解如理而行，純理亦即隨此行而爲呈現之脈絡。此言其具體而整全者也。依此具體之脈絡，純理遂能輕車熟路而不泛不濫，因而成其爲現實之理解。」

總之，「認識心」之展示其內容、呈現其功能，其歷程是：先是，自感性一層次言之，本其「直覺之統覺」，對應特體事或物理事，引起生理感之現起以「感」之；而心覺即隨之對現起事如其所如以綜攝而「覺」之。「覺」之者，乃覺現起事之「意義」。其次，自知性一層次言之，認識心順直覺之統覺而躍起，本其「想像之統覺」，將心覺所覺現起事之「意義」概念化爲「記憶」，一旦將其所記憶者，重新回憶而浮現以綜攝之，則爲「想像」。繼此，則本其「超越之統覺」，一則建立「時空系統」，對現象作超越之決定，使之成爲「對象」；一則建立「純理系統」，以超越運用其概念，透過時空形式，及於現象之個體，蓋盡

[124] 參見牟宗三先生、認識心之批判、第一卷、第二章、第一節、四、第五二頁。

其「理解」之作用；即透顯「知性主體」。

「認識心」乃屬於知性層，以認識外在事物而成就知識，此爲其功能，亦爲其限度。牟宗三先生之撰「認識心之批判」以批判「認識心」，即在判定其性質，開闢其內容，詮釋其歷程，呈現其價值，同時亦釐清其層面性之限度，然後，進而爲之安立形而上之「道德心」，以爲其根據。

㈢、牟宗三先生所申述之「認識心」之修養

牟宗三先生、認識心之批判、第一卷、第二章、第一節、第四五頁、曰：「生理機體所接觸之生起事，名曰氣質的事，而每一氣質的事，總是隸屬於生理機體的，亦總是變化的。」

牟宗三先生、認識心之批判、第一卷、第三章、第一節、二、第九七頁、曰：「吾人欲了解認識心如何逐步客觀化其自己，必須自其所停住之生理感爲起點。從此起點而觀其於限制中運用經驗對象，並觀其於此運用中，如何逐步彰著其自己，而獲得其向後追溯之所以可止之根據。」

牟宗三先生、認識心之批判、第一卷、第三章、第一節、五、第一一二頁、曰：「吾人必須由此邏輯的我，再透視而預定一個形而上的超越的眞我。」

⑴、牟宗三先生所申述之「認識心」，屬「氣」，乃隨認識活動之步步躍起而越見其

「靈」——牟宗三先生、現象與物自身、第四章、6、第一三三頁、曰：「認知心底活動從感性起，步步向後躍起，躍至知性而後止。從知性步步向下趨，趨至感性而後止。感性、想像、知性，此三者是同一認知心之三態，是因著攝取現象、形構時空、（兼形構規模）以及使用概念去思辨對象。」此段所言之感性、想像、知性之三態，即是認識心之批判所言之認識心之認識作用所分之「直覺之統覺」、「想像之統覺」、「超越之統覺」三階段歷程。

「認識心」屬「氣」，所謂「氣」者，乃陰陽相對待相感應所結聚，爲自然生命之一「官」，隨自然生命之活動而有所感應。認識心之感應，隨其認識作用歷程之不同階段，相應「直覺之統覺」、「想像之統覺」、「超越之統覺」三者，可以分爲由初階之本能感應，躍至中階之想像活動，臻於高階之理解（思惟）作用，以逐漸展現其爲氣之「靈」，始能完成其認識作用之全功。茲述介之。

①、「認識心」屬「氣」，其初階爲本能感應——「認識心」屬氣，其初階即指氣所結聚之眼、耳、鼻、舌、身之五官，以及心官。前五官乃氣之最濁者，其感爲生理感，生理感之感之，乃自然生命之本能感應。進而爲心之覺之，以覺知其五官之生理感之所感者，並儲存於心中。覺之並儲存之心，固亦屬氣，亦屬於本能，然已可爲心覺所著力，故較生理感爲「清」。

②、「認識心」屬「氣」，其中階爲想像活動——「認識心」之想像活動，包括記憶與想像。「記憶」者，乃就心覺所儲存者，與具體經驗相迴應。「想像」者，即將記憶於心中者，重新回憶而浮現以綜攝之。此想像之活動，已自生理感、心覺之本能感應中躍起，固

猶屬氣，然已見其獨立馳騁之功能，故較心覺之清而尤「敏」。

③、「認識心」屬「氣」，其高階爲理解作用——「認識心」之理解作用，乃自想像之統覺躍起，先是超越想像建立時空系統，以貞定存在現象之時間相與空間相；繼而湧現「純理自己」，爲「純理之體」，此爲認識心之客觀化。客觀化之認識心，一方面湧現時空形式，對存在之現象作超越之決定；一方面超越運用其概念系統，透過時空形式，以及於現象之實際，而成就經驗知識。(詳見前文)此理解之作用，乃自想像之活動中躍起，固亦屬氣，然已透顯爲「純理之體」，呈現純粹理性之理解，故爲認識心之最「靈」。

「認識心」屬「氣」，其認識作用相應其認識歷程之三形態，可分爲三階層如上述。而屬氣之認識心，因人之氣稟有清濁之殊異，則其認識作用亦有遲頓或活潑之不同。初階之本能感應，乃氣所結聚之自然生命原始性實然功能，此感應之功能，乃屬人禽所同具之本能，故爲「初階」。中階之想像活動，固猶屬氣，然其獨立馳騁之功能，則因稟氣之分限有別，而有魯滯或輕盈之分，雖然，如藉學養訓練，亦可提昇其「敏」度。至於高階之理解作用，亦猶屬氣，然其純粹理性之理解，包括運用概念以分析、比較、推理、綜合、判斷、穎悟、……諸能力，其秉性(氣性)之偏於具體者勿論之；非天賦高度之理解能力、並經相當之學養訓練，則不足以盡其「靈」。因此，「認識心」屬「氣」，致其認識作用之階層與能力，一則受氣稟清濁不同之限制，而有遲頓或輕盈之差別；一則視其學養訓練之程度，而有具體或靈敏之不同。

(2)、牟宗三先生所申述之「認識心」，其目的在成就知識，其歷程則在「逐步客觀化其自己」——「認識心」之認識歷程，依牟宗三先生之說，可分爲五階層：

①、「生理感」之「感」之——生理感爲生理機體如眼、耳、鼻、舌、身之感之，而所感者如色、聲、香、味、觸則爲特殊事，特殊事與生理感爲因果關係。生理感之現起，則生理機體與特殊事各爲其條件所制約。生理機體即在此制約下「表象」特殊事。認識心於此爲第一階層而「停住」。（詳見前文）

②、「心覺」之「覺」之——心覺爲心官之覺識作用，心覺隨生理感而起，對特殊事現起爲「現起事」，「如其所如以綜攝之」。心覺所覺者，即覺此彌綸於此特殊事現起歷程中爲其脈絡之「意義」；並儲存於心中。認識心於此爲第二階層而「停住」。（詳見前文）

③、「想像」之「經驗想像」——經驗之想像，乃謂順經驗之歷程，或相應經驗之歷程，將心覺之覺之所儲存者，重新回憶而浮現以綜攝之。認識心於此爲第三階層而「停住」。（詳見前文）

④、「想像」之「先驗想像」——先驗之想像，即認識心之綜攝而覺之，使之浮現，復自動湧現時間與空間之形式，以綜攝經驗之想像，並確定之。認識心於此爲第四階層而「停住」。（詳見前文）

⑤、「純理之體」之「理解」——純理之體之理解，乃繼先驗之想像，相對外在之現象個體，建立時間相與空間相，以貞定其「形式」，使之成爲一「客觀之對象」。而認識心復運用其概念系統，透過時空形式，及於現象之實際，以成就經驗知識。此時之認識心爲客觀化之「客觀之心」。認識心於此爲第五階層。（詳見前文）

牟宗三先生既分認識心之認識作用歷程，或爲三形態，相應此三形態則爲三階段，三階段之中又分之爲五階層，如上述者。認識心既屬氣，凡屬氣，一則自質性方面言之，其稟之於陰陽結聚者，每有清濁、厚薄、才不才之分，即所所謂「天分」之殊。另則自動用方面言之，每服從強度原則，致有盛衰之時，盛時每靈氣暢旺，衰時則平庸萎靡。因此之故，「修養」之道，一則在於厚植學養，以累積經驗，啓迪靈感；而開發生命，接引才華。一則在於持續訓練，使認識心之認識作用，依上述階層，一階階躍起，一層層超昇，以客觀化其自己。

(3)、牟宗三先生所申述之「認識心」，於「心靈宇宙」中，向上超轉則爲「道德心」；「認識心」即「道德心」之坎陷（自覺之自我否定）而執持其自己——牟宗三先生所開闢之「心靈宇宙」，包括「認識心」與「道德心」兩層面。認識心既已客觀化，牟宗三先生名之爲「知性主體」、「邏輯的我」，[125]既已完成成就知識之功能，再往上超轉一層，則爲「道德心」。道德心乃形而上之實體，以對認識心之功能，負擔實現之、極成之之責任。[126]

「道德心」，乃自由無限之心，牟宗三先生又名之爲「知體明覺」。道德心乃「寂然不動，感爲遂通」，[127]無所知而無所不知，知而無知相，故無執無著。及其轉出知性主體，則爲道德心之坎陷（自覺之自我否定）自己，一則執持自己而靜處一邊，成爲知性主體；一則

[125] 參見牟宗三先生、認識心之批判、序言、第四頁。及同書，第一卷、第三章、第一節、五、第一一二頁。

[126] 參見牟宗三先生、認識心之批判、第一卷、第二章、第二節、四、第六七頁。

[127] 此句乃借用易經、繫辭上傳、第十章之語。見朱維煥、周易經傳象義闡釋、第四七八頁。

將「物之在其自己」之「物」推出而爲對象，亦成爲現象。此乃道德心之道德心願之自覺要求。牟宗三先生名之爲「辯證之開顯」、「辯證之曲達」。[128]

認識心如欲發揮其功能，必須澄其心之靈，積其學之富，並於主（心）客（物）相對待之局格中，遵守思想法則，而期認識心之逐步客觀化其自己；蓋相應形而上根據之道德心之坎陷，而執持其自己。牟宗三先生之論認識心，雖未言修養，而上述諸義或爲所涵乎！

## 第二節、牟宗三先生所申述之「道德心」

### ㈠、牟宗三先生所申述之「道德心」之性質

牟宗三先生、於心體與性體、第一冊、第二部、第二章、第四節、第五六四頁，言超越乎「認識心」以上另一層次之「道德心」，具有下列五義：①、心體義、②、心能義、③心理義、④心宰義、⑤心存有義。此蓋自形式之立場而言之。如果自切實之立場以觀之，「道德心」之性質，相應上述五義，則可涵備下述諸義。

[128] 參見牟宗三先生、現象與物自身、序、第七頁。及同書、第四章、2、第一二二頁。與同書、第四章、8、第一六九頁。

牟宗三先生、智的直覺與中國哲學、18、第一九九頁、曰：「本心仁體本是無限的，有其絕對普遍性。它不但特顯于道德行爲之成就，它亦遍潤一切存在而爲其體。前者是它的道德實踐的意義，後者是它的存有論的意義。」

牟宗三先生、現象與物自身、序、第六頁、曰：「先由吾人的道德意識，顯露一自由的無限心，由此說智的直覺。自由的無限心，既是道德的實體，由此開道德界；又是形而上實體，由此開存在界。」

牟宗三先生、智的直覺與中國哲學、18、第一九三頁、曰：「蓋智的直覺，即是無限心的妙用。」

牟宗三先生、圓善論、第六章、第二節、第二六三頁、曰：「故此仁心——無限的智心，乃即是純粹理性的心；孟子即此心以說性，乃即是宋明儒所說的『義理之性』。義理之性，即『義理之心』，故有無限性以及絕對普遍性，一切理性的存有皆有之。」

牟宗三先生、心體與性體、第三冊、第四部、第二章、第一節、第七四頁、曰：「……然一說寂感，即明此實體乃一虛靈、虛明之活物。此虛靈、虛明之體，即由神以實之，或由心以實之。心即天心也。惟神與心始可說寂感。」

牟宗三先生、心體與性體、第二冊、第三部、第一章、第四節、第一〇四頁、曰：「若言一本，只應：只心便是誠，只誠便是心，只心便是天，只誠便是天，只是此心此誠之形、著、明、動、化，即是天地之化。」

牟宗三先生、圓善論、第六章、第二節、第二六二頁、曰：「……此即由大人之操存踐履，定知仁心爲一無限的智心。此心不獨大人有之，人人皆有之，甚至一切理性的存有皆有之，惟大人能勿喪耳。大人是此心之體現者。」

牟宗三先生、圓善論、第六章、第五節、第三二八頁、曰：「……預設一道德性的無限智心，此無限智心通過其創造性的意志之作用，或通過其感通遍潤性的仁之作用，而能肇始一切物而使之有存在者也。」

牟宗三先生、圓善論、第六章、第五節、第三一三頁、曰：「無限智心之自體是無善惡相，而爲評判一切善惡者之標準。……良知之明是無限智心自體之用，即其自體虛靈明覺之用。」

⑴、牟宗三先生所申述之「道德心」，乃點化自孔子所言之「仁」、孟子所言之「本心」——孔子一生之論道講學，無非指點踐「仁」，以期人格上成就「仁者」。(孔子言「心」，僅爲實然義。言「仁」，僅爲境界義。仁於心中，並未內在安立，故未能稱「仁心」)而孟子則於告子篇上、第一六八頁、曰：「仁，人心也。」蓋攝之於心也。牟宗三先生、歷史哲學、第二部、第一章、第二節、第八四頁、曰：「『仁』者，生命之眞幾也。」是以「仁」者，乃牟宗三先生循孔子之學說並以爲是孔子所體現者、[129]爲生命所內在安立之主體，故牟先生稱之曰「仁體」。

[129] 牟宗三先生、歷史哲學、第二部、第一章、第二節、第七八頁，其標題有曰：「通體是仁心德慧之孔子」。

孟子既攝孔子之「仁」以內在於「心」，於離婁篇上、第九五頁，則直稱之為「仁心」，而告子篇上、第一六八頁，則又稱之為「本心」。此「本心」即以仁、義、禮、智四端為內容，孟子既開闢並體現之。故牟宗三先生、歷史哲學、第二部、第二章、第二節、第九八頁，其標題則曰：「全幅是精神、通體是光輝、表現『道德精神主體』之孟子。」

既然，牟宗三先生以為是孔子所體現之「仁體」，為孟子所攝之而為「本心」，並以仁義禮智四端為內容，故牟宗三先生名之曰「道德心」。自是，凡循儒家路數，而施行禮樂教化，創造精神價值者，得其內在之根據矣。

(2)、牟宗三先生所申述之「道德心」，乃一「自由之無限心」——牟宗三先生之言「道德心」，既自孔子之「仁」、孟子之「本心」點化而出，而「道德心」之所以為「自由之無限心」，乃由下述之三義而定：①、「道德心」乃道德實踐之內在根據。②、論語、里仁篇、第二〇頁、曰：「子曰：『唯仁者，能好人，能惡人。』」「能好人，能惡人」乃發自「道德心」之道德理性，「道德心」循其道德理性，呈現其自由意志，發為無條件之定然命令，⑬則「無論『行為物』或『存在物』，皆是在其自己之物」。⑬是以順乎此，則足以生天生地。③、牟宗三先生、心體與性體、第二冊、第三部、第一章、第六節、第二二三頁、曰：「故吾亦說，『仁以感通為性，以潤物為用』。」「道德心」之呈現，即是既「覺」；「道

⑬ 參見牟宗三先生、智的直覺與中國哲學、18、第一九〇頁。

⑬ 參見牟宗三先生、現象與物自身、序、第一五頁。

德心」之既覺，則其感通之性亦即涵蓋及於事事物物而遍「照」之。覺照之所及，其潤物之用亦隨之而潤澤之。「道德心」之覺照潤澤，乃無所制限，不必假借，乃其充量呈現，則渾然與天地萬物爲一體。❶❸❷是以牟宗三先生所言之「道德心」，乃一絕對性之主體；其道德理性之抒發，即涵攝而歸於其自己，是爲無限之自由；及其覺照潤澤，則爲自由之無限。故「道德心」乃一「自由之無限心」。

(3)、牟宗三先生所申述之「道德心」，其妙用，見之於「智之直覺」——牟宗三先生既從孔子之「仁」、孟子之「本心」點化出「道德心」，並以此「道德心」爲自由無限之心。自由無限之「道德心」，其體至寂，其用則感而遂通。❶❸❸牟宗三先生即自此「寂感之神」指出其必涵「心」義，必涵靈知明覺之「知」義。❶❸❹此心之知義，依孟子、公孫丑篇上、第四七頁、曰：「是非之心，智之端也。」以及孟子、告子篇上、第一七〇頁、曰：「心之官則思。」牟宗三先生則名之曰「智思體」。❶❸❺「智思體」之思，不必通通「範疇」，不必使用「概念」；乃表現爲「直覺形態」。所謂「直覺形態」即直而無曲，即不必運用範疇、概念以思想辨解之歷程。❶❸❻故牟先生名之曰「智之直覺」。牟宗三先生、智的直覺與中國哲學、

❶❸❷ 參見牟宗三先生、心體與性體、第二冊、第三部、第一章、第六節、第二二三頁。
❶❸❸ 易經、繫辭上傳、第十章、第四七八頁、曰：「易，无思也，无爲也，寂然不動，感而遂通天下之故。」
❶❸❹ 參見牟宗三先生、心體與性體、第一冊、第二部、第二章、第三節、第五三〇頁。
❶❸❺ 參見牟宗三先生、智的直覺與中國哲學、16、第一六一頁。
❶❸❻ 參見牟宗三先生、認識心之批判、第一卷、第一章、第二節、（一）、第一二頁。

16、第一五九頁、曰：「智的直覺之知，則直覺即思，思即直覺。……亦可以說知而無知，無知而知，是謂一切知。既無知相，亦無知的意義。」

「智之直覺」，相應「道德心」而言，能「自覺」以呈現自己，以挺立爲道德實踐之道德主體。同時亦能「覺他」；覺他，即胡五峰、知言所曰之「知天地宰萬物」。其知之、宰之，乃體之而不遺，攝之以歸心，斯爲「道德心」之圓照。[137]

(4)、牟宗三先生所申述之「道德心」，乃「純粹理性之心」——「道德心」既爲無限之智心，無限之智心乃以「覺」爲規定。「覺」者，一則「自覺」以呈現其自己，一則「覺他」而涵蓋其理性。自覺所呈現之「道德心」自己，乃中庸、第一章、第一頁所謂天所命，孟子、告子篇上、第一六一頁、所謂「我固有之」，而悅理義之「心」，故牟宗三先生名之曰「義理之心」。[138]以「義理之心」覺他，即是理性之涵蓋。夫心之體既是義理之充滿，心之用既是理性之涵蓋，也即通體達用，莫非理性，故「道德心」乃「純粹理性之心」。

(5)、牟宗三先生所申述之「道德心」，乃「虛靈之體」——牟宗三先生言「道德心」乃一「虛靈之體」，蓋由「寂感」以明之。[139]所謂「寂感」者，即易經、繫辭上傳、第十章、第四七八頁、所言：「易，无思也，无爲也，寂然不動，感而遂通天下之故。」是故，「寂

[137] 參見牟宗三先生、智的直覺與中國哲學、18、第一九三頁、及二〇〇頁。
[138] 參見牟宗三先生、圓善論、第六章、第二節、第二六三頁。
[139] 參見牟宗三先生、心體與性體、第三冊、第四部、第二章、第一節、第七四頁。

者，心體之歸於其自己，但顯其無聲、無臭、無方所、無定體。「感」者，心體之呈現其自己，亦見其無為、無執、無撲向、無滯礙。以其「寂」，故「虛」，以其「虛」，故無限；以其「感」，故「靈」，以其「靈」，故自由。牟宗三先生、心體與性體、第三冊、第四部、第二章、第一節、第七四頁、曰：「此虛靈、虛明之體，即由神以實之，或由心以實之。」蓋謂此「體」(內在主體)或寂或感，亦虛亦靈，為不可測之「神」，[140]故曰「神體」。[141]乃所以為「知天地宰萬物」之「心」，故曰「心體」。

夫由「寂感」以明「虛靈」，由「虛靈」而顯自由、無限，斯乃「道德心」之形態，故「道德心」乃「虛靈之體」。

(6)、牟宗三先生所申述之「道德心」，「只心便是誠」、「只心便是天」——中庸、第二十章、第一八頁、曰：「誠者，天之道也；誠之者，人之道也。誠者，不勉而中，不思而得，從容中道，聖人也；誠之者，擇善而固執之者也。」「誠」，原為形容詞，既形容「天之道」，亦形容「人之道」。「天之道」為萬物化生之形上實體，「人之道」為道德實踐之內在主體。「誠」既為形容之之形容詞，即轉為指稱之之指稱詞。是以「誠」者即於「天」為形上實體，於「人」為內在主體。換言之，形上實體曰「天」，至「誠」，故曰「誠」。內在主體曰「心」，至「誠」，亦曰「誠」。然則「天」、「心」、「誠」三者，名雖有異，

[140] 易經、繫辭上傳、第五章、第四六五頁、曰：「陰陽不測之謂神。」

[141] 牟宗三先生、心體與性體、第一冊、第二部、第二章、第三節、第五三〇頁、曰：「神即是體。」

義則相通。

牟宗三先生所言之「道德心」，既是「純粹理性之心」，爲「天所命」，爲「我固有之」者，亦即體乎「誠」，體乎「天」以內在安立者。故曰「只心便是誠」，「只心便是天」。

牟宗三先生、心體與性體、第三冊、第三部、第一章、第四節、第一〇四頁、曰：「只是此心此誠之形、著、明、動、化、即是天地之化。」則「道德心」不僅體乎「誠」、體乎「天」，內在安立爲道德實踐之主體；且能反乎所體之「誠」、之「天」，而爲萬物化生之本源。

(7)、牟宗三先生所申述之「道德心」，乃「一切理性存有者皆有之」——所謂「理性存有」，當以孔子所言之「仁」，孟子所言之「本心」爲規定。

論語、里仁篇、第二〇頁、曰：「子曰：『唯仁者，能好人，能惡人。』」此所謂好惡，非出於主觀之情意，乃發自客觀之是非；而「唯仁者」之「仁」，依牟宗三先生之義，乃指道德實踐之內在根據。依據「仁」所作之「好」「惡」，即屬理性之行爲。「唯仁者能……。」即示「仁者」之「人」爲「理性存有」者。

孟子所言之「本心」，即仁、義、禮、智之心。仁、義、禮、智屬於道德理性，乃「人皆有之」，「我固有之」，[142]故稟有「本心」之「人」乃「理性存有」者。

牟宗三先生以爲「仁」既爲道德實踐之內在根據，即是「道德心」，而據以實踐之「仁

---

[142] 見孟子、告子篇上、第一六一頁。

者」，即是「理性存有」，故備有「道德心」。又者，「本心」之內容，屬於道德理性，即是「道德心」，稟有「本心」之人，即是「理性存有」，即備有「道德心」。是以牟宗三先生所言之「道德心」，乃「一切理性存有者皆有之」。

(8)、牟宗三先生所申述之「道德心」，其「自體是無善惡相，而為評判一切善惡者之標準」——易經、繫辭上傳、第十二章、第四八七頁、曰：「形而上者謂之道，形而下者謂之器。」形而下之器世界，即指具體存在之世界，具體世界所存在之事物，必通過時間與空間之形式，而顯其「相」。並且其「相」每因相形相比而彰顯其相對性價值。而形而上之道世界，則指超越存在之世界，超越世界所存在者，則不為任何形式所囿，亦不見其「相」，唯歸於其自己，而涵備絕對性價值。

牟宗三先生所言之「道德心」，乃屬於形而上道世界之超越存在，故不屬於形而下器世界，不見其相對性價值之「相」。若夫「善」「惡」者，即相對性世界之價值觀念。「道德心」既不屬形而下器世界之存在，故「無善惡相」。至於形而下器世界之事物，其價值之程度，每為相形相比而評定，屬於相對性者。不過，雖然，形而下器世界之事物，僅為偶然之存在，其生、其化，其顯、其隱，莫不以形而上之「道」為本源、為「道」之大用所實現者；相應形而下器世界相對性價值之諸事物而言，形而上之「道」即其絕對性價值判斷之標準。「道德心」自屬於形而上之「道」世界，故曰其「自體是無善惡相」，「而為評判一切善惡者之標準」。

陽明全書、卷三十四、第十八頁，王陽明、年譜、五十六歲下，述王陽明四句教、曰：

「無善無惡心之體，有善有惡意之動，知善知惡是良知，爲善去惡是格物。」「心之體」屬於形而上，故「無善無惡」——即超善惡相。「意之動」乃心之所發；心所發之「意」，即落在形而下，而見其善惡相。雖然，「心之體」即是絕對性價值標準，自能知其所發之「意」之善惡，故曰「良知」；而且能主宰其所發之「意」，以「爲善去惡」。此可作爲牟宗三先生是語之注腳乎！

## (二)、牟宗三先生所申述之「道德心」之內容

牟宗三先生所申述之「道德心」，既是體乎「仁」，爲其內在安立之道德實踐之主體；且爲體乎「天」，爲超越存在之萬物化生之本源。然則，其內容無窮豐富矣。

牟宗三先生、圓善論、第一章、七、第三○頁、曰：「……此種心覺當然是超越的義理之心——純理性的心；而其所肯定的理義亦不由外至，而是自內出，即此超越的義理之心之所自發者——此即是康德所說的意志之自律性、立法性，亦即象山所說的『心即理』，王陽明所說的『良知之天理』。」

牟宗三先生、現象與物自身、序、第一四頁、曰：「性理不離道德的本心，乃即於道德的本心而見。此本心之自由自律、自定方向、自立法則，就是理；亦可以說就是性之所以性，性理之所以爲理。依陽明，即曰『知體明覺』。知體明覺知是知非，(自定方向、自立法則。)即是『性智』，性體所發之智也，即作爲性體的知體明覺所發

之智也。（雖言所發，此智即知體明覺自己也。）在此性智面前，物，無論行爲物，（事）或存在物，皆在其自己之物，中庸所謂成己成物也。」

牟宗三先生、現象與物自身、序、第六頁、曰：「先由吾人的道德意識，顯露一自由的無限心，由此說智的直覺。自由的無限心，既是道德的實體，由此開道德界；又是形而上實體，由此開存在界。存在界的存在，即是『物之在其自己』之存在，因爲自由的無限心無執無著故。」

(1)、牟宗三先生所申述之「道德心」，其內容全幅是「理」——牟宗三先生、心體與性體、第二冊、第三部、第一章、第二節、第七九頁、曰：「聖人所本之心，是道德創造之心，是心與理爲一之心。」「心與理爲一」之「理」，相應形而上之天而言，爲「天理」；相應受命於天，以爲人所以爲人之本質之性而言，爲「性理」；相應道德實踐之價値而言，則爲「義理」。

心之理爲「天理」者，夫「天」乃萬物化生之本源，論語、陽貨篇、第一二三頁、曰：「子曰：『天何言哉！四時行焉，百物生焉，天何言哉！』」於天，爲春、夏、秋、冬之迭代，則萬物自然化化生生。夫春、夏、秋、冬之迭代，乃天道運行之「律則」，即是「天理」。天之化生萬物，亦賦予此「理」。人稟乎此理，以成其所以爲人之「性」，以成其所以主宰行爲之「心」。心即體乎此理以爲其內容，故心之內容全幅是「天理」之「理」。

心之理爲「性理」者，中庸、第一章、第一頁、曰：「天命之謂性。」天所命於人者，即其運行之律則，所謂天理。人稟之以成其所以爲人則爲「性」，如孟子、公孫丑篇上、第四七頁，所言者，有仁、義、禮、智四端，此人性之「理則」，即是「性理」。性理乃規定人所以爲人之本質，及其轉出爲行爲之主宰，則爲「心」。心既爲性所轉出，則亦體乎其理以爲內容，故心之內容全幅是「性理」之「理」。

心之理爲「義理」者，心爲行爲之主宰，既體乎天理、性理，及其實踐，即抒發此所體之天理、性理，則其行爲無不如理合理，如孟子、公孫丑篇上、第四七頁、所言之惻隱、羞惡、辭讓、是非，皆具道德價値。此所體之天理、性理，即是行爲之「準則」，即是「義理」。義理既爲心所抒發，蓋爲其內容也；故心之內容全幅是「義理」之「理」。

牟宗三先生、心體與性體、第二冊、第三部、第一章、第二節、第五六頁，疏釋程明道之天理篇、曰：「(天理)是即存有即活動的，……動而無動的活動與存有這兩者合而觀之，便可說天理是一個生化的眞幾，創造的實體，以前名曰生化之理，實在亦可曰『實現之理』、『存在之理』。是既超越而又內在的，動態的生化之理、存在之理。生化之理是言創生萬物的眞幾、實體；存在之理是言『使然者然』的存在性。」夫「理」唯一，而於天曰「天理」，於性曰「性理」，於實踐則曰「義理」，其實無別。既攝於心，爲心所體以爲內容，則全幅是理之「道德心」，可有下列兩義：

①、「道德心」自本體論言之爲「存在之理」——「道德心」之內容既全幅是「理」，此理自靜態言之，乃「即存有」者，爲實體性之心，爲萬物所以存在之「存在之理」。

②、「道德心」自實踐論言之爲「實現之理」——「道德心」之內容既全幅是「理」，

此理自動態言之，乃「即活動」者，爲創造性之心，爲萬物所以實現之「實現之理」[143]。全幅是理之「道德心」，既爲「即存有即活動」（牟宗三先生之語）者，則乾坤盡爲所涵藏，天地由是而開闢矣。

(2)、牟宗三先生所申述之「道德心」，其內容全幅是「生機」——牟宗三先生所言之「道德心」，乃自孔子所言之「仁」點化而出。（孔子所言之「仁」，尚未內在化於「心」中，故未稱「仁心」）「仁」者，宋元學案、第二冊、第二七〇頁、謝上蔡之語錄有曰：「心者何也？仁是已。桃杏之核，可種而生者，謂之『仁』，言有生之意。推此，『仁』可見矣。」案「仁」，原指桃杏諸種子之核心，及其萌芽、生長、茁壯，則成植物，故仁即具生機義。

孔子之論道講學，即以「仁」爲中心，蓋推此仁之生機義，一則以詮釋宇宙間百物之所以生發，一則而鼓舞人世間德業之所以鼎盛。

牟宗三先生既點化孔子之「仁」而曰「道德心」，亦每藉對「仁」之內容之開發，而移之於道德心以展示其內容之所以豐富。牟宗三先生、心體與性體、第二冊、第三部、第一章、第六節、第二二三頁、曰：「故吾常說，仁有二特性：一曰覺，二曰健。健爲覺所函，此是精神生命的，不是物理生命的。覺即就感通覺潤而說。此覺是由不安、不忍、悱惻之感來說，是生命之洋溢，是溫暖之貫注，如時雨之潤，故曰覺潤。『覺』潤至何處，即使何處有生意，能生長，是由吾之覺之『潤之』而誘發其生機也。故覺潤即起創生。故吾亦說仁以

[143] 參見牟宗三先生、心體與性體、第二冊、第三部、第一章、第二節、第五六頁。

感通爲性，以潤物爲用。橫說是覺潤，豎說爲創生。……」牟宗三先生言道德心之「生機」，乃以「覺」「潤」爲規定。「覺」者，乃由不安、不忍、悱惻之一念而起；一念之覺，即是道德心之呈現其己，即是所攝之義理之湧現，於是焉卓然挺立爲宇宙百物、人間德業所以化生之本源。覺之所及，即是潤之所至。覺之潤之，則百物生發、德業鼎盛，是故道德心之內容全幅是生機。[144]

(3)、牟宗三先生所申述之「道德心」，其內容全幅是「知體明覺」——「道德心」既然爲本體論之「存在之理」，且爲實踐論之「實現之理」。及其涵蓋宇宙以生天生地，成功成德，必須透顯其「價值判斷」之自覺。

論語、里仁篇、第二〇頁、曰：「子曰：『唯仁者，能好人，能惡人。』」孟子、告子篇上、第二六一頁、曰：「是非之心，人皆有之。」陽明全書、卷三十四、第十八頁，王陽明年譜、述四句教、曰：「知善知惡是良知，爲善去惡是格物。」由是可知，我華族之先聖先哲，早已參悟道德實踐之內在主體，具有「價值判斷」之自覺，即於觀念上知是知非，知善知惡，然後於實踐上好人惡人，爲善去惡。

牟宗三先生即名此道德實踐之內在主體爲「道德心」，並逆此價值判斷之自覺之理路，於道德心中安立一「知體明覺」以爲其內容。所謂「知體」，即道德智慧之體性，亦即通體

[144] 論語、陽貨篇、第一二三頁、曰：「……天何言哉？四時行焉，百物生焉，天何言哉？」

是道德智慧之謂。[145]蓋道德心乃得道之心，體道之心，即所謂「道心」；（儒家義之「道心」）相應道德實踐而言，乃為絕對性價值標準。及其轉為道德實踐之主宰，則能知是知非，知善知惡，呈現其價值判斷之自覺。此所呈現之價值判斷之自覺，貫注於道德實踐，即是「能好人，能惡人」，即是「為善去惡」。此貫注於道德實踐之價值判斷之自覺既已透顯，即是「知體」之「明覺」。由是可見「知體明覺」最能彰顯道德心之主宰義功能。

牟宗三先生又稱道德心為「自由之無限心」，或者「無限之智心」。（參見前文）如果通過「知體明覺」之內容義，則更容易著明其持性。蓋所謂「自由」者，乃言此知體明覺之呈現，徹上徹下，徹內徹外，無所假借，無所滯礙，既「寂然不動」，又「感而遂通天下之故」，此所以為「自由」也。所謂「無限」者，乃言此知體明覺之所照，即是仁恩之所潤。知體明覺之遍照遍潤，或「親親」，或「仁民」，或「愛物」，終於渾然與天地萬物為一體，[146]此所以為「無限」也。至於「智心」者，乃由於孔子係以「仁」為道德實踐之精神境界，孟子攝仁於「心」，以「心」為道德實踐之主體，並分析其內容為仁、義、禮、智四端，則知是知非之「智」為其內容矣。王陽明則承孟子所言之「智端」，以及盡心篇上、第一九二頁，所言之「所不慮而知者，其良知也」之語，以「良知」為道德實踐之主體，即以「智」領心。

[145] 參見牟宗三先生、現象與物自身、序、第一五頁。又者，牟宗三先生、歷史哲學、第二部、第一章、第二節、第七八頁，即名曰「通體是仁心德慧之孔子」。

[146] 參見牟宗三先生、心體與性體、第二冊、第一章、第六節、第二二三頁。

良知特顯知善知惡之知，即是智，即是道德智慧，牟宗三先生則稱之爲「知體」，稱之爲「智心」。

牟宗三先生、智的直覺與中國哲學、18、第一九三頁、曰：「蓋智的直覺，即是無限心之妙用。」無限心即是知體明覺之智心，其明覺之形態，乃「直而無曲」，即超越運用範疇、概念之歷程，[147]唯「寂然不動，感而遂通天下之故」。此一形態之「知」，牟宗三先生、智的直覺與中國哲學、16、第一五九頁，狀之曰：「知而無知，無知而知，是謂一切知。」

知體明覺之自覺而呈現，既爲「直而無曲」之形態，其呈現之「物」是「實物」，如一色一香，無非中道，乃「物之在其自己」，爲物無物相之無物之物。(此即王陽明所謂「格物」所格之「存在物」。)其呈現之「事」是「實事」，如擡頭舉目、事親從兄，乃「事(亦可稱之爲物)之在其自己」，爲事無事相之無事之事。(亦可稱之爲物無物相之無物之物。此即王陽明所謂「格物」所格之「行爲物」。)夫知體明覺是「體」，實物、實事是「用」，攝用歸體，則實物、實事皆爲知體明覺之所顯發，亦皆爲知體明覺之所涵攝。而非認識心之「對象」。[148]

(4)、牟宗三先生所申述之「道德心」，其內容全幅是「道德意識」——「意識」爲心理學之名詞。「意」者，朱子、大學經文章句、第二頁、曰：「意者，心之所發也。」「識」者，於佛學、唯識宗、乃以了別爲義。包括眼、耳、鼻、舌、身、意之六根，對色、聲、香、

---

[147] 參見牟宗三先生、認識心之批判、第一卷、第一章、第二節、第一二頁。

[148] 參見牟宗三先生、現象與物自身、第四章、4、第一二八頁。

味、觸、法之六塵，而生眼、耳、鼻、舌、身、意之六識。是以「意識」於心理學之意義，當指心靈之感覺、記憶、想像、分析、比較、推理、判斷諸感應活動。今移之於義理之學，則「道德意識」者，當指「道德心」之感應活動而言。

自人間社會，現實生活言之，「道德意識」之興發，每每必須假借某種機緣，然後能躍然而起，承當罪業。牟宗三先生、心體與性體、第二冊、第三部、第一章、第六節、第二二四頁、曰：「仁心仁體則由當下不安、不忍、憤悱不容已而啓悟，……。」茲編號以申之。

①、「不安」者——論語、陽貨篇、第一二四頁、曰：「宰我問：『三年之喪，期已久矣。……』子曰：『食夫稻，衣夫錦，於女安乎？』曰：『安！』『女安則爲之，夫君子之居喪，食旨不甘，聞樂不樂，居處不安，故不爲也。今女安，則爲之。』宰我出，子曰：『予之不仁也，子生三年，然後免於父母之懷。夫三年之喪，天下之通喪也。予也，有三年之愛於其父母乎？』」夫親喪，「食夫稻，衣夫錦」，安或不安？此現實上之機緣，宰我於孔門爲大而化之之人格，曰「安」！是道德心之麻痺，而耽於自然生活。孔子責之，以「子生三年，然後免於父母之懷」，恩重情深，「不安」，則是道德意識之興發。[149]

②、「不忍」者——論語、憲問篇、第一〇三頁、曰：「子路宿於石門，晨門曰：『奚自？』子路曰：『自孔氏。』曰：『是知其不可而爲之者與！』」春秋末年，社會至亂，爲或不爲？此現實上之機緣，不爲，是道德心之麻痺，忍於令生民之塗炭而無助。不忍而爲之，

[149] 參見牟宗三先生、心體與性體、第二冊、第三部、第一章、第六節、第二二一頁。

是道德意識之興發。[150]

③、「憤悱」者——論語、述而篇、第四二頁、曰：「子曰：『不憤不啓，不悱不發。』」朱子、集註、曰：「憤者，心求通而未得之意。悱者，口欲言而未能之貌。」牟宗三先生、心體與性體、第二冊、第三部、第一章、第六節、第三二頁、曰：「此雖是就教學言，……而憤悱即是眞生命之躍動。推之，一切德性之表現皆由憤悱而出也。憤悱即是不安，即是不忍。」憤悱乃相對安之、忍之而言，安之、忍之而有所憤悱，此現實上之機緣。如果憤而未啓，悱而未發，是道德心之痲痺，而安於安之，忍於忍之。一旦憤而啓之，悱而發之，是道德意識之興發。[151]

由於不安、不忍、憤悱之情而興發道德意識，及其推擴，則在轉出化成人格、化成天下、終於開創一「人文世界」之「文化意識」。關於人文化成，牟宗三先生於道德的理想主義、第十三篇、第二三〇頁，[152]提出儒家之「夷夏之辨」、「人禽之辨」兩大綱領。茲述介之：

①、「夷夏之辨」者——論語、憲問篇、第九八頁、曰：「子貢曰：『管仲非仁者與？桓公殺公子糾，不能死，又相之。』子曰：『管仲相桓公，霸諸侯，一匡天下，民到于今受

---

[150] 參見牟宗三先生、歷史哲學、第二部、第一章、第二節、第七八頁。

[151] 參見牟宗三先生、心體與性體、第二冊、第三部、第一章、第六節、第二二一頁。

[152] 牟宗三先生、道德的理想主義，臺中市、東海大學發行，民國五十九年、七月、再版。

其賜；微管仲，吾其被髮左衽矣！……』」被髮左衽，夷族之習俗。夷族，乃野蠻之民族，唯逞其原始生命，未受文化之薰陶。夏族，乃文化之民族，透顯其理性生命，涵養精神之生活。是以「夷夏之辨」乃在維繫夏族之文化傳統生活。公羊傳詮釋春秋大義，即以爲春秋經之第三階段，乃在寄寓夷狄接受諸夏文化而進於中國之理想。

②、「人禽之辨」者——論語、微子篇、第一二八頁、曰：「……夫子憮然曰：『鳥獸不可與同群，吾非斯人之徒與而誰與？天下有道，丘不與易也。』」孟子、離婁篇下、第一一五頁、曰：「孟子曰：『人之所以異於禽獸者幾希』」朱子、集註、曰：「人物之生，同得天地之理以爲性，同得天地之氣以爲形。其不同者，獨人於其間，得形氣之正，而能有以全其性爲少異耳。」孟子即自此「幾希」處，指出人之所以異於禽獸者，在於此能自覺以呈現其仁、義、禮、智四善端。此四善端，即朱子、集註所謂「同得天地之理以爲性」者。及其自覺以呈現，即是理性生命之透顯，精神生活之涵養，相對人禽同具之自然生命而言，即是人文化成。是以「人禽之辨」乃在透顯文化之生活。

夷夏之既辨、人禽之既辨，而呈現一「人文世界」，其化成人格、化成天下，尚須假借教化、經濟、政治、法律、……以及科學、技術、……諸學術、制度之研究與施措，庶幾於積極方面有所引導，消極方面有所規範，以化成美滿人格，化成美滿風俗。

由道德意識之興發，轉出文化意識之湧現，而成就人文世界之開創。凡此，莫不爲「道德心」之所涵攝，而歸屬以爲其內容。

牟宗三先生所開闢之「道德心」，其內容既然全幅是「理」，（道德理性）此理乃「即存有，即活動」。（牟宗三先生之語）「即活動」，故能實現價值。實現價值即是「生機」義。生機義之覺之、潤之，必涵知善知惡、爲善去惡。知善知惡、爲善去惡即「知體明覺」。知體明覺之全幅感應活動歷程，即是「道德意識」。四義相生相融，相涵相攝，則道德心之全幅內容窮盡矣。

## ㈢、牟宗三先生所申述之「道德心」之修養

道德心之修養，牟宗三先生亦未明言之。其實，道德心乃絕對善者，並無所謂「修養」問題。一般之言道德修養者，乃多偏重於實踐上之「外緣功夫」。牟宗三先生所著墨者，則較偏重於如何自覺以「極成」之之「自性功夫」。故牟宗三先生於道德的理想主義之第三篇、道德的理想主義與人性論、第二四頁、曰：「我們已說，『怵惕惻隱之心』，是『道德的實踐』的先驗根據，是『道德的理想主義』，所以必然極成之確乎其不可拔的基礎。」由是可知「極成」之之功夫，當須落在承體起用之實踐，如何自覺之自性功夫。

牟宗三先生、智的直覺與中國哲學、18、第一九三頁、曰：「只有在本心仁體在其自身——即自體挺立而爲絕對而無限時，智的無限始可能。如是，吾人由發布無條件的定然命令之本心仁體或性體之爲絕對而無限，才可肯定智的直覺之可能。」

牟宗三先生、圓善論、第一章、七、第三二頁、曰：「吾人之心、之性、之意志，既是自律，又是自由，必悅理義，理義是它所自發的。……問題端在如何體現之耳。」

（即盡之耳）說到體現，最後而根本的本質的動力，即在此超越的義理之心之自己，其餘的都是外緣。」

牟宗三先生、智的直覺與中國哲學、18、第一九六頁、曰：「本心仁體之悅與明覺活動，反而自悅自覺其所不容已地自立之法則，即是自知自證其自己，如其為一『在其自己』者而知證之。此即是『在其自己』之本心仁體連同其定然命令之具體呈現。」

牟宗三先生、現象與物自身、第四章、2、第一二二頁、曰：「知體明覺不能永停在明覺之感應中，它必須自覺地自我否定，（亦曰自我坎陷）而轉為知性；此知性與物為對，始能使物成為對象，從而究知其曲折之相。它必須經由這一步自我坎陷，它始能充分實現其自己，此即所謂『辯證的開顯』。它經由自我坎陷轉為知性，它始能解決那屬於人的一切特殊問題，而其道德的心願亦始能暢通無阻。」

牟宗三先生所言之「道德心」，固然為「認識心」之形而上根據；而道德心之坎陷自己、執持自己，則轉為認識心。是以道德心與認識心為一體之兩層面，蓋認識心屬「氣」，而道德心則屬「理」。道德心既屬理，則為絕對善者，牟宗三先生所以主必須「極成」之者，乃因為道德心之實踐，必須通過自然生命；既通過自然生命，則難免為自然生命之氣質所限、欲望所蔽。言道德心之極成，即氣質之限、欲望之蔽之消融功夫必為所涵。

(1)、牟宗三先生所申述之「道德心」，首先必須「自體挺立」——道德心為道德實踐之超越根據，道德心唯於道德實踐中始得充量呈現；反之爲求道德實踐之通達無阻，首先必須道德心之「自體挺立」。故牟宗三先生、智的直覺與中國哲學、18、第一九三頁、曰：「自體挺立而爲絕對而無限時，智的無限始可能。」孟子、告子篇上、第一七〇頁、曰：「先立乎其大者，則其小者不能奪也。」「大」者即指道德心，「立」即挺立。「小」者則指耳目之官。此謂道德心自體之自覺挺立，則無爲耳目之官、聲色之欲所蔽。夫道德心既爲道德實踐之超越根據，故爲「絕對」者。及其自覺呈現爲道德實踐，則無不涵蓋，無不潤澤，故爲「無限」。道德心之無不涵蓋，無不潤澤，即是「知善知惡」、「爲善去惡」之「智光」之遍照，即是「智之無限」。

(2)、牟宗三先生所申述之「道德心」，其自性功夫在於體現其所自發之理義——孟子、告子篇上、第一六四頁、曰：「……心之所同然者何也？謂理也，義也。聖人先得我心之所同然耳。故理義之悅我心，猶芻豢之悅我口。」牟宗三先生、圓善論、第一章、七、第三二頁、曰：「吾人之心、之性、之意志，既是自律，又是自由，必悅理義，理義是它所自發的。」案「理」爲道德理性。「義」者，中庸、第二十章、第一五頁、曰：「義者，宜也。」朱子、章句、曰：「宜者分別事理各有所宜也。」蓋爲道德價值判斷之準則，自亦屬於道德理性。理爲全體之名，義則爲其呈現之特殊形態。是以義猶理也，故稱「理義」。牟宗三先生言「道德心」，其內容全幅是理性，故理義即是道德心之內容。道德心之呈現，即是理義之貫注，此牟宗三先生所以言「理義是它（心）所自發的。」

牟宗三先生、圓善論、第一章、七、第三二頁，又曰：「……（義理之心）問題端在如何體現之耳。（即盡之耳）說到體現，最後而根本的本質的動力，即在此超越的義理之心之自己，其餘的都是外緣。」所謂「體現」，即以之爲體而如如呈現之。亦即以內容全幅是理義之道德心爲體，並如其內容全幅是理義而全幅呈現之。此理義即道德心之本質，其呈現即理義之「自知自證」，[153]故爲體現之「根本的本質的動力」。理義之「自知自證」，爲自性功夫，而氣質之限、私欲之蔽之消融，乃爲所必涵，則屬外緣功夫。

(3)、牟宗三先生所申述之「道德心」，其具體呈現在「自知自證其自己」——道德心爲道德實踐之內在根據，及其實踐，或爲①、不自覺者，如易經、繫辭上傳、第五章、曰：「百姓日用而不知。」蓋人莫不稟此道德心，並隨分隨緣實踐於生活中，然於觀念上每爲不自覺，於價值上則有暗合於「道」處。由於於觀念上爲不自覺，而致每爲氣質所限、私欲所蔽，故不能充量呈現之。[154]②、自覺者，當道德心之自覺呈現，一則爲順之以知善知惡、爲善去惡。一則爲逆之以自覺其知善知惡，爲善去惡，乃發之於其意志之自由爲不容己之命令，此所以「自知」也。既然，知善知惡、爲善去惡乃發之於不容己之自由意志，則道德心卓然而挺立矣，此所以「自證」也。「自知自證」牟宗三先生又名之曰「逆覺體證」。[155]「自知自證」發自道德心，道德心之自知自證，乃攝此自知自證而歸於自己，非以道

[153] 此語乃牟宗三先生、智的直覺與中國哲學、18、第一九六頁之語。
[154] 參見朱維煥、周易經傳象義闡釋、繫辭上傳第五章、第一六六頁之案語。
[155] 參見牟宗三先生、智的直覺與中國哲學、18、第一九六頁。

德心爲對象，故知無知相，證無證相，蓋自知自證即是道德心之「知體明覺」自己，此牟宗三先生所以稱之爲「在其自己」。自知自證既是道德心之知體明覺自己，其過程乃「直而無曲」，即一知一切知，一證一切證之直覺形態，故牟宗三先生稱之爲「智之直覺」。[156]

(4)、牟宗三先生所申述之「道德心」，其「辯證開顯」轉出「認識心」，始爲「道德心」之極成其自己——「道德心」呈現其自由意志，發爲無條件之定然命令，其覺照之所至，隨之亦爲潤澤之所及，落於具體生活，則爲知善知惡，爲善去惡，此牟先生稱之爲「自由無限之智心」。(詳見前文)自由無限之智心，所成就者爲道德世界。

誠然，道德世界實爲至善至美之境界，及其落實於人間社會，則爲成就人文價值。所謂人文價值，即於人間社會建設人間倫理、社會制度，以文飾其生活，此道德世界之間架。書經、大禹謨篇、第一二頁、曰：「禹曰：『於！帝念哉！德惟善政，政在養民，水、火、金、木、土、穀，惟修。正德、利用、厚生，惟和。』」蓋謂道德世界之成就，當以開發自然，成就知識爲必要條件；而開發自然，成就知識，則屬「認識心」之功能。固然，認識心與道德心爲一體之兩層面，而究以道德心爲「實現原理」，(牟宗三先生常言之語)認識心則爲自道德心所轉出者。

道德心爲自由無限之智心，其轉出認識心必須坎陷自己，執持自己，以建立時空系統、純理系統，然後運用概念、理解萬象。(參見前文)如是，認識心之成就知識，開發自然，實

[156] 參見牟宗三先生、智的直覺與中國哲學、18、第一九六頁。

爲道德心所涵攝，亦爲道德心之極成。

## 第三節、牟宗三先生所申述之「道心」

### (一)、牟宗三先生所申述之「道心」之性質

牟宗三先生論道家之心靈，乃名之曰「道心」。其資料乃根據先秦之老子、莊子，以及魏晉玄學中，王弼之老子注、向秀、郭象之莊子注。雖然，牟宗三先生於才性與玄理、第六章、第二節、第一七七頁，[157]則辨別老子、莊子所言之「道」略有不同，曰：「故老子之道，爲『實有形態』，或至少具備『實有形態』之姿態，而莊子則純爲『境界形態』。」其所以如此之故，乃因爲老子之學擅以觀念化敘述，莊子之學則多爲精神性展示，先後並無二致。

牟宗三先生、現象與物自身、序、第一六頁、曰：「……但如果我們知道這些（指良知、虛一而靜之道心、如來藏自性清淨心）都是屬於本體界的，它們便理應同被表示爲是一自由的無限心。」

牟宗三先生、智的直覺與中國哲學、19、第二〇八頁、曰：「但在道家，其心齋之

[157] 牟宗三先生、才性與玄理，香港、人生出版社印行，民國五十二年、九月出版。

> 道心，只就消化學知之依待與追逐後之止、寂、虛、無說，並無道德的內容，……但是止、寂、虛、無之無爲，必然地函著無不爲，這裏亦有一種創生性。……此可名曰消極意義的創生性。」
>
> 牟宗三先生、智的直覺與中國哲學、19、第二一三頁、曰：「……此種『無知而無不知』即是智的直覺。……道家只從學、知之『滅于冥極』而說道心之虛寂圓照，無知而無不知。在此圓照下，一切皆是『在其自己』之自爾獨化。」

(1)、牟宗三先生所申述之「道心」，屬於悟性層之超越存在——牟宗三先生之言心，(屬於「認識心之批判」，既分爲「認識心」、(包括「感性層」與「知性層」)與「道德心」、「悟性層」)道家之道心，與儒家之道德心，皆同屬於悟性一層面。夫悟性層乃超越於感性層、知性層以上之另一層面。道心既屬悟性層，故爲超越存在。

(2)、牟宗三先生所申述之「道心」，其體「虛寂」，其用則在「圓照」——所謂「道心」，即體道(道家「自然之道」)之心，道家以自然爲道，體此自然之道以爲心之「道心」，唯順應自然，「並無道德內容」。(此牟宗三先生之語)老子、第四十八章、曰：「爲學日益，爲道日損，損之又損，以至於無爲。無爲而無不爲。」莊子、養生主、第五四頁、曰：「吾生也有涯，而知也无涯，以有涯隨无涯，殆已。」夫學與知，所以累積知識，提煉觀念，如是則有所依待，有所追逐，(此順牟宗三先生之說申述之，參見前文引語)可能因此而致陷溺。因此，如果「『消化』學、知之依待與追逐」，(此牟宗三先生之語，見前文引語)雖然有所學、有所知，而於心則無所累，是爲「心齋」。[158]心齋，即謂心之體至虛至寂也。

老子、第十六章、第一八頁、曰：「致虛極，守靜篤，萬物並作，吾以觀其復。」天道至虛，地道至靜，故「無爲」；「萬物並作」，即「無不爲」。「吾以觀其復」，即體此天地之道以致虛守寂(靜)，而觀照天地之無作無爲，唯任萬物之自化自生。此「觀照」即牟宗三先生所謂「消化學、知之依待與追逐」而致之心體虛寂；以虛寂之心，觀照天地、萬物，則無所知而無所不知；此無所知無所不知之觀照，即是「圓照」。

(3)、牟宗三先生所申述之「道心」，乃一「自由之無限心」——道心雖「無道德內容」，而其體至虛至寂，爲超越之存在。老子、第十五章、第一七頁、曰：「古之善爲道者，微妙玄通，深不可識。」莊子、應帝王、第一三八頁、曰：「至人之用心若鏡，不將不迎，應而不藏，故能勝物而不傷。」郭象、注、曰：「來即應，去即止。」「微妙」，即深微玄妙。深微玄妙，即其「知」爲無知無不知之知，其「用」爲無用無不用之妙用。「玄通」，即妙玄圓通。妙玄圓通，即其「所知」爲無知無不知之周知，其「所用」爲無用無不用之遍用。夫神知、妙用之「道心」，如「不將不迎」之「鏡」，唯順物之「來即應，去即止」此其所以爲「自由」。又者，其周知，其遍用，則物無不照，無不勝，無不涵攝而歸於其自己，此其所以爲「無限」。

以此自由而無限之道心，觀照人情世事之變化，則能「安時而處順」；觀照宇宙萬物

---

[158] 莊子、人間世、第六八頁、曰：「唯道集虛，虛者心齋。郭象、注、曰：「虛其心則至道集於懷也。」

之變化，故能與物而俱化。[159]

(4)、牟宗三先生所申述之「道心」，其妙用，見之於「智之直覺」——所謂「智之直覺」，牟宗三先生、智的直覺與中國哲學、16、第一五九頁、曰：「智的直覺之知，……亦可以說知而無知，無知而知，是謂一切知。既無知相，亦無知的意義。」夫道心屬於悟性層之知，乃超越於知性層之上；認識心屬於知性層之知，其知，必須通過「範疇」，必須使用「概念」，必須遵守思辨歷程。道心既爲屬於超知性層以上者，其知，乃「直而無曲」者，所謂「直而無曲」，即不必通過「範疇」，不必使用「概念」，不必遵守思辨歷程，如前文所引牟宗三先生、智的直覺與中國哲學、16、第一五九頁、所言，「知而無知，無知而知，是謂一切知。既無知相，亦無知的意義。」道家之「道心」，其「知」之形態，於老子、第四十八章、第五八頁、曰：「爲學日益，爲道日損，損之又損，以至於無爲。無爲而無不爲。」以及莊子、養生主、第五四頁、曰：「吾生也有涯，其知也無涯，以有涯隨無涯，殆已。」牟宗三先生、智的直覺與中國哲學、19、第二〇八頁，稱之爲「消化學知之依待與追逐」，即反歸之於道心之虛寂絕對性自已。其知，即無知而無不知，是爲「智之直覺」。以「智之直覺」觀照萬物，則萬物無不「在其自已」，斯之謂「圓照」。[160]

---

159 「安時而處順」，莊子、養生主篇、第六〇頁之語。「與物而俱化」，乃莊子齊物論篇之義。

160 參見牟宗三先生、智的直覺與中國哲學、19、第二一三頁。

## (二)、牟宗三先生所申述之「道心」之內容

莊子、應帝王、第一三八頁、曰：「至人用心若鏡」牟宗三先生、智的直覺與中國哲學、19、第二〇八頁、曰：「在道家，其心齋之道心，……並無道德的內容。」雖然，裴松之、三國志、第三冊、魏志、卷二十八、第三十頁，[161]鍾會傳、注、引何劭、王弼傳、曰：「弼曰：『聖人體無，……』」因此，道心雖無儒家義之道德內容，然而，通過聖人所體之「無」，老子所謂之「道」，修持有成所謂之「德」，則可以姑且以「無」作為「道心」之道家義道德內容。

牟宗三先生、才性與玄理、第五章、第一節、第一三六頁、曰：「道有兩相，一曰無，二曰有。……實則有無渾圓為一；渾圓為一，則謂之玄。」

牟宗三先生、才性與玄理、第六章、第四節、第一八七頁、曰：「『無為而無不為』，總是道家之普遍原則。『無為』是本，是冥。『無不為』是末，是迹。本末，冥迹，並非截然之兩途。……亦曰『迹』與『所以迹』，是則兩者本是具體地圓融於一起。」

牟宗三先生、圓善論、第六章、第二節、第二六三頁、曰：「道家的無限智心是玄智，是道心。……道心玄智一旦呈現，則人之生命虛一而靜，亦和光同塵而成全一切，而天地萬物亦皆歸根復命而得其天常。如是，此一無限的道心玄智一旦呈現，

[161] 裴松之、三國志注，臺北市、中華書局印行。

亦可保住玄德之純與夫存在之諧和于德。（原注：道家意義的德）此亦可開德福一致之機。」

牟宗三先生、才性與玄理、第五章、第五節、第一六四頁、曰：「老子只是作用之保存，故多詭辭以通無，而即視無以爲體。此即玄理玄智也。」

牟宗三先生、才性與玄理、第五章、第五節、第一六三頁、曰：「故老子『絕聖棄智，絕仁棄義』，實非否定聖智仁義，而乃藉『守母以存子』之方式，『反其形』以存之也。……即『正言若反』之方式，亦即『辯證詭辭』之方式。」

(1)、牟宗三先生所申述之「道心」，全體是「無」——於老子，「無」爲「道」之形容。老子、第一章、第三頁，言道曰：「道可道，非常道。」此爲遮撥以反顯之語，蓋遮撥「可道世界」之屬性，以反顯一形而上之「實有」，[162]即「常道」之「道」。欲反顯此道，所遮撥者即無聲、無臭、無方所、無定體，即一無所有。既然，則轉名之曰「無」；故「無」即是老子之「道」。

據上文所引之裴松之、三國志、第三冊、魏志、卷二十八、第三十頁，鍾會傳、注、引何劭、王弼傳、曰：「弼曰：『聖人體無，……』」體無即體道，即以無爲體，以無存心。

---

[162] 牟宗三先生、才性與玄理、第六章、第二節、第一七七頁、曰：「故老子之道，爲『實有形態』，或至少具備『實有形態』之姿態，而莊子則爲『境界形態』。」

以無存心即無知、無欲、無作、無爲，唯順應自然而已。此即莊子、應帝王、第一三八頁、所謂之「至人用心若鏡」，亦即老子、第十六章、第一八頁、曰：「致虛極，守靜篤，萬物並作，吾以觀其復。」故「道心」者，一無所有，以觀照萬物之自生自化，而順應自然，此其所以爲「體無」，即全體是「無」。

(2)、牟宗三先生所申述之「道心」，蘊涵「玄智」——老子、第一章、第三頁、曰：「道可道，非常道；名可名，非常名。無，名天地之始；有，名萬物之母。故常無，欲以觀其妙；常有，欲以觀其徼。」老子所言之「無」即是「道」，蓋遮撥「可道世界」之屬性，以見其爲無聲、無臭、無方所、無定體；一無所有之道家義「無生之生」[163]之化生本源。「欲以觀其妙」，即觀此化生本源「無生之生」之妙。老子所言之「有」，乃謂「道」(無)之作用，道爲萬物化生之本源，雖然，實無所生之而物自生，物自生即道之「無生之生」，故「物自生」猶道之「無生之『生』」，是爲道之作用。(老子所謂「有」也)夫老子言萬物之化生，「道」(無)是一層次，「有」是一層次，「道」是「無」，「有」是道之作用；「常有，欲以觀其徼」，即觀其生物之方向性，[164]此生物之方向性即道之作用。

老子、第一章、第四頁，又曰：「此兩者(無、有)同出而異名，同謂之玄。玄之又玄，眾妙之門。」「同出」，言「無」與「有」同出於道，「無」狀道之體，「有」謂道之用。

---

[163] 「無生之生」，爲牟宗三先生之語，見才性與玄理，第五章、第五節、第一六一頁。

[164] 牟宗三先生、才性與玄理、第五章、第一節、第一三五頁、曰：「徼同要。徼性即『向性』。」

「異名」，名道之體曰「無」，名道之用曰「有」。「同謂之玄」，言「無」與「有」同爲道所涵攝，於道之全體大用中，有無淨化而圓融。則道者雖無而攝有，雖有而涵無。夫無屬於形而上，有屬於形而下；有無渾化而圓融，即形而上、形而下渾化而圓融，此之謂「玄」。

牟宗三先生、圓善論、第六章、第二節、第二六三頁、曰：「道家的無限智心是玄智，是道心。」「玄智」，乃謂道心之智用，以「玄」（形而上、形而下渾化而圓融）之方式表達。夫智之用在知，玄智即由「無知而無不知」。「無知」，乃相應形而下、如老子、四十八章、第五八頁、「爲學日益」之「學」，莊子、養生主、第五四頁、「而知也無涯」之「知」而言。無知，則無所依待，無所追逐，（此牟宗三先生之說，見上文）無爲所累，無爲所陷；而歸於道心之絕對性自己。「無不知」，則相應形而上、如老子、第五十五章、第六七頁、曰：「知和曰常，知常曰明。」以及莊子、大宗師、第一〇一頁、曰：「知天之所爲，知人之所爲者，至矣。」即知乎自然之道。知乎自然之道，則「天之所爲」，「人之所爲」，莫不在乎是。是以既「無知」，又「無不知」，即形而上、形而下之渾化而圓融，此牟宗三先生於才性與玄理、第五章、第五節、第一六三頁，所稱之「辯證詭辭」。是爲道心玄智之圓照。[165]

(3)、牟宗三先生所申述之「道心」，涵攝「玄理」——牟宗三先生、現象與物自身、序、第一四頁、曰：「道家以玄理、玄智爲主。……玄理是虛說，是指有無之玄同而言。」「玄」者，即有無渾化而圓融，形而上、形而下渾化而圓融，已詳述於前文。牟宗三先生、

[165] 參見牟宗三先生、才性與玄理、第六章、第四節、第一九〇頁。

才性與玄理、第六章、第四節、第一八七頁、曰：「『無爲而無不爲』，總是道家之普遍原則。」「無爲」，乃謂形而上之「無」，無爲、無作；「無不爲」，則言形而下之「有」，無不自化、自生。「無爲而無不爲」，即有、無之渾化而圓融，形而上、形而下之渾化而圓融，故謂之「玄」。「總是道家之普遍原則」，即示其爲道家客觀之理，因其以「渾化而圓融」之方式表達，故謂之「玄理」。

「道心」既「無知而無不知」，此爲主觀之玄智。以主觀之玄智圓照天道、人道，則天道固然「無爲而無不爲」，人道亦當「無爲而無不爲」；此客觀之玄理，既爲主觀之玄智所圓照，故爲道心所涵攝。

(4)、牟宗三先生所申述之「道心」，蓄蘊「玄德」——道家之「道心」，乃謂體道之心。夫體道之道心，其體「虛寂」，（已申述於前文）而老子、第四章、第六頁、曰：「道沖而用之，或不盈。淵兮似萬物之宗。」此言道心以沖虛爲用，沖虛爲用則無知、無爲；雖然，無知而無不知，無爲而無不爲，此其所以爲「微妙玄通」。[166]然而，老子、第四十五章、第五六頁、曰：「大盈若沖，其用不窮。」蓋謂「微妙玄通」即此道心充實飽滿之內容，所謂「其用不窮」、「若沖」之「大盈」。體道之道心，既「沖而不盈」，又「大盈若沖」，盈、沖渾化而圓融，此之謂「玄」。

如果落在實踐上言之，老子、第五十一章、第六三頁、曰：「（道）生而不有，爲而不

---

[166] 「微妙玄通」，老子、第十五章、第一七頁之語。

恃，長而不宰，是謂玄德。」「不有」、「不恃」、「不宰」，乃示其體之沖虛；而「生」、「爲」、「長」，則示其「其用不窮」之大用，以反顯其沖虛之體誠充實飽滿而「大盈」。禮記、樂記、第二〇五頁、曰：「德者，得也。」蓋體乎「無爲而無不爲」之道而有得也。則虛寂之道心，通過其所呈現之「不窮大用」，而反顯其「大盈」，此之謂「玄德」。

「道心」既無儒家義之道德內容，唯以道家義之「無」爲體。而「無」則爲一遮撥以反顯其「境界形態之實有」。（此牟宗三先生之語，見才性與玄理、第五章、第二節、第一四三頁，已申述於前文）遮撥以反顯者，即以「無如何而無不如何」之句法表達。「無如何而無不如何」乃示其形而上、形而下之渾化而圓融，所謂「玄」也。道心即以「玄」之方式觀照天道、人道，此「玄」即道心之最高智慧，是爲「玄智」。玄智乃道心主觀意義之表現，故安立以爲其蘊涵之內容。道心以玄智觀天道、人道，則天道、人道瀰綸一「無如何而無不如何」之玄理，玄理乃玄智所觀照之客觀之理；既爲玄智所觀照，故爲道心所涵攝。玄智觀照玄理，落在實踐上，則成就其「無如何而無不如何」之玄德。玄德既爲玄智之觀照而實踐所成就者，故爲道心所蘊蓄。

### (三)、牟宗三先生所申述之「道心」之修養

牟宗三先生、才性與玄理、第六章、第六節、第二〇七頁、曰：「故養生之主，亦即在『心』上作致虛守靜之工夫，而將此一切無限追逐消化滅除，而重歸於其自己之具足，此即所謂『滅於冥極』也。冥極者，滅除一切追逐依待而玄冥於性分之極

也。此即通於逍遙、齊物、自爾獨化之境矣。」

牟宗三先生、才性與玄理、第一章、第二節、第二四頁、曰：「……則其清虛一靜之心，其自身並無超越之根據，惟靠道、無、自然來提煉，只有後天之工夫，並無先天之工夫。」

(1)、牟宗三先生所申述之「道心」，其修養在「致虛守靜」——老子、第十六章、第一八頁、曰：「致虛極，守靜篤，萬物並作，吾以觀其復。」虛、靜為天、地之道，虛、靜之天之道、地之道，無作、無為，唯任萬物之並作於道，復歸於道。體道之道心，即以虛、靜為體，而觀乎萬物之並作於道，復歸於道；亦無作、無為，亦任萬物之自然。此之謂「致虛守靜」。

(2)、牟宗三先生所申述之「道心」，其修養，在「消化學知之依待與追逐」，⑯而「重歸於自己之具足」——老子、第四十八章、第五八頁、曰：「為學日益，為道日損，損之又損，以至於無為。無為而無不為。」莊子、養生主、第五四頁、曰：「吾生也有涯，而知也無涯，以有涯隨无涯，殆已。」夫學與知，如果以社會之立場言之，所以累積知識，提煉觀念，自生命之活動言之，固出於感性之本能，知性之要求；自精神之價值言之，則可推擴知識領域，豐富觀念內容。如果以道家之立場言之，學與知，每每導致精神上之有所依待，有所追逐，甚至於陷溺。牟宗三先生以為道家道心之修養，在於「消化學知之依待與追逐」。

⑯參見牟宗三先生、智的直覺與中國哲學、19、第二〇八頁。

所謂「消化學知之依待與追逐」，蓋謂學與知固為感性之本能，知性之要求，而且藉之推擴知識之領域，豐富觀念之內容；然而，如果循乎生命活動之自然，於學而無所學，於知而無所知，則對於學與知無所依待，無所追逐；然後，學而無所學之「學」，知而無所知之「知」，莫不歸於道心玄智之自己，渾化而圓融，斯為道心玄智之圓滿而具足。

(3)、牟宗三先生所申述之「道心」，其修養，在於「惟靠道、無、自然來提煉——老子、第二十五章、第三〇頁、曰：「人法地，地法道，道法自然。」老子之道即是自然，即是無；蓋無聲，無臭，無方所，無定體，為一無所有之「無」，即是狀乎「自然」，狀乎自然之「道」。

牟宗三先生於才性與玄理、第五章、第三節、第一四三頁、判定道家之「道心」，是「境界形態之實有」，其體至虛至靜，然而生命之活動，又不能無所學，不能無所知；唯順應自然之道，學而無所學，知而無所知，乃為牟宗三先生所謂之「消化學知之依待與追逐」，即是「以道、無、自然來提煉」之道，庶幾歸於道心之絕對性虛靜自己。牟宗三先生、才性與玄理、第一章、第二節、第二四頁、曰：「其清虛一靜之心，其自身並無超越之根據，……只有後天之工夫，並無先天之工夫。」其此之謂歟！

虛靜之道心，既通過「消化學知之依待與追逐」，通過「以道、無、自然來提煉」，而復歸於絕對性虛靜自己。此即牟宗三先生、才性與玄理、第六章、第六節、第二〇七頁、所謂之「通於逍遙、齊物、自爾、獨化之境矣」乎！

## 第四節、牟宗三先生所申述之「佛心」

佛教之傳入中國，相傳是始於東漢，經魏、晉、南北朝，至隋、唐之發展，計有十四宗之多。此十四宗之中，特顯「佛心」之意義者，當推禪宗、（梁、武帝時，達摩大師傳入中國。）天臺宗、（北齊、慧文大師開創，陳、隋間，智顗大師完成之。）華嚴宗、（隋、唐間、杜順大師開創，唐、武后時，賢首大師完成之。）法相宗，（又名唯識宗。先是南北朝、梁之時，眞諦傳唯識學至中國。唐、玄宗時，玄奘大師開創之。）計四宗而已。四宗之中，又以唯識宗、天臺宗、華嚴宗所言之「心」，最具其豐富之內容，各見其特殊之性質。而禪宗則特見其高致。牟宗三先生暢論佛家之「佛心」，主要者見諸「佛性與般若」，[168]故即多著筆於此三宗，共兼及於禪宗。茲述介之。

### （甲）、牟宗三先生所申述之唯識宗之「識心」

#### （一）、牟宗三先生所申述之唯識宗之「識心」之性質

唯識宗以爲宇宙之現象，人生之行爲，皆爲「心識」（識心）所變現，故曰「萬法唯識」。所謂「心識」（識心）則包括前五識之眼識、耳識、鼻識、舌識、身識，第六識之意識，第

168 牟宗三先生、佛性與般若，臺北市、學生書局印行，民國六十六年、六月出版。

七識之末那識，第八識之阿賴耶識。

牟宗三先生、佛性與般若、第二部、第六章、第二節、第五〇七頁、曰：「唯識宗有一『對于一切法作根源的說明』之工作，但卻是以阿賴耶識爲依止。……阿賴耶識之種現關係，自是因緣生滅的，因而亦是依他起之似有無性的。」

牟宗三先生、佛性與般若、第一部、第三章、第二節、第一五九頁、曰：「佛教因爲是泛心理主義，所以特重識心之執著義、染污義、以及變現義，所謂唯識所變，境不離識。」

牟宗三先生、現象與物自身、第七章、第四〇五頁曰：「唯識宗是想以阿賴耶說明一切法，此名曰『阿賴耶緣起』，但阿賴耶是無覆無記，本質上是染汙的。由之只是說明有漏法，不能說明清淨無漏法。故此一系統並不能算圓滿。此即所謂『虛妄唯識』系之思想。玄奘所傳者即代表這一系。」

牟宗三先生、現象與物自身、序、第七頁、曰：「知性之執，我們隨佛家名之曰識心之執。識心是通名，知性是識心之一形態。知性、想像，以及感性所發的感觸直覺，此三者俱是是識心之形態。識心之執是一執執到底的。從其知性形態之執執起，直執至感性而後止。我們由此成立一『現象界的存有論』，亦曰『執的存有論』。」

牟宗三先生、現象與物自身、第四章、第一六六頁、曰：「識心之執，就是認知心之執持。執性由其自執與著相兩義而見。識心由知體明覺之自我坎陷而成，由坎陷而停住，執持此停住而爲一自己，以與物爲對，這便是識心。識者，了別義，故識心亦曰了別心，即認知心也。此了別是靜處一邊，而與物爲對以指向於對象的觀解的了別。」

(1)、牟宗三先生所申述之「識心」，爲「對于一切法作根源的說明」之內在依據——佛家所謂「一切法」，包括宇宙之現象、思惟之概念、觀念，其結構蓋由於「因」「緣」所和合。即緣聚而生，緣散而滅。而「識心」之對境，前五識職司感觸直覺，第六意識則在分別計度，第七末那識執著我、法，第八阿賴耶識儲藏一切善惡種子，因熏習、現行而輾轉相生，循環不已，斯之謂「阿賴耶緣起」。夫一切法固緣生緣滅，而其「因」則在於「識心」，即「以阿賴耶識爲依止」。此牟宗三先生之以爲唯識宗之以「識心」爲「對于一切法作根源的說明」。

(2)、牟宗三先生所申述之「識心」，「本質上是染汙的，由之只是說明有漏法。」——「識心」，其心行之歷程，既包括前五識之感觸直覺，第六意識之分別計度，第七末那識之執著我、法，第八阿賴耶識之儲藏一切善惡種子，以待熏習、現行。其中前五識、第六識、第七識乃類似於西方心理學所研究者，其目的乃者解釋自然生命對認知作用與本能反應，故屬於生命之實然性活動，於價值上乃屬於中性者。唯識宗則進而安立一第八識阿賴耶識，建立一專屬於佛教之「識心」深層基礎，一則解釋行爲之所以有善有惡之理由，一則說明自然生命固有時而盡，而其惑業種子則超越生死界限而流轉於三世，甚至十、百、千世。

「染汙」、「有漏法」，皆屬佛教之價值判斷。而「識心」既在解釋自然生命之認知作用、本能反應與儲藏善惡種子，故其說明之「法」，只限於價值判斷之「有漏」者，其本質則爲「染污」。至於清淨無漏法，則非「識心」所能說明。

(3)、牟宗三先生所申述之「識心」，其歷程，包括「知性、想像、以及感性所發的感觸直覺」三形態；此爲轉出成就知識之機。——牟宗三先生於「認識心之批判」中，暢論成就知識者爲「認識心」，而「認識心」即包括感觸直覺、想像、知性三形態。故「認識心」之認識歷程，爲轉出成就知識之機。而唯識宗之「識心」，則唯順前五識之感觸直覺、第六識之分別計度、第七識之執著我、法諸作用，復深一層安立一第八阿賴耶識，以爲一切法之所依止，完成一「對于一切法作根源的說明」之「阿賴耶緣起」教義而已。惜迄未窮其內容，盡其大用以開出成就知識之義理途徑。

(4)、牟宗三先生所申述之「識心」，乃「由知體明覺之自我坎陷（自覺之自我否定）而成，由坎陷而停住，執持此停住而爲一自己，以與物爲對。」——牟宗三先生於「認識心之批判」一書中，分析「心」之內容爲「認識心」、（包括感觸直覺、想像、知性。）及其上一層之「智之直覺之無限心」。（於儒家爲「道德心」，於道家爲「道心」，於佛家爲「如來藏自性清淨心」。）「智之直覺之無限心」又名「知體明覺」。「知體明覺」即以「智之直覺」與「自由無限」爲規定。「識心」之呈現，即「由知體明覺之自我坎陷而成」。所謂「自我坎陷」者，牟宗三先生、現象與物自身、第一二三頁、曰：「知體明覺之自覺地自我坎陷，即是其自覺地從無執轉爲執。自我坎陷就是執。坎陷者，下落而陷於執也。……這一執就是那知體明覺之停住而自持其自己。所謂『停住』，就是從神感神應中而顯停滯相。……它轉成『認知主體』。」「知體明覺」之自我坎陷即轉為「識心」。(認知心)「識心」，不論或為感觸直覺、或為想像、或為知性之活動，莫不以外在事物為對象，故曰「與物為對」。總之，「識心」即由「知體明覺」自我坎陷而轉出之一形態。

### ㈡、牟宗三先生所申述之唯識宗之「識心」之內容

唯識宗所言之「識心」，包括前五識，即眼識、耳識、鼻識、舌識、身識。第六識，即意識。第七識，即末那識。第八識，即阿賴耶識。其內容乃所謂「種子」，種子之起現即為其功能。夫識心之內容，所謂「種子——功能」，固為唯識宗所盛言之重要理論，實亦佛教之共同基礎。至於天臺宗、華嚴宗、禪宗等所言之「心」，則為依據此共同基礎理論，復向廣度、深度方面開拓其領域。凡此，前文已作詳細述介。

以是之故，牟宗三先生對唯識宗「識心」之內容，則未曾有所批判，故本項茲從略。

### ㈢、牟宗三先生所申述之唯識宗之「識心」之修養

與上項相同之理由，牟宗三先生對唯識宗「識心」之修養，亦未曾有所批判，故本項亦從略。

## (乙)、牟宗三先生所申述之華嚴宗之「如來藏自性清淨心」

於中國，依佛教歷史，先是天臺宗之成立，而後有華嚴宗。牟宗三先生於佛性與般若、下冊、第三部、第一分、第一章、第五七五頁，則以為「一因繫屬故」、「二因判教不盡故」，乃先說華嚴宗，後述天臺宗。茲從之。蓋如果姑且不問時間之先後，唯觀論「心」之義理形態，則唯識宗之「識心」，華嚴宗之「如來藏自性清淨心」，天臺宗之「一念無明法性心」，三者之關係，儼然有如一「辯證之發展」乎！

## ㈠、牟宗三先生所申述之華嚴宗之「如來藏自性清淨心」之性質

牟宗三先生、佛性與般若、下冊、第三部、第二分、第三章、第一〇九八頁、曰：

「華嚴宗承地論師、攝論師、及起信論早期之唯識學，以如來藏自性清淨心為中心。」

牟宗三先生、智的直覺與中國哲學、20、第三一〇頁、曰：「起信論一心開二門，不是真常心具染性起染事，具淨性起淨事。乃是通過阿賴耶識起生滅門，化識念為智，始仍歸真常心之不生滅門。真常心只是淨，其不空是因具無量無漏功德而不空，不是因具染淨二性二事而不空。」

牟宗三先生、現象與物自身、第七章、第四一五頁、曰：「華嚴宗……而是順唯識宗之阿賴耶緣起推進一步，言如來藏緣起，即就此如來藏緣起言執與無執之對翻。」

牟宗三先生、佛性與般若、第三部、第二分、第一章、第二節、第一〇四二頁、曰：

「主觀說的般若，(妙用般若)收於如來藏性而為自性般若。主觀說的寂知真心，收于如來藏性而為自性真心，則雖是心亦是性——性化了的心。(空寂心、真如心、法性心。)

反之，如來藏性因主觀說的妙用般若與寂知眞心，而見其爲吾人之眞性——心化了的性。（心眞如）」

牟宗三先生、現象與物自身、第七章、第四○六頁、曰：「故賢首之將眞實性收於眞常心上說。……到此，始可於佛家方面說一『無執的存有論』。」

牟宗三先生、佛性與般若、第二部、第四章、第五節、第四三○頁、曰：「無限心就佛家說，就是如來藏自性清淨心——眞常心。此一概念是就『如來藏恆沙佛法佛性』而說的。」

牟宗三先生、智的直覺與中國哲學、19、第二一一頁、曰：「佛家言成佛，其極必以一切衆生得度爲內容，有一衆生不成佛我誓不成佛。是以佛心無外即是無限，因而必函有一智的直覺在內。此智的直覺即寄託在圓教之般若智中。」

牟宗三先生、佛性與般若、第二部、第五章、第二節、第四五九頁、曰：「緣起法無自性，但一切無自性的緣起法，皆統屬于一眞心，此眞心爲其體，則此眞心即是有自性，有自體的。」

(1)、牟宗三先生所申述之「如來藏自性清淨心」，乃「華嚴宗承地論師、攝論師、及起信論早期之唯識學」所建立之中心觀念。——地論宗興於梁武帝時，依「十地經論」立說。至慧遠之「大乘義章」之「八識義」，以第七末那識以下爲妄識，以第八識阿賴耶識爲眞識，爲「如來藏自性清淨心」。

攝論宗興起於陳文帝時，依「攝大乘論」立說，以第八識阿賴耶識爲一切法所依止，其內容則爲「雜染」義。眞諦乃依「楞伽經」、「決定藏論」，立第九識——「阿摩羅識」爲眞常淨識。

「大乘起信論」，舊傳爲馬鳴作，一爲梁、眞諦譯，一爲唐、實義難陀譯。然據梁啓超先生考證，斷爲中國佛教徒所造。其思想即立一「如來藏自性清淨心」，而開二門，一爲「心眞如門」，一爲「心生滅門」。

隋、唐間，杜順所創，唐初、賢首完成之華嚴宗，即承之而以「如來藏自性清淨心」爲中心觀念。

(2)、牟宗三先生所申述之「如來藏自性清淨心」，「通過阿賴耶識起生滅門」，爲「執」；「化識念爲智，始仍歸眞常心之不生滅門」爲「無執」。「執」與「無執」爲對翻——「如來藏自性清淨心」即「眞常心」，「眞常心」一心開二門，其開「生滅門」，乃通過阿賴耶識而起，依牟宗三先生之理論，即「眞常心」之自我坎陷，以靜處一邊而爲「執」。其開「眞如門」，乃「化識念爲智」之「覺」，復歸於「眞常心」自己，爲「無執」。「生滅門」與「眞如門」乃「眞常心」之一體兩面，故爲「執」與「無執」之對翻。

牟宗三先生、佛性與般若、第三部、第二分、第三章、第一一○四頁，有曰，華嚴宗即繼承大乘起信論，將眞實性（圓成實性）收於眞常心上言之，遂有「隨緣不變，不變隨緣」之說，此佛家「無執之存有論」。

(3)、牟宗三先生所申述之「如來藏自性清淨心」，與「如來藏性」乃互爲內在化而爲一——所謂「如來藏」，乃謂：為佛所圓滿體現之平等不二而攝藏一切法之實相。[169]華嚴宗承大乘起信論，將眞實性（圓成實性）收於眞常心而言「如來藏性」。「如來藏性」亦收妙用般若、寂知眞心而為「如來藏心」。如是，則如來藏性規定如來藏心之本質義，如來藏心彰顯如來藏性之主宰義；如來藏性與如來藏心互為內在化而為一。

(4)、牟宗三先生所申述之「如來藏自性清淨心」，為「無限心」——如來藏自性清淨心之所以為無限，牟宗三先生以下列二義規定之：

①、就內容言，如來藏自性清淨心攝藏恆沙佛法佛性，「如來藏」既有攝藏義，即攝藏一切法。（佛法、佛性）「恆沙」者，如恆河沙數之無窮無盡。如來藏自性清淨心，既攝藏如恆河沙數無窮無盡之佛法佛性，此所以為「無限」。

②、自願力言，如來藏自性清淨心對於世間之願力，乃在普度眾生，如果，「有一眾生不成佛，我誓不成佛」。夫眾生無邊，則宏願無盡，莫不為此「心」之所涵，故牟宗三先生曰，「佛心無外，即是無限」。

(5)、牟宗三先生所申述之「如來藏自性清淨心」，「必函有一智的直覺在內」——如來藏自性清淨心既收「妙用般若」於其中，為「自性般若」，是為其「智」。（般若智）牟宗三先生、智的直覺與中國哲學、19、第二一一頁、曰：「般若本以證空為殊義，……具體而眞實的般若，並不在破滅諸法，亦不在抽象地單觀空自己，而是即于緣起法中觀其實相。緣

---

[169] 參見印順法師、如來藏之研究、第一章、第三節、第一三頁。

起無性即空，此之謂諸法實相。」般若智之知，乃「無知無不知」，即「雖無知，而又朗照一切假名法之實相」。[170]朗照一切假名法，即般若智之「直」覺；無知，即般若智之無「曲」無執。此「直而無曲」[171]之知，牟宗三先生謂之「智的直覺」。乃如來藏自性清淨心之內在所必涵者。

(6)、牟宗三先生所申述之「如來藏自性清淨心」，統屬一切緣起法以爲其「體」——緣起法，有所謂阿賴耶緣起、眞如緣起，(另有業感緣起、法界緣起、以及六大緣起，此姑不論)而眞如緣起乃承阿賴耶緣起而透進一層。眞如緣起即依據如來藏自性清淨心之「眞如門」而言者，故一切緣起法皆純屬於此一眞心，即如來藏自性清淨心；此如來藏自性清淨心即爲其「體」。是以牟宗三先生、佛性與般若、第二部、第五章、第二節、第四五九頁、曰：「它(眞心)雖然可以是作用的無心之心，亦無有相，亦無可立，然而它畢竟是一個實體性的心。」

## (二)、牟宗三先生所申述之華嚴宗之「如來藏自性清淨心」之內容

牟宗三先生、佛性與般若、第二部、第五章、第二節、第四七四頁、曰：「原初，原是心從空如性的，清淨心只是佛所浮現，故心與性原是鬆散地平說的。今轉爲豎說，故性從心，而成爲眞心，遂得成爲一法界之大總相，而且是諸法之體。此則眞

[170] 兩句俱見牟宗三先生、智的直覺與中國哲學、19、第二一三頁。

[171] 「直而無曲」之義，詳見牟宗三先生、認識心之批判、第一卷、第一章、第二節、第一二頁。

心便有實體的意味。眞心是一切法所依止。在此，亦得說：若見眞心，即見諸法之眞如無相。然此眞心本身卻是一個實體性的實有，此即所謂不空如來藏也。」

牟宗三先生、佛性與般若、第二部、第五章、第二節、第四五六頁、曰：「此蓋由般若經只是般若作用地具足一切法，而對一切法卻並無一根源的說明，即，只有作用地具足，而無存有論的具足。是故再進而言存有論的具足，由此進一步的說明所必至者。一心開二門，二門各總攝一切法，即是存有論的具足也。依心生滅門，言執的存有論；依心眞如門，言無執的存有論。是則由實相般若進而言心眞如之眞常心，此乃由問題之轉進所必至者。」

牟宗三先生、現象與物自身、第七章、第四一六頁、曰：「眾生雖無始以來即在迷中，因而亦總在生死流轉中。然而其所以在生死流轉中，而有如此這般之現象，亦必依待其不自覺的不變眞心隨緣而起現，否則一切法無所依止。此所謂『眞如依持』。……染淨法之起現，其直接生因只是執念，但執念亦憑依眞心而起，故云眞心隨緣也。實則眞心並不起。眞心只是執念起現之憑依因。」

牟宗三先生、現象與物自身、第七章、第四〇三頁、曰：「現象依止於識心之執，那麼物自身亦必依止於一主體，而始爲物自身。此主體當然是智心、眞心，其作用即是智的直覺。」

牟宗三先生、佛性與般若、第三部、第一分、第三章、第六節、第八七四頁、曰：「說般若解脫是性德，即是此眞常心之德也。」

牟宗三先生、依通別圓三教看佛家的『中道』義、第九頁、[172]曰：「（如來藏自性清淨心）『空如來藏』的空，是空煩惱。……『不空（如來藏）』就是指這『如來藏自性清淨心』，其足無量無漏的功德法。」

⑴、牟宗三先生所申述之「如來藏自性清淨心」，「依心生滅門，言執的存有論；依心眞如門，言無執的存有論」——大乘起信論，言如來藏自性清淨心，一心開一門，一者心眞如門，二者心生滅門。「心生滅門」所以說明虛妄汙染、流轉生死。夫世間之萬法，生滅起伏，變化無常，而不離乎一「心」。此「心」隨緣起惑、執妄造業，而繫縛沉淪，輪轉不已。凡此乃屬於「心生滅門」所攝。至於如來藏自性清淨心之自性本自清淨，本無生滅，常住而不變，爲諸法之體性，萬法之「物自身」即屬於「心眞如門」所攝。心眞如門與心生滅門乃一體之兩面，不一亦不異。故華嚴宗賢首大師承之而言「隨緣不變，不變隨緣」。夫隨染淨緣起染淨法，迷眞而逐妄，乃憑依此「心」而起。如果頓然覺悟，捨妄歸眞，即是此「心」之朗現。是此如來藏自性清淨心之總攝一切法。

　如來藏自性清淨心既總攝一切法，方其依生滅門隨染淨緣起染淨法，即是此「心」之坎陷自己，執持自己，以隨緣流轉。夫依此生滅門以說明染淨法而爲其所依止，故牟宗三先生謂之爲「執的存有論」。方其依眞如門而顯其空如無相之實相，爲萬法之「物自身」所依

[172] 見臺北市、鵝湖月刊、第一四卷、第四期。

止，則朗現其主體性之靈覺，此主體性之靈覺即是「智之直覺」。此智之直覺，乃絕對之自由，無所限，無所執，故牟宗三先生謂之「無執的存有論」。

(2)、牟宗三先生所申述之「如來藏自性清淨心」，空如來藏是空煩惱，不空如來藏即具足無量無漏之功德法——夫如來藏自性清淨心之生滅門既爲染淨法所依止，而染淨法即生滅門之隨緣而起現，此隨緣而起所現之惑業，即是「煩惱」，故空如來藏即空此煩惱。空煩惱即歸於其清淨自己。

至於不空如來藏，具足無量無漏功德，牟宗三先生、「依通、別、圓三教，看佛家的『中道』義」，有曰：「它具備著無量數的無漏功德法，所以它有著豐富的內容。……無漏功德其實是指一個生命，有無量數的清淨的意義。用中國傳統的說法，這個清淨的意義就是德。」此「德」乃得[173]之於眞實性的空如理、所謂「法性」是也。故稱爲「法界之大總相」、「諸法之體」，牟宗三先生稱之爲「實體性意味之實有」。

實體性意味之實有，轉而這「心」，乃以其作用爲「智之直覺」之故。夫「智之直覺」，其形態爲「直而無曲」，爲「知無知相之『智』」，是以牟宗三先生名之曰『智心』。

(三)、牟宗三先生所申述之華嚴宗之「如來藏自性清淨心」之修養

牟宗三先生、現象與物自身、第七章、第四一五頁、曰：「賢首說此眞實性（清淨心）

---

[173] 禮記、樂記、第二〇五頁、曰：「德者，得也。」

有二義：一曰隨緣，二曰不變。隨緣者，隨染淨緣而起染淨法也。不變者，雖隨染淨緣而起染淨法，而其自身仍不失清淨自性也。兩義合起來說，則有『隨緣不變，不變隨緣』之兩語。」

牟宗三先生、智的直覺與中國哲學、20、第二五一頁、曰：「自性清淨心只是無量無漏功德，並不能說具惡穢法門。惡穢法門是清淨心不守自性陷爲阿賴耶隨緣而起，乃是識起，不能說性具。故欲悟顯清淨心必須破九方顯。此是起信論、華嚴宗之思路。」

牟宗三先生、佛性與般若、第二部、第六章、第三節、第五一七頁、曰：「『隨緣』者，由于眞心『不染而染』，遂隨染淨緣，起現染淨法也。隨染緣起染法，隨淨緣起淨法。雖起淨法，亦是有漏淨，未是出世絕對清淨也。是故無論皆在迷中。還滅者，由于眞心之『染而不染』，隨緣起修，由始覺而還歸眞心之本覺也，此即是般若智德滿與解脫斷德滿而證顯法身也。此法身即空不空之如來藏身也。」

牟宗三先生、佛性與般若、第二部、第三章、第二節、第三五二頁、曰：「蓋既是自性清淨心，雖爲客塵所染，亦自有一種能生聖道之力量，通過功夫而去客塵，此工夫只是助緣。塵染一去，其自身即是聖道之直接生因。……發自眞常心之推動力。」

(1)、牟宗三先生所申述之「如來藏自性清淨心」，雖「隨染淨緣起染淨法」，而「其自身仍不失其清淨自性」——依唯識宗，阿賴耶識爲一切法之所依止。所謂「一切法」，價值上可分爲淨善法與穢惡法，阿賴耶識對淨善法與穢惡法乃兼持並容，而於熏習中逐漸轉化。故一切淨善法、穢惡法皆是阿賴耶識所變現。依唯識宗，阿賴耶識乃無覆無記性者。

阿賴耶識既是無覆無記，眞諦則依「楞伽經」、「決定藏論」另倡阿摩羅識（第九識）爲眞常淨識，（本覺）爲自我超化之動力，（即轉識成智）以對治阿賴耶識。眞常淨識即是自性清淨之「如來藏」。如來藏自性清淨心即是「眞如心」。眞如心一則爲「空如來藏」，一則爲「不空如來藏」。空如來藏之「空」，相應俗諦言爲空煩惱；不空如來藏之「不空」，相應眞諦言爲具足無量無漏功德法。如來藏之「空」「不空」圓融而爲一，即是「中道」義。[174]華嚴宗、賢首大師乃依之而言「不變隨緣，隨緣不變」。如來藏之「不變」者，言其歸於絕對性清淨自己；「隨緣」者，隨染淨緣而起染淨法。夫不變而隨緣，所以說明衆生由於無始無明而在「迷」中，以致淪於生死流轉。隨緣而不變，則於還滅而回歸於絕對性清淨自己。此爲成佛之內在根據。是故，如來藏自性清淨心，雖「隨染淨緣起染淨法」，而「其自身仍不失其清淨自性」。[175]

(2)、牟宗三先生所申述之「如來藏自性清淨心」，其「惡穢法門是清淨心不守自性，陷爲阿賴耶隨緣而起」——由上述可知，華嚴宗之賢首大師，其言「如來藏自性清淨心」，

174 參見牟宗三先生、依通別圓三教看佛家的『中道義』、第九頁。文載臺北市、鵝湖月刊、第一四卷、第四期。

175 參見牟宗三先生、現象與物自身、第七章、第四一六頁。

「不變隨緣，隨緣不變」，乃依眞諦之自性清淨之「空」、「不空」如來藏，亦即如來藏自性清淨心、所謂眞常淨識而言；而眞諦所言之眞常淨識，則爲對治兼持並容淨善法、穢惡法而無覆無記之阿賴耶識。是以，如果如來藏自性清淨心「不變」而呈現其「本覺」，而隨染淨緣起染淨法，猶還滅而歸於絕對性清淨自己。反之，如果隨緣而淪於惡穢法門，則爲如來藏自性清淨心之「不守自性，陷爲阿賴耶之隨緣而起」。

(3)、牟宗三先生所申述之「如來藏自性清淨心」，「雖爲客塵所染，亦自有一種能生聖道之力量」（發自眞常心之推動力）——所謂「客塵」，僧肇、維摩經、問疾品、注、曰：「心遇外緣，煩惱橫起，故名客塵。」如來藏自性清淨心既然「不變隨緣，隨緣不變」，「隨緣」者，隨染淨緣起染淨法，雖然緣有染、淨，總屬外在，隨之而起，則爲所染，故曰「爲客塵所染」。然而如來藏自性清淨心雖隨緣而「不變」，即復歸於絕對性清淨自己。牟宗三先生即於此絕對性清淨自己點出一「能生聖道之力量」。（發自眞常心之推動力）此一「能生聖道之力量」即「本覺性」。[176]所謂「本覺性」，牟宗三先生、佛性與般若、第二部、第三章、第二節、第三五九頁、曰：「案此唯一阿摩羅識是『境智無差別』，『非心非境』，（原註：無所得。）亦可曰『非智非境』。『非智』者無智相。智而無智相，始可曰眞智，此名『如如智』。『非境』者無境相。境而無境相，始可曰實性境，此名『如如境』，『無差別』者，非境之境即是智，非智之智即是境，混而爲一，只是一眞常心朗現也。」此中所謂「境智無

[176] 參見牟宗三先生、佛性與般若、第二部、第三章、第二節、第三五四頁。

差別」之「智」，即智無智相之「眞智」、「如如智」；此智無智相之「智」，即是牟宗三先生所謂之「智之眞覺」。亦即如來藏自性清淨心之「本覺性」。蓋如來藏自性清淨心之「本覺性」，乃以「智之直覺」呈現之。

如來藏自性清淨心之「智之直覺」，既為其「本覺性」，故為其所自發之自性般若是也。其呈現，乃無智相；其作用，則無所知而無所不知。無所知而無所不知之「智光」，乃隨如來藏自性清淨心之呈現而朗照自己。因此，則如來藏自性清淨心之隨染淨緣而起染淨法，臻於「染而不染」之境界，而不失其絕對清淨之自性。此直覺之智之本覺性，即是牟宗三先生所謂之「能生聖道之力量」。

## (丙)、牟宗三先生所申述之天臺宗之「一念無明法性心」

### (一)、牟宗三先生所申述之天臺宗之「一念無明法性心」之性質

牟宗三先生、佛性與般若、第三部、第一分、第三章、第二節、第七八五頁、曰：

「天臺家說，『一念心即具十法界』，一念心既是陰識心、煩惱心、剎那心。……表面上是一念心，而底子卻是『法性無住，法性即無明』。『從無住本立一切法』，等于說由『法性無住，法性即無明』，而成為『一念無明法性心』，以此為本，而立一切法也。蓋法性即無明，即成為心也。故心是無明心，同時亦是法性心。從『無明心』可以說一切法；從『法性心』則示具一切法之無明心，當體即是空如之法性

也。」

牟宗三先生、智的直覺與中國哲學、20、第二二九頁、曰：「『即』是圓教，『不即』是別教。……故依他，有『即』的依他，有『不即』的依他。『不即』的依他，是『體別』的依他。『即』的依他，是『體同』的依他。……法性當體即是無明，無明當體即是法性。……這詭譎地、圓融地說的『體同』，即是圓教之所以爲圓教。」

牟宗三先生、佛性與般若、第二部、第六章、第四節、第五七〇頁、曰：「(天臺宗)性具之性，亦不是『眞心即性』之性，……而乃是『無明即法性，法性即無明』之性、『一念無明法性心』之性。此非『唯眞心』系統，而乃是『唯妄心』系統，『唯煩惱心、剎那心』之系統。」

牟宗三先生、智的直覺與中國哲學、19、第二一四頁、曰：「般若智既是圓照，其本身就含有一種無限性。……大抵能表示此義而極圓者是天臺宗。」

(1)、牟宗三先生所申述之「一念無明法性心」，既是「無明心」，亦是「法性心」——「一念無明法性心」亦名「一念心」。「一念心」於佛學中有二義：①、屬於法相宗之阿賴耶系統，通過經驗分解而建立，統其八識而言之。此爲「妄心系」。②、屬於天臺宗之圓教系統，亦統其八識而言之。而曰「一念心」、「無明心」。此一念無明心，乃具(緣起造作義)三千世間法。雖然，此一念心之「無明」無所住、無所本，「無明」無住無本，即以「法性」爲本，法性即「空如實相之中道理」，亦即成佛根據之「如來藏理」。故曰「無明無住，無明即法性」。反之，「法性」非「但中」之理，是以亦無所住、無所本，即是以「無明」爲本，而具一切法，故曰「法性無住，法性即無明」。是以天臺宗之「一念無明法性心」，既是「無明心」以具（緣起造作）三千世間法，亦是「法性心」以即（不離）於一切法而見其空如無自性之「法性」。總之，法性即於無明而爲心，而無明心當體即是法性。[177]

(2)、牟宗三先生所申述之「一念無明法性心」，所謂「無明即法性」、「法性即無明」，乃詭譎之「體同」之依他「即」之圓教——「一念無明法性心」既是「無明心」，亦是「法性心」，而「無明無住，無明即法性」，以見其空如無自性之「法性」；「法性無住，法性即無明」以爲心。牟宗三先生以爲此「無明」與「法性」乃「體同」，（一體而兩面）其「即」爲互爲「依他」之「即」。如是，其思惟爲詭譎之思惟方式，其境界爲圓融之境界形態。

(3)、牟宗三先生所申述之「一念無明法性心」，屬於「妄心」系統——天臺宗「一念無明法性心」之所以爲圓教，乃以其爲詭譎者，（非分解者）蓋「即於淫怒癡而得解脫」故。夫淫怒癡屬於世間法，爲無明心所具，（緣起造作）而法性心則示其無明一面雖具一切法，則實「解心無染」，如是始可以言「即於淫怒癡而得解脫」。雖然法性心解心無染，卻即於具一切善法惡法之無明以爲心。故牟宗三先生亦判之爲「妄心系」。[178]

(4)、牟宗三先生所申述之「一念無明法性心」，爲「無限心」——「一念無明法性心」

---

[177] 參見牟宗三先生、佛性與般若、第三部、第一分、第一章、第二節、第六〇三頁至六一二頁。

[178] 參見牟宗三先生、佛性與般若、第三部、第一分、第二節、第六〇〇頁。

既爲法性與無明之「體同」而相「即」之依他，無明心具三千世間法，即是法性心之具現三千世間法。法性既爲空如實相，亦是般若智，法性心具現三千世間法，即是「智具三千」。夫「智如不二」之般若智，乃「即寂即照」之圓照，其自身即爲無限。故牟宗三先生以爲「一念無明法性心」即爲「無限心」。

## ㈡、牟宗三先生所申述之天臺宗之「一念無明法性心」之內容

牟宗三先生、佛性與般若、第三部、第二分、第一章、第一○八七頁、曰：「『一念心』者，一刹那心、煩惱心也。亦名『一念無明法性心』。此一念心即潛伏著一如來藏。隱名如來藏，顯名法身。」

牟宗三先生、「依通別圓三教看佛家的『中道』義」、第一一一頁、曰：「天臺宗卻進而將這句話（大般若經，「一切法趣某某，是趣不過」。）移置於『一念心』處說，而一念心即具三千世間法。即是說，三千世間法，（一切法）全部在這一念心裏具備。以天臺宗的專有名詞說，這就是『一念三千』。三千世間的一切法就是在這『一念心』中得到存有論的具足和成就，得到一根源的說明。」

牟宗三先生、現象與物自身、第七章、第四○六頁、曰：「……『從無住本立一切法』，『一念無明法性心』即具三千世間，由之說明一切淨穢法門，此即是存有論的圓具之系統性。」

牟宗三先生、現象與物自身、第七章、曰：「……由於『一念無明法性心』，『法

性即無明』時之念具念現；『無明即法性』時之智具智現。這就有一獨特的姿態。當智具智現時，即有『無執的存有論』，此時就是智心與物自身之關係。當念具念現時，即有一『執的存有論』，此時即是識心與現象之關係。」

(1)、牟宗三先生所申述之「一念無明法性心」，涵具「無明心」（「識心」）與「法性心」（「智心」）兩層面——佛學之言「心」，乃如牟宗三先生所言，欲對一切法作根源之說明。一切法，概括言之，則有所謂十法界，分乘互具者、十如是、三世間，則有三千世間法。[179]一切法，就價值觀之，有淨善法，有穢惡法。即各有其差別相。[180]天臺宗相應此差別相之一切法，即言「無明心」以「具」之。具一切法之「無明心」則每在「迷」中。此是一層面。

雖然，一切法之性即「法性」，「法性」即一切之實相，一切法之實相空如無相，實相無相之空如法性，即為「法性心」之所具。故「法性心」斯乃成佛之根據。「法性心」既

---

[179] 天臺宗有所謂「一念三千」之說，蓋謂假諦諸法，大別凡、聖之境界為十，即：地獄、餓鬼、畜生、修羅、人、天，為六凡；聲聞、緣覺、菩薩、佛，為四聖。六凡四聖合稱十法界，蓋十者當體即是法界故。此十法界，一一法界又互具其他九界之性德，如帝珠交映，成百法界。百法界又各具十如是，即：如是相、如是性、如是體、如是力、如是作、如是因、如是緣、如是果、如是報、如是本末究等。是為百界千如。百界千如又各有三世間，即，眾生世間、國土世間、五陰世間，則得三百法界三千如之數。略稱為三千諸法。三千諸法實具於吾人一念心之中，故曰「一念三千」。

[180] 參見牟宗三先生、佛性與般若、第三部、第一分、第一章、第二節、第六〇九頁。

為成佛之根據，故名「如來藏」，亦即自客觀之法理上言之之佛。（「理即佛」、「法理佛」，非「覺悟佛」。）[181]此又是一層面。

「一念無明法性心」固然涵具「無明心」與「法性心」兩層面，而牟宗三先生、佛性與般若、第三部、第一分、第一章、第二節、第六一一頁、曰：「此『一念無明法性心』亦曰『無住本』。『無住本』是指『法性無住』與『無明無住』兩面而言。法性無住處，法性即無明。無明無住處，無明即法性。此種來回地『相即』，明法性與無明非異體，乃即在『不斷斷』（義見下文）中而為同體之不思議境也。此即是『一念無明法性心』矣。」

(2)、牟宗三先生所申述之「一念無明法性心」，「無明心」念具念現涵具一切法之差別相，「法性心」之智具智現涵具一切法之「物自身」——「一念無明法性心」既涵具「無明心」與「法性心」兩層面。自「無明心」一層面言之，則一切世間法之業種、煩惱，皆為無明念心之所具、所現。此時，「無明心」即執持其自己，故牟宗三先生稱之為「執之存有論」。

自「法性心」一層面言之，由於「無明心」念具念現一切法，而此一切法乃指差別相者，即其現象是也。凡此差別相之一切法，（現象）其本質即為空如，無相之實相。牟宗三先生謂之為「物自身」。天臺宗言「一心三觀」，觀空、觀假、觀中，以顯空諦、假諦、中

[181] 參見牟宗三先生、佛性與般若、第三部、第一分、第一章、第二節、第六〇八頁。

諦之三諦理，而破三惑、成三智，[182]斯為般若智之運用。「法性心」涵有此般若智以運用之，故曰「智心」。差別相之一切法為無明心所具、所現，而其空如無相之物自身則為法性智心所具、所現。此時，「法性心」即自由、無限、無所執持，故牟宗三先生稱之為「無執之存有論」。

牟宗三先生、佛性與般若、第三部、第一分、第一章、第二節、第六〇三頁、曰：「然則此圓教系統所依以成的義理之實是甚麼呢？曰：即『一念心』是。此『一念心』亦曰『一念無明法性心』，亦曰『無住本』，亦曰『如來藏理』。」所謂「無住本」，即指「一念無明法性心」，無明無住無本，以法性為本；無明即法性。法性無住無本，以無明為本；法性即無明。牟宗三先生、佛性與般若、第三部、第一分、第一章、第二節、第六〇三頁、曰：「……此種來回地『相即』，明法性與無明非異體，乃即在『不斷斷』中而為同體之不思議境也。牟宗三先生此段文字，乃在疏釋荊溪、釋籤、所解法華玄義、卷第七下、「從無住本立一切法」一語之義。「無住本」既是「一念無明法性心」，「從無住本立一切法」即是「一念無明法性心」之具一切法、現一切法，包括一切法現象義之差別相、與乎實相義之「物自身」而言。

---

[182] 三惑，即：見思惑、塵沙惑、無明惑。三智，即：一切智、道種智、一切種智。

## 三、牟宗三先生所申述之天臺宗之「一念無明法性心」之修養

牟宗三先生、智的直覺與中國哲學、20、第三〇八頁、曰：「或染或淨繫于迷悟，迷則全體是染，悟則全體是淨。無論染淨，三千淨穢法門悉皆性具。染時性具在迷，乃說爲念具。念具者，迷中之性具也，此是潛伏的性具。淨時性具在悟，乃說爲智具。智具者，悟中之性具也，此是朗現的性具。迷是即法性而迷，故智隱而爲識。悟是即念而爲悟，故轉識而爲智。無論染淨迷悟，三千淨穢法門悉皆本有，此即所謂性具。」

牟宗三先生、智的直覺與中國哲學，20、第二三一頁、曰：「染淨是工夫上的事，……對佛界言，此九界（六道眾生、二乘、菩薩。）俱是穢惡。佛斷惑盡，已無無明，此是工夫之極致，是絕對的清淨，而九界法乃不斷，佛亦不斷九而成佛。」

牟宗三先生、佛性與般若、第三部、第一分、第一章、第二節、第六〇〇頁、曰：「（天臺宗、一念無明法性心）即于淫怒癡而得解脫，此名曰『不斷斷』，亦曰『不思議斷』，或曰『圓斷』。『不斷斷』者，不客觀地斷除或隔離淫怒癡等非道之惡事，而主觀地即得『解心無染』也。」

牟宗三先生、智的直覺與中國哲學、20、第三二三頁、曰：「以此佛心智所發的『智的直覺』朗照一切，其所朗照者，即其自身所具現者。其朗照而具現之是如其爲空、假、中之實相而朗現之。……佛心智朗現，諸法『在其自己』之如相朗現，則法身

遍滿而成佛。」

(1)、牟宗三先生所申述之「一念無明法性心」，「或染或淨，繫于迷悟」——依前文所述，天臺宗之「一念無明法性心」，既是「一念無明心」，乃統八識，以隨緣造作，而具三千世間法。又是「法性心」，以即（不離）一切法而見其空如無自性之「法性」。

至於實踐上之或迷或悟，「迷」，則一念無明心統其八識，隨緣造作，爲「念具」三千世間法，而法性心之智則隱而不顯。法性心之智既隱而不顯，則一念無明心所「念具」者爲染穢法門。反之，「悟」，則法性心朗現，轉識爲智，即（不離）一切法而見其空如之法性。至於一念無明心則爲所超轉。一念無明心既爲所超轉，則法性心所「智具」者爲淨善法門。（此所以稱「性具」）

(2)、牟宗三先生所申述之「一念無明法性心」，於「佛亦不斷九而成佛」——「九」者，佛教以地獄、餓鬼、畜生是三惡道，人、天、阿修羅是三善道。此六道眾生（六凡）通名曰『穢』。小乘、大乘、菩薩、佛四聖通名曰『淨』。六道眾生與四聖，稱爲「十界」。相應佛界而言，地獄、餓鬼、畜生、人、天、阿修羅、小乘、大乘、菩薩則爲「九界」，俱是穢惡；唯佛界爲絕對清淨。[183]

依天臺宗，以「一念無明法性心」爲內在主體。一念無明法性心於實踐工夫上之呈現，

---

183 參見牟宗三先生、智的直覺與中國哲學、20、第二三一頁。

乃即一切法而自證其清淨自性。即一切法則不離一切法，不離一切法而自證其自性清淨，蓋不爲所染。(即而不染) 準此，「佛」界固爲絕對清淨自己。然而，佛之所以爲佛，乃以普渡眾生、同登聖境爲終極關懷。故九界法之不斷，亦爲其成佛之極致功夫之所涵。是以「佛亦不斷九而成佛」。

(3)、牟宗三先生所申述之「一念無明法性心」，「即于淫怒癡而得解脫」——天臺宗之「一念無明法性心」，既是「一念無明心」，又是「法性心」。牟宗三先生、佛性與般若、第三部、第一分、第一章、第二節、第六一一頁、曰：「此『一念無明法性心』亦曰『無住本』。……『無住本』是指『法性無住』與『無明無住』兩面而言。法性無住處，法性即無明。無明無住處，無明即法性。此種來回地『相即』，明法性與無明非異體，乃即在『不斷斷』中而爲同體之不思議境也。」夫一念無明心無住處，以法性心爲本，則一念無明心之「念具」一切法，必爲法性心之清淨自性所涵。反之，法性心無住處，以一念無明心爲本，則法性心之「智具」一切法清淨自性，必即於一切法。

牟宗三先生、佛性與般若、第三部、第一分、第一章、第二節、第五九九頁、曰：「眾生固有散善，亦有散惡。眾生世間本即是穢惡之汙泥，但成佛不是高蹈事，必即于汙泥而成佛。……此即『煩惱即菩提』，菩提必即于煩惱而生；『生死即涅槃』，涅槃必即于生死而成。」同理，「淫、怒、癡」乃一念無明心所「念具」「念現」之煩惱惑業，其解脫端在法性心之「智具」「智現」其清淨自性，蓋即淫、怒、癡之煩惱惑業以生菩提，始爲眞解脫。

(4)、牟宗三先生所申述之「一念無明法性心」，其「智現」爲「智之直覺」，乃即一切法「如其爲空假中之實相而朗現之」——天臺宗對於一切法，乃以「三諦」說明之。三諦者，①、空諦，萬法之自性，實相空如而無相。②、假諦，萬法之呈現，皆因緣生，故如幻如化。③、中諦，一切法之性爲「空」，其相則「假」；以假，故空而不空；以空，故假而不假；即空即假，故「中」。夫空，不離假、中；假，不離空、中；中，不離空、假。舉一即三，全三即一。一切法，其性其相，皆具三諦，斯爲三諦圓融。一切法既含有「空」、「假」、「中」三種諦理，對此諦理加以觀察，即「空觀」、「假觀」、「中觀」；凡此三觀皆具於一心之中，則爲「一心三觀」。

牟宗三先生、智的直覺與中國哲學、19、第二一五頁、曰：「法性不只是眞如空性之理，且亦即是『即寂即照』之智。智如不二之法性具而現一切法，亦即是般若智自身具而現一切法。」一念無明法性心之「法性心」一面，(層面)既爲「智如不二」，此「智」即「即寂即照」之「般若智」。所謂「般若智」，其「體」即空如無相之法性，所謂「實相般若」。其「用」則觀照即「空」、即「假」、即「中」之妙理，所謂「觀照般若」。「即寂」，其體也；「即照」，其用也；夫體、用不二，故寂、照一如。後秦、長安、釋僧肇、肇論、般若無知論第三、第七頁、[184]曰：「智雖事外，未始無事；神雖世表，終日域中。所以俯仰順化，應接無窮。無幽不察，而無照功。斯則無知之所知，聖神之所會。」此一「即寂即照」，「無幽不察，而無照功」之形態，牟宗三先生稱之曰「智之直覺」。

[184] 僧肇，後秦、長安人，爲鳩摩羅什高弟。所作「肇論」，新竹縣、靈隱佛學院印行。

一念無明法性心之「智現爲『智之直覺』」，乃法性心之自性所涵，而觀照一切法，「如其爲空、假、中之實相而朗現之」。牟宗三先生、智的直覺與中國哲學、20、第二六五頁、曰：「以理論之，觀一念三千是不思議境。……達其即空、假、中即是淨，不達其即空、假、中而念念執著，則名之爲染。」由是觀之，以「智之直覺」「智現」一切法之即空、即假、即中之實相，乃爲天臺宗「一念無明法性心」自我超轉之修養功夫。

(丁)、牟宗三先生所申述之禪宗之「禪心」

相傳釋迦牟尼氏，於靈山會上說法，拈花示眾，不發一語，而眾皆默然；獨摩訶迦葉，會心微笑。佛曰：「吾有正法眼藏，涅槃妙心，付囑汝摩訶迦葉。」是爲禪法之起源。其後輾轉相傳，至第二十八代，達摩祖師東渡來華，弘揚此法，爲中華禪宗之初祖。開拓中華佛學之禪宗一系。並展現極爲精采之慧悟能力。

牟宗三先生，於其宏著「佛性與般若」一書中，第三部、第二分、第一章、第二節、第一〇三九頁，名曰「判攝禪宗」，其中對禪宗之「禪心」，有獨到之分析與啓示，茲嘗試述介之。

㈠、牟宗三先生所申述之禪宗之「禪心」之性質

牟宗三先生、佛性與般若、下冊、第三部、第二分、第一章、第二節、第一〇三九頁、曰：「就達摩來華之史實言，則初是楞伽傳心。就此而言，則禪宗之來源，元

是屬於『如來藏自性清淨心』系者，乃是荊溪所謂『唯眞心』也。自五祖、六祖重般若經，則偏重在般若之妙用。……六祖而後，禪宗偏重行證之自得，不立文字，不重教說，因此，有所謂『教外別傳』，此即所謂宗風之特色。」

牟宗三先生、佛性與般若、下冊、第三部、第二分、第一章、第二節、第一〇四〇頁、曰：「『言語道斷，心行路絕』，乃是大家皆可說的。光摶弄這一妙境，亦無甚意思。六祖以後，禪師們專在此處出精采，如鬥機鋒，打手勢，參話頭，乃至棒喝，種種奇詭的姿態，都無非表示『無法可說』而已。此若對專作文字知解者，作一警戒則可，若以此獨立一宗，以與他宗對抗，則無意義。此所以禪宗不能獨立地講之故也。」

牟宗三先生、佛性與般若、下冊、第三部、第二分、第一章、第二節、第一〇四四頁、曰：「北漸者，在五祖門下之神秀是也。法無頓漸，人有利鈍。利根人直下頓悟，鈍根人假方便（如看心看淨之類）以漸悟。」

牟宗三先生、佛性與般若、下冊、第三部、第二分、第一章、第二節、第一〇四一頁、曰：「若依『楞伽傳心』及神會和尚之講法，則『即心是佛』那個心是清淨眞如心。『直指人心，見性成佛』，即直下指此眞心而見空寂性（本來面目）以成佛也。」

(1)、牟宗三先生所申述之禪宗之「禪心」，其初現於中華，是達摩之「楞伽傳心」——根據印順法師、中國禪宗史、[185]第一章、第一節、第二節、第一四頁起，敘述：中華禪宗之初祖，南天竺菩提達摩是南朝宋時來華，自南越登陸。以後，渡江入北魏。達摩之開示禪法，歷二祖慧可、三祖僧璨、四祖道信、五祖弘忍，至六祖惠能，以及惠能同門而弘法於北方之神秀等，皆隨附「楞伽經」之傳授。楞伽經計有三種譯本，達摩所採用者，為劉宋、元嘉二十年、（西元四四三年）求那跋陀羅譯之楞伽阿跋多羅寶經、四卷本。

「楞伽傳心」，即謂楞伽經中建立一聖智自覺之如來藏性，如來藏性即如來藏自性清淨心，亦即佛心，為生死流轉與涅槃還滅之根本依；但為客塵所染，故必須自悟自證。達摩所傳者，即此楞伽傳心。至於其入路，則分理入、行入。①、「理入」者，即「藉教悟宗」。「藉教」，即假借觀念之啓發，以興起捨妄歸眞之意願，故常齎楞伽經，隨說隨行。「悟宗」，即所謂「宗通」，即遠離言說、文字、妄想，以自證其清淨心靈境界。（自覺聖智）②、「行入」者，有所謂「四行」，即：一者報怨行，二者隨緣行，三者無所求行，四者稱法行。總之，理入是悟其理，行入是修其行，斯乃入道之方。（本段，參考印順法師、中國禪宗史、第一章、第一節、第二節、第一四頁起，以及大正本、大藏經、第八十五冊、第一二八五頁、上欄，唐、淨覺集、楞伽師資記而寫成。）

(2)、牟宗三先生所申述之禪宗之「禪心」，於惠能為祖師禪——所謂「祖師禪」者，

---

[185] 印順法師、中國禪宗史，臺中市、廣益印書局，民國六十四年、二月、重版。（流通處：臺北市、慧日講堂）

六祖壇經、行由品第一、第一五頁、⑱曰：「……自古佛佛惟傳本體，師師密付本心。」丁福保、六祖壇經、護法品第九、箋註、第九三頁、曰：「唐之仰山，（江西、大仰山、慧寂禪師。）又立祖師禪名目。以祖師禪為達摩所傳印。」是以所謂「祖師禪」者，蓋指達摩來華，以其所悟所得之佛心，傳授門徒，不立文字，不重教說，唯隨緣隨機，遮撥反顯，以使自悟自得，而臻於心心相印之法門。（案，達摩來華弘法，或曰「楞伽傳心」，乃「以教悟宗」；或曰「祖師禪」，不立文字，不重教說。然則，「經」、「教」於此宗派傳承方式上之地位，究竟為如何？牟宗三先生於佛性與般若、下冊、第三部、第二分、第一章、第二節、第一〇六九頁、曰：「惠能尊經重教，雖簡而不繁，略而不詳，然不抹殺。惟重在心悟，不徒口誦。彼之簡單化底本領甚大。」此說可謂執其兩端，而得其實情。）

①、惠能祖師禪之「禪心」為「空寂性」者——牟宗三先生、佛性與般若、下冊、第三部、第二分、第一章、第二節、第一〇四九頁，先引六祖壇經、行由品第一、第一三頁之語，有曰：「當五祖于半夜三更，為惠能說金剛經，至『應無所住而生其心』時，『惠能言下大悟：一切萬法不離自性。遂啓祖言：「何期自性本自清淨！何期自性本不生滅！何期自性本自具足！何期自性本無動搖！何期自性能生萬法！」祖知悟本性，謂惠能曰：「不識本心，學法無益。若識自本心，見自本性，即名丈夫、天人師、佛。」』」牟宗三先生次引惠能之偈，「菩提本無樹，明鏡亦非臺，本來無一物，何處惹塵埃？」而後申之，此「自性」即自己之本性。惠能於大悟之時，一連以五「何期」句，既透顯其屬於超越層之豐富內容之

⑱見丁福保、六祖壇經箋註。臺北市、天華出版社，民國七十八年、十一月、三刷。

無限性能，亦遮撥其屬於具體層之條件限制，斯爲空而不空之「空寂性」。

牟宗三先生又以爲此空寂性必須通過「無所住而生其心」，始能如如地呈現。「無所住」，乃謂六根即於色聲香味觸法六塵，而無所「住」；(無所執著) 無所「住」，則返歸於絕對性自己。「生其心」，即呈現其「般若心」。夫般若之智，乃智照緣起法，不捨不著，(不壞假名，不起執著。) 而反證諸法實相。

②、惠能祖師禪之「禪心」，「心量廣大，猶如虛空」——牟宗三先生於佛性與般若、下冊第三部、第二分、第一章、第二節、第一○五二頁，先引六祖壇經、般若品第二、第二三頁、曰：「何名摩訶？摩訶是大。心量廣大，猶如虛空，無有邊畔，亦無方圓大小，亦非青黃赤白，亦無上下長短，亦無瞋無喜，無是無非，無善無惡，無有頭尾。諸佛剎土，盡同虛空。世人妙性本空，無有一法可得。(牟宗三先生案曰：『此指般若空慧說。妙性即般若性。』) 自性眞空，亦復如是。」繼此，牟宗三先生「案」之曰：「……則『大』即是此智慧心之心量廣大，猶如虛空，不爲任何相所限定，亦即無一法可得。此即是無相般若。無相般若因見到『自性眞空』而轉現，轉現而爲心之無住著。……」

夫「心量廣大，猶如虛空」之禪心，必非屬於經驗層之有限心。蓋經驗層之有限心，其累積經驗以成就知識，必須投注其對象，並遵循其程序，而接受其約制，以致有所知有所不知，此經驗心之作用之所以爲有限。

據上文，可知六祖壇經之展示其禪心，乃運用遮撥以反顯之理路，即遮撥經驗生活之執著，唯物來順應。擺脫價值觀念之滯礙，而不壞假名。於是超越知解作用之程序，無所限制，當下返歸實相自己，以證「自性眞空」。自性眞空並非惡取空，而是以般若智為內容。方般若智之遍照緣起萬法，但終無一法可得，此般若智是為「般若空慧」。般若空慧既證自性眞空，則此廣大之禪心，當屬超越層之無限心。

(3)、牟宗三先生所申述之禪宗之「禪心」，於神會為「如來禪」——所謂「如來禪」者，牟宗三先生、佛性與般若、下冊、第三部、第二分、第一章、第二節、第一〇四七頁，先引神會集中，[187]答拓拔開府書、云：「故般若經云：『應無所住而生其心。』『應無所住』，本寂之體。『而生其心』，本智之用。」而後申之曰：「神會這一分體用，便把無住心套入如來藏自性清淨心系統中，所謂『立如來禪』也。」夫神會雖出惠能門下，然其所開示之法門，乃以「如來藏自性清淨心」為最高境界，故稱「如來禪」。

①、神會如來禪之「禪心」，為空寂性之「靈知眞心」——牟宗三先生、佛性般若、下冊、第三部、第二分、第一章、第二節、第一〇四一頁起，有如下之申述：禪宗傳入中國，惠能乃較屬於以天臺宗之精神會之。神會則較屬於以華嚴宗之精神會之。

蓋達摩來華，以「楞伽傳心」，所傳之「即心是佛」之「心」，為清淨眞如心。(即如來藏自性清淨心) 清淨眞如心，乃將眞如理收攝於清淨心。收攝眞如理之清淨心為清淨眞如心。

[187] 見胡適先生校、神會和尚遺集、卷一、第一〇二頁。神會和尚遺集、臺北市、中央研究院、胡適紀念館，民國七十一年、十一月、三版。

清淨眞如心乃以空寂爲自性，並收攝般若智於心上，爲一有所依止之實體性般若，因此，是心爲一勉強權說、有實體意味之自性清淨心，亦即眾生之如來藏性。（佛性）

此如來藏性以其收攝般若智於其中，故具有靈知性，（覺性）唯必須在「無念、無相、無住」之妙用上見之，故爲「靈知眞心」。[188]

②、神會如來禪之「禪心」，「必須預設一超越的分解，分解以示一超越的眞心。（靈知眞性）」[189]——牟宗三先生、佛性與般若、下冊、第三部、第二分、第一章、第二節、第一○四四頁、曰：「然而惠能門下，則是宣揚頓悟成佛的。頓悟有兩方式：……另一是超脫了看心、看淨、不動之類的方便，直下超越地頓悟眞心，見性成佛。……後一路則大體是神會的精神。此後一路似猶有一超越的分解在。」

所謂「超越之分解」，蓋心智之活動作用，可分爲三層面，即感性作用、知性作用、悟性作用。大凡人類之行爲，依其性質，可分爲道德者、非道德者、不道德者。而道德、宗教之學術，其一端，即在探討其原理，判斷其價值。爲探討其原理，則必須自現實生活反省以體認之。此一反省以體認之之功夫，牟宗三先生、心體與性體、第一冊、第三部、分論一、第三章、第九節、第四七六頁，稱之爲「逆覺之體證」。並分逆覺之體證爲兩形態，即「內

[188] 胡適先生校、神會和尚遺集、卷首、四、第三五頁、曰：「今取禪源序爲主，述神會的宗旨如下：『諸法如夢，諸聖同說。故妄念本寂，塵境本空。空寂之心，靈知不昧。即此空寂之知，是汝眞性。任迷任悟，心本自知，不藉緣生，不因境起，知之一字，眾妙之門。』」

[189] 參見牟宗三先生、佛性與般若、下冊、第三部、第二分、第一章、第二節、第一○四九頁。

在之體證」與「超越之體證」。「內在之體證」，即就現實生活直下反省自覺以體證之以爲「體」。（內在主體）「超越之體證」，即暫時隔絕現實生活，超越乎現實生活，反省自覺以體證之以爲「體」。（內在主體或及其所契之形而上實體）據此，可知超越體證之「體」，乃暫時隔絕現實生活，超越乎現實生活，以反省自覺體證之。至於現實生活之行爲，既有道德者、非道德者、不道德者，而且各有其不同之原理。如論超越體證之「體」，則唯就道德性行爲而得之。若然，道德性行爲之「體」，實由現實生活中諸行爲之各自原理中分解而出之。似此，暫時隔絕現實生活，超越乎現實生活，自其諸行爲以及其各別之原理，分解出屬於道德性行爲之原理，所謂「體」者，是爲「超越分解」。

上文既述牟宗三先生之意，曰，神會系如來禪之「禪心」，乃預設一超越分解所示之「靈知眞心」。又，神會系如來禪較屬於以華嚴宗之精神會之。

華嚴宗乃以「如來藏自性清淨心」爲內在主體，蓋華嚴宗，於唐、武后時，始由賢首大師完成理論。而所謂「如來藏自性清淨心」之觀念，實經長期孕育而成。其始也，自佛教傳入中國，至南北朝之陳，首先是，地論師相州北道主張「安心派」，與相州南道主張「眞心派」之對立。其次，是眞諦之譯攝大乘論，益以己意，稱「阿賴耶識」爲以解爲性，稱「解性賴耶」。（即自性清淨心）。又，眞諦譯決定藏論時，於第八識之上，又安立一第九「阿摩羅識」，爲眞常心。（即自性清淨心）復次，相傳爲眞諦譯，或眞諦作之大乘起信論，則會通歷來之「如來藏」與「自性清淨心」，爲「如來藏自性清淨心」，並申一心開二門之義，即「心眞如門」與「心生滅門」。然後，乃有賢首大師之完成華嚴宗「如來藏自性清淨心」之理論。（本段之義已詳述於上文之華嚴宗「『如來藏自性清淨心』之性質」部分。）案華嚴宗之「如來藏自性清淨心」，乃暫時隔絕現實生活，超越現實生活；循唯識學之發展，相對「阿賴耶識」，另承「如來藏」說之學脈所孕育而成，此即牟宗三先生所言之「超越之分解」者。

神會如來禪所示之「靈知眞心」，既然必須在「無念、無相、無住」之妙用上見之，（參見上文）此即暫時隔絕現實生活，超越乎現實生活。而所透顯之「靈知眞心」當然屬於「眞心系」，眞心乃相對妄心而言者，故爲預設一「超越之分解」所得者。

神會如來禪所示之「靈知眞心」，與華嚴宗所立之「如來藏自性清淨心」，既然同爲不自覺遵循「超越之分解」之思路，所建立之實體性（牟宗三先生或稱之爲「實體性之意味」）之「依體」。故牟宗三先生以爲神會系較屬於以華嚴宗之精神會之。

### ㈡、牟宗三先生所申述之禪宗之「禪心」之內容

牟宗三先生、佛性與般若、下冊、第三部、第二分、第一章、第二節、第一〇五六頁、曰：「惠能禪（原註：般若三昧）之精神，根本是般若經之精神。……『自性含具萬法』，正由般若含具萬法而證見。說『自性生萬法』，是漫畫式的方便語。他的法門實仍是心是萬法；萬法無性，以空爲性；而般若空慧則是照見此空性者。這祇是將般若經與空宗之精神，收于自心上來，轉成存在地『直指本心，見性成佛』之頓悟的祖師禪。」

牟宗三先生、佛性與般若、下冊、第三部、第二分、第一章、第二節、第一〇六〇

頁、曰：「又(六祖壇經)付囑品第十云：『自性能含萬法，名含藏識。若起思量，即是轉識。生六識，出六門，見六塵，如是一十八界，皆從自性起用。自性若邪，起十八邪。自性若正，起十八正。含惡用即眾生用，含善用即佛用。』案：此又言『自性能含萬法，名含藏識』，即第八識，第八識即心也。『心是地』之心，心生萬法含萬法，是『生』與『含』之實義。心不離空，法不出如。『性是王』故，故以自性眞空作統綱，遂說『自性能含萬法』，或『能生萬法』。在此說『生』與『含』，是『生』與『含』之虛義。實生實含只在含藏識，而自性亦即轉名爲含藏識。自性轉名爲含藏識，即自性之在迷。自性雖在迷，而畢竟仍是王，故云『自性含萬法』。」

牟宗三先生、佛性與般若、下冊、第三部、第二分、第一章、第二節、第一〇四四頁、曰：「神會依般若經之『應無所住而生其心』，說法華經之『佛之知見』。法華經、方便品云：……案：依次當先說『示眾生佛之知見』，令眾生知佛知佛見爲如何？然後再『令眾生開佛知見，悟佛知見，入佛知見道。』如何能令之開？令之悟？令之入？亦因一切眾生本潛有佛之知見，故能令之開，令之悟，令之入。神會即依此『佛之知見』，從無住心上立『知見』。……佛之知見，本是佛的知見能力。神會卻把這知見能力，收于無住心之空寂之體上說，因而成爲無住心之照用，亦反而照此無住心之自己。此即無住心之自知、自見、自證、自照，即依此自知、自見、自證、自照，而說此無住心爲一靈知心也。此即所謂『立知見』。」

牟宗三先生、佛性與般若、下冊、第三部、第二分、第一章、第二節、第一〇四七頁、曰：「神會集中，神會答拓拔開府書云：『……故般若經云：「應無所住而生其心。」「應無所住」，本寂之體。「而生其心」，本智之用。』此『本智之用』即靈知也。立知立見即立靈知之知見。知是明徹，見是親自見到、照到，亦即證到。此是將般若經語分成體用，（原註：無住心空寂之體，與『知心無住』之靈知之用。）而所以如此分者，為的要將靈知之明，（原註：本智之用。）收于實體性的無住心上，即如來藏自性清淨心上，而為依體之用也。」

(1)、牟宗三先生所申述之禪宗之「禪心」，不論為惠能之祖師禪，或者是神會之如來禪，其性質固為「空寂性」者，其內容則為智光之遍照——禪宗之「禪心」，不論為惠能之祖師禪，或者是神會之如來禪，其性質固然皆為「空寂性」，而且對「空寂性」之詮釋，亦皆憑藉「應無所住而生其心」以為入路，然後，其內容、功能展示之矣。雖然，但惠能之祖師禪，神會之如來禪，對「應無所住而生其心」之體會，實有差異，因此，兩者「禪心」所展示之內容、功能亦隨之有別。至於惠能之祖師禪，神會之如來禪，兩者對於「空寂性」之詮釋，對於「應無所住而生其心」之體悟，以及對於「禪心」內容、功能之展示，有所不同者，俱已詳述於上文。而「智光之遍照」義，則詳述於下文。

(2)、牟宗三先生所申述之惠能祖師禪之「禪心」，其內容即是般若智——牟宗三先生、佛性與般若、下冊、第三部、第二分、第一章、第二節、第一〇五〇頁、曰：「……但此空寂性必須通過『無所住而生其心』，始能如如地呈現。」所謂「無所住」者，即「無住心」。

無住心乃謂「心」之通過六根以對六塵；眼之於色，耳之於聲，鼻之於香，舌之於味，身之於觸，意之於法，各皆不捨不著，即通過即超越，無滯無礙，當下即歸於絕對性自由自己。所謂「生其心」者，即生般若智，爲「般若心」。「般若」者，乃證空之智慧。(190)般若心之智光，徹照自己之無所住，無所住則無所染，無所染則無所限，清淨廣大，斯謂「自性般若」。般若心之智光，遍照萬法，萬法諸相，緣起宛然，般若心之智光固不壞假名，唯透顯本空實相；雖然，亦不執著於本空實相，斯謂「實相般若」。由是可知「無所住心」所生之「般若心智光」，向由徹照自己，向外遍照萬法，無所住、無所染，無所捨、無所著，則空寂性如如呈現。是故惠能祖師禪之禪心，固爲空寂性者，而實以「般若智」爲內容。

至於「自性能含萬法，名含藏識。」「自性」乃指禪心之自性，禪心之自性既爲空寂性，不可能「能含萬法」。今言「能『含』萬法」者，實已轉出含藏識，含藏識即阿賴耶識。耶賴耶識爲前七識之根本，稱第八識，阿賴耶識與前七識合爲阿賴耶系統。阿賴耶識系統乃唯識宗詮釋萬法所以存在之理由。蓋眾生身、口、意所造作之「業」，所謂「種子」，不論善、惡，皆含藏於阿賴耶識中，等待熏習成熟，又復現行於外。現行再熏習阿賴耶識，如是而輾轉相生，循環不已。是故阿賴耶識雖屬唯識宗之主要理論，實亦佛教其他各宗之共同基礎理論。佛教其他各宗之言心言性者，大都爲建基於阿賴耶識，然後向上以探討其最後之理

(190) 牟宗三先生、智的直覺與中國哲學、19、第二一一頁、曰：「般若本以證空爲其殊義，與一般所說的智慧不同。空，是諸行無常，諸法無我，緣起性空之空。即一切現象，（法）並無『在其自己』之自體。能如此觀空而不起執，便謂之般若智。」

由。而阿賴耶識系統之爲基礎理論，固不必多言矣。禪宗亦然。惠能祖師禪之禪心，即是自阿賴耶識向上所展示之空寂性理境。茲爲詮釋萬法之所以存在，固然當以空寂性之禪心，爲最後之理由，但空寂性之禪心，以自性空寂，不可能「能含萬法」，而俗諦之萬法又不能不「含」，故唯執持其自己，轉出阿賴耶識以含藏之，此即牟宗三先生所言之「有執存有論」。（「有執存有論」一觀念，詳見牟宗三先生、現象與物自身、第七章、5、第三九七頁）惠能祖師禪之禪心，既由自性轉出「含藏識」，（阿賴耶識）以「含萬法」，（或曰「能生萬法」）則萬法得「含」（生）之矣。牟宗三先生以此「含」（生）於含藏識言之，爲實「含」。（生）由禪心之「自性」言之，則爲虛「含」。（生）

「自性能含（生）萬法」，由惠能祖師禪禪心之「自性」言之，既爲「虛含（生）」，其所以爲「虛含（生）」者，牟宗三先生、佛性與般若、下冊、第三部、第二分、第一章、第二節、第一〇五六頁，有曰：「……一悟，智慧心呈現，則原初所造之萬法，便爲智慧心所含具，以不取不捨故。不捨，即含具萬法而不無；不取，即無一法可得而不有。不有，即是般若空慧，無相般若。不無，即是不壞假名而說諸法實相。此智依自性眞空（原註：眞如本性）而起，由無念而實際呈現。」是故，所謂「虛含（生）」者，乃含（生）而不含，（生）不含（生）而含（生），而禪心不失其空寂性矣。

(3)、牟宗三先生所申述之神會如來禪之「禪心」，其內容乃在從無住心立「知見」，而顯其靈知大用——牟宗三先生、佛性與般若、下冊、第三部、第二分、第一章、第三節、第一〇四四頁，有曰：神會依般若經之「無所住而生其心」，說法華經之「佛之知見」。「無所住」者，乃謂「心」之相對外在塵境，即通過即超越而返歸於自己，無所住著。此與惠能祖師禪段之涵義同解。（詳見前文）而「生其心」者，則有別於惠能祖師禪之涵義，蓋指「立知見」而言。所謂知、見，原爲佛之知、佛之見。知者，明徹義。見者，見之照之證之義。佛之知見，乃佛之智用能力。佛之智用能力則發自佛之體性。眾生皆具佛性，故眾生當皆潛存佛之知見。「立知見」，乃所以「令眾生開佛知見，悟佛知見，入佛知見道」。佛之知見，一則遍照塵境而無所住著，以顯禪心之空寂體性。一則自知、自見、自證其禪心之靈知大用。

牟宗三先生以爲神會如來禪之禪心，乃通過「無所住而生其心」以「立知見」，將此知見能力收攝於無住心中，並套入「如來藏自性清淨心」，爲實體性意味之「靈知眞心」。

## (三)、牟宗三先生所申述之禪宗之「禪心」之修養

牟宗三先生、佛性與般若、下冊、第三部、第二分、第一章、第二節、第一〇四四頁、曰：「頓悟有兩方式：一是超脫了看心、看淨、不動之類的方便，直下語默動靜之間，而平正地，亦即詭譎地，出之以無念、無相、無住之心，這就是佛了。另一亦是超脫了看心、看淨、不動之類的方便，直下超越地頓悟眞心，見性成佛。前一路大體是惠能，以及惠能後的正宗禪法。後一路則大體是神會的精神。」

牟宗三先生、佛性與般若、下冊、第三部、第二分、第一章、第二節、第一〇五〇頁、曰：「故壇經、決疑品第三云：『……佛向性中作，莫向心外求。自性迷，即是眾生；自性覺，即是佛。』心是廣博的大地。念念住著即是生滅緣起的萬法。念

念不住著，即是般若。而性是主也。（原註：性是王）心地之爲生滅法，抑爲般若智，是決定于自性（原註：自己的本性）之或迷或悟。自性若迷，即是眾生，心地即是生滅住著之萬法。自性若悟，（原註：悟到了自己本性空寂）即是佛。而心地亦就是不捨不著之般若。」

牟宗三先生、佛性與般若、下冊、第三部、第二分、第一章、第二節、第一〇六二頁、曰：「……以下試就惠能所說的，以無念爲宗，以無住爲本，以無相爲體，來看惠能的精神。……」。

牟宗三先生、佛性與般若、下冊、第三部、第二分、第一章、第二節、第一〇六九頁、曰：「惠能尊經重教，雖簡而不繁，略而不詳，然不抹殺。惟重在心悟，不徒口誦。……然順其特重心悟，亦開後來所謂宗風。如機緣品中答行思，答懷讓，皆是不落知解言詮之機鋒。」

牟宗三先生、佛性與般若、下冊、第三部、第二分、第一章、第二節、第一〇四五頁、曰：「歷代法寶記有云：『神會和尚每月作壇場，爲人說法，破清淨禪，立如來禪；立知見。……』……『立如來禪』，即立頓悟如來藏性得如來法身也。……『立知見』，即于無住心之空寂之體上，立『昭昭靈靈地自知自證自見這空寂之體』之『本智之用』。本智亦可曰性智，即從無住心之空寂之體上所發的智用。佛知佛見亦就是依這個智用而成的。神會是依這智用（原註：本智之用即性智）而『立知見』的。」

牟宗三先生、佛性與般若、下冊、第三部、第二分、第一章、第二節、第一〇四八頁、曰：「神會集中[191]有云：『……眞如是無念之體，以是義故，立無念爲宗。若見無念者，雖具見聞覺知，而常空寂；即戒定慧一時齊等，萬行具備；即同如來知見，廣大深遠。』神會的這種就無住眞心立知見，不破言說，言說之時即是戒定慧，戒定慧一時齊等，萬行俱備。這亦可說是妙解妙行。但這妙解妙行是繫于直顯心性。『直顯』即頓悟，『心性』即靈知眞性。」

(1)、牟宗三先生所申述之禪宗之「禪心」，不論惠能之祖師禪，或神會之如來禪，其修養貴在以頓悟之方式，「直指本心，見性成佛」——禪宗之宗旨，貴在「直指本心，見性成佛」。而「直指本心，見性成佛」，有賴於自我之慧悟。論慧悟，六祖壇經有「頓漸品第八」，旨在開示慧悟可有頓悟、漸悟兩種形態。蓋六祖壇經、頓漸品第八、第八一頁、曰：「時（禪宗、五祖弘忍，於唐、高宗、上元二年，西元六七五年入寂。）祖師（惠能）居曹溪、寶林。神秀大師在荊南、玉泉寺。於時兩宗盛化，人皆稱南能北秀，故有南北二宗頓漸之分。而學者莫知宗趣。師謂衆曰：『法本一宗，人有南北；法即一種，見有遲疾。何名頓漸？法無頓漸，人有利鈍，故名頓漸。』」

夫「禪」者，玄然默契之慧悟也。禪宗師徒指點、傳授之教法，相應頓悟而言，爲頓

[191] 見胡適先生校、神會和尚遺集、附一、第三二五頁。

教；相應漸悟而言，爲漸教。至於以慧悟「直指本心，見性成佛」，其精神發展可有兩路數：夫漸悟者，乃自過程上之一步步依次進入，而於境界上之一層層向上超升。而頓悟者，則超越過程上之次第，而於境界上即當下頓然呈現，蓋契悟之矣。茲分述之。

①、漸教禪——相應根之鈍、見之遲，教者每每假借言語解說、譬喻啓示，以使知所進入，有所超升。例如六祖壇經、行由品第一、第九頁，記神秀之偈曰：「身是菩提樹，心如明鏡臺，時時勤拂拭，勿使惹塵埃。」觀乎神秀之偈語，固在展示其修持之進境。蓋第一、二句，「菩提樹」，釋迦牟尼氏曾於菩提樹下證菩提果。（覺其法性）「明鏡臺」，莊子用以喻「心」之寂照無限。句中用一「是」字，用一「如」字，以示「身」之期待覺悟，「心」之嚮往明澈。第三句，「時時」，於時間上之無所間斷。「勤」，於功夫上之無所懈怠。「拂拭」，無使爲世俗所累、煩惱所纏。第四句，則回應第一、二句，以示宏願所至，身、心清淨，俱免染汙。

平情而論，自俗諦之立場觀之，第一、二句，「菩提樹」、「明鏡臺」皆爲世間之法相，自有其經驗價値之涵義。修道者，不壞假名，藉之以喻身與心，實未嘗不可。然而，句中用一「是」字，用一「如」字，則違悖般若智不捨不著，復歸於中道之辯證思惟理路，滯礙之甚矣。第三句，「拂拭」之功夫，既「時時」，又「勤」，則囿於相對之局格，陷於無休止之過程，而不知超越。第四句，承第三句而「勿使惹塵埃」，則刻意迴避俗塵之歷鍊，恐將流於玩弄光景而成戲言。

丁福保、六祖壇經、坐禪品第五、箋註、第四七頁、曰：「北宗（神秀）皆教人凝心入定，住心看淨，起心外照，攝心內證。故南宗（惠能）以不看心，不看淨闢之。」準此以觀上段所引神秀之偈，第二句「心如明鏡臺」，是其「住（看）心」。第四句「勿使惹塵埃」，即爲「看淨」。第三句「時時勤拂拭」，則雖「動」而執著矣。（六祖壇經、坐禪品，敘述惠能所闢者，計有「看心、看淨、不動」三目，義見下文）

其實，神秀之偈所示之境，亦非一無是處。蓋看心、看淨、不動之類，於修養過程，實屬一步步依次進入，於精神境界，則爲一層層向上超升，此即所謂「漸教禪」。漸教禪，對於根之鈍，見之遲者，亦實有引導其循序升進之經驗價值。

②、頓教禪——惠能之祖師禪，神會之如來禪，皆屬於「頓教禪」之形態。頓教禪即啓示頓然慧悟之精神發展方式。夫頓然者，即超越一步步之思惟過程，跨過一層層之進升層次。慧悟，即般若智當下領悟其旨趣，契會其境界。

牟宗三先生、佛性與般若、下冊、第三部、第二分、第一章、第二節、第一〇四九頁，述惠能大悟之機緣曰：「當五祖于半夜三更，爲惠能說金剛經，至『應無所住而生其心』時，『惠能言下大悟：一切萬法不離自性。遂啓祖言：何期自性本自清淨！何期自性本不生滅！何期自性本自具足！何期自性本無動搖！何期自性能生萬法！祖知悟本性，謂惠能曰：不識本心，學法無益。若識本心，見自本性，即名丈夫、天人師、佛。』（原註：六祖壇經、自序品第一）」繼而申之，「無所住」，即六根：眼、耳、鼻、舌、身、意，對於六塵：色、聲、香、味、觸、法，既不捨，亦不著，故曰「無所住」。「生其心」即生般若智心。般若智心之智照，一則不捨不著，故「無所住」；一則智照之無所住，故呈現其空寂性，空寂性之不捨不著智照，是謂「實相般若」。五祖謂惠能之「本心」，即此般若智心；「本性」，即此空寂性。般若心爲如其所如之智，空寂性爲如其所如之境。般若心智照自己之空寂性，空寂性呈現自己爲般若心，故曰智如不二。（此義，於上文述介惠能祖師禪之性質段，已敘述及之）惠能所悟者，即五祖所言之「識自本心，見自本性」。觀乎惠能聞乎五祖於半夜三更，爲說金剛經，至「應無住而生其心」句，而「大悟」，實在是未經一步步之思惟過程，亦未經一層層之反省超升；直是當下默契，豁然朗現，此之謂「頓悟」。

牟宗三先生又於佛性與般若、下冊、第三部、第二分、第一章、第二節、第一〇五一頁、曰：「心地之爲生滅法，抑爲般若智，是決定於自性（原註：自己的本性）之或迷或悟。自性若迷，即是眾生，心地即是生滅住著之萬法。自性若悟，（原註：悟到了自己本性空寂）即是佛，而心地亦就是不捨不著之般若。」據此，可知所謂「迷」，即自性爲妄念所覆蔽。妄念乃以阿賴耶識作主，阿賴耶識通過前七識以感知、認知萬法，而萬法原屬因緣和合而已，緣聚而生，緣散而滅。阿賴耶識則執藏以爲「種子」，並熏習成熟而起現，故曰「含藏識」。阿賴耶識之執藏、熏習、起現，即是妄心之起妄念；妄心起妄念，乃隨萬法之生滅而住著，則自性爲所覆蔽矣，是爲「迷」。（此義，於上文述介惠能祖師禪之內容段，已敘述及之）所謂「覺」，即阿賴耶識自己之本性（稱自性、本性）之覺悟，則於萬法雖念念而捨不著，（無所住）唯呈現般若心，（生其心）般若心之智照，於萬法爲不捨不著；於自己則顯其空寂性。斯爲「直指本心，見性成佛」。（此義，於前文已敘述及之）故六祖壇經、般若品第二、第二七頁、曰：「善知識！凡夫即佛，煩惱即菩提。前念迷即凡夫，後念悟即佛。前念著境即煩惱，後念離境即菩提。」

至於神會之如來禪，牟宗三先生、佛性與般若、下冊、第三部、第一章、第二節、第一〇四五頁，敘述神會，有曰：「（神會）『立如來禪』，即立頓悟如來藏性，得如來法身也。」（神會之立如來禪，其涵義容後述介）可見神會之如來禪，如同惠能之祖師禪，其修養皆重「頓悟」之方式。

(2)、牟宗三先生所申述之禪宗之「禪心」，不論惠能之祖師禪，或神會之如來禪，其修養皆從反面「超脫了看心、看淨、不動之類的方便」——上文已引錄，丁福保、六祖壇經、坐禪品第五、箋註、第四七頁、曰：「北宗（神秀）皆教人凝心入定，住心看淨，起心外照，攝心內證。故南宗（惠能）以不看心，不看淨闢之。」而六祖壇經、坐禪品第五、第四七頁，敘述所以闢之之理由，曰：「（惠能）師示眾云：此門坐禪，元不看心，亦不看淨，亦不是不動。若言看心，心原是妄，知心如幻，故無所看也。若言看淨，人性本淨，由妄念故，蓋覆眞如，但無妄想，性自清淨。」至於神會者，胡適先生校、神會和尚遺集、神會語錄、第八二頁、曰：「（神會）又說：『若有坐者，「凝心立定，住心看淨，起心外照，攝心內證』者，此障菩提，未與菩提相應，何由可得解脫？』」

綜上所引，可知就禪宗，不論是惠能之祖師禪，或神會之如來禪，對於所謂「看心」者，以爲此「心」如果是般若心，則其體本寂，其用則智照一切法，不捨不著；夫即寂即照，即照即寂，寂照一如，故無所「看」，亦無所「被看」。而北宗教人「看心」，其「心」則淪於「妄心」，看此妄心，蓋起於妄念故也。又者，對於所謂「看淨」者，以爲乃指「性」

言，如果此「性」是指本性，則有如虛空本自清淨，如何「看」之。而北宗教人「看淨」，是落於「染淨相」，而執著矣。再者，對於「不動」者，以爲空寂性之般若心，既不失其超然之體性，復呈現其不捨不著之智照，故爲動而無動，即雖動以應物，而實無動相可得。而北宗「教人凝心入定」，是自囿於「截斷眾流」（雲門禪師之訣）之階段，未至究竟功夫。平情而論，北宗（神秀）教人看心、看淨、不動，（凝心入定）正是漸教禪之過程功夫。而惠能之祖師禪，神會之如來禪，乃藉「超脫」以反顯頓教禪之玄契進境。

雖然，惠能之祖師禪，神會之如來禪，同屬「超脫了看心、看淨、不動之類的方便」。但牟宗三先生則又指出兩者不同之精神，即：①、惠能之祖師禪是：「直下語默動靜之間，而平正地，亦即詭譎地，出之以無念、無相、無住之心，這就是佛了」。②、神會之如來禪是：「直下超越地頓悟眞心，見性成佛」。（引文已見前文）至於其意義，容後述介之。

(3)、牟宗三先生所申述之惠能祖師禪之「禪心」，其修養所嚮往之旨趣，是「先立無念爲宗，無相爲體，無住爲本」——六祖壇經、定慧品第四、第四五頁、有曰：「善知識，我此法門，從上以來，先立無念爲宗，無相爲體，無住爲本。無相者，於相而離相；無念者，於念而無念；無住者，人之本性，於世間善惡好醜，乃至冤之與親，言語觸刺欺爭之時，並將爲空，不思酬害。念念之中，不思前境，若前念，今念、後念，念念相續不斷，名爲繫縛；於諸法上，念念不住，即無縛也，此是以無住爲本。」牟宗三先生據此，於佛性與般若、下冊、第三部、第二分、第一章、第二節、第一〇六二頁，即有所詮釋，茲編號介述其大略：

①、「無念爲宗」——「無念」，是境界語、功夫語。乃是於念而無念。於念，是存

有論之有念，蓋「念」，於存有論言之，不能無也。「無念」，是功夫上之無執無著。牟宗三先生舉例曰：念佛而不住於佛境，即是無念，即是佛。又如，對父母生孝心，而不住於孝境，不於孝境上生心，即是無念之眞孝。（如果作存有論之解釋，則「無念」，成爲「斷百思想」之斷見、邪見）

②、「無相爲體」——「無相」，是於相而離相。蓋一切法本來空無而無相，由於識心緣境起執，而妄以爲相。故於相，姑不壞假名；「無相」，即離一切相，以顯性體清淨，乃若般若經所言，「實相一相，所謂無相」，無相之實相，始可爲體。丁福保、六祖壇經、定慧品第四、第四六頁、箋註、曰：「……虛空與法身無異相，佛與眾生無異相，生死與涅槃無異相，煩惱與菩提無異相，離一切相即是佛。」

③、「無住爲本」——「無住」，牟宗三先生、佛性與般若、下冊、第三部、第二分、第一章，第二節、第一〇六四頁，解之曰：「無念是宗旨，無住是所以實踐此無念者。」蓋一切法，不論爲眾生之念起念滅，或者是塵境之緣起緣滅，於自性上實無所住。大正本、大藏經、第十四冊、第五四七頁、下欄，維摩詰所說經、觀眾生品第七、有言：「從無住本，立一切法。」乃謂一切法於自性上無所住，無所住則無所本；其自性唯空而已。於自性空立念起念滅、緣起緣滅之一切法；念起念滅、緣起緣滅之一切法，於自性空則無所住、無所本。蓋即以此無所住、無所本之「無住」爲本。

印順法師、中國禪宗史、第八章、第三節、第三六〇頁、曰：「『壇經』所說，一切以『自性』爲主。無相是性體清淨——體；無住是本性無縛，心無所住——相；無念是眞如起用，不染萬境——用。從悟入自性，就是『見性成佛』。」（「無住爲本」句，印順法師所解者，與牟宗三先生之說，似乎略有不同）

據上所述，簡而言之，惠能祖師禪「禪心」之修養，所「先立」者，在：（次序略作調整）於相，離一切相，而以返歸清淨「無相」之實相爲體性。於住，一切法無所住，而以此無所住之「無住」爲一切法之本源。於念，無所執著，而以此無所執著之「無念」爲宗旨。

⑷、牟宗三先生所申述之惠能祖師禪之「禪心」，其修養「重在心悟，不徒口誦」——牟宗三先生、佛性與般若、下冊、第三部、第二分、第一章、第二節、第一〇六九頁、曰：「惠能尊經重教，雖簡而不繁，略而不詳，然而不抹殺。惟重在心悟，不徒口誦。彼之簡單化底本領甚大。……如是，『即心即佛』是教，『非心非佛』便是禪，『任汝非心非佛，我只管即心即佛』（原註：大梅法常語）亦是禪，『佛之一字，永不喜聞』（原註：石頭門下，丹霞天然語）亦是禪。隨之而來的揚眉、瞬目、擎拳、豎拂、……種種奇詭的姿態，都是順『無心爲道』這一語而來。說穿了，即是『作用見性，當下即是』。」

前文已分析「漸教禪」與「頓教禪」之不同。「漸教禪」是教者假借言語解說、譬喻啓示，以使學者解悟，於過程上一步步依次進入，於層面上一層層向上超升。夫「言語」乃概念之敘述，「譬喻」則爲意象之表示。教者將其生活經驗上所體悟之精神境界，或抽象化爲概念，或組織化爲意象，然後隨機傳導與學者，庶幾學者之接受教者所傳導之概念化言語、意象化譬喻，能循教者所欲傳導之精神境界，於過程上一步步依序進入，於層面上一層層向上超升，期於在自己心靈中全幅呈現。然而，自教者之立場言之，其所假借之言語解說、譬喻啓示，固然是從自己生活經驗中抽象化、組織化而得。如果自學者之立場觀之，則未必有「符合教者自生活經驗中所體悟之精神境界」之生活經驗，足以與教者之概念化言語、意象化譬喻所展示者相契應。如果僅限於知性層之概念知解，或者意識上之模糊感應，則無從落實於悟性層之心靈中，重新全幅呈現教者所傳導之精神境界。例如：六祖壇經、頓漸品第八、第九〇頁，有一事例曰：「一日，師（惠能）告眾曰：『吾有一物，無頭無尾，無名無字，無背無面，諸人識否？』神會出曰：『是諸佛之本源，神會之佛性。』師曰：『向汝道無名無字，汝便喚作本源、佛性。汝向去有把茆蓋頭，也只成個知解宗徒。』」夫惠能以遮詮之方式，反顯其所至之精神境界，而其時之神會，以抽象化之概念作答，顯然是未曾玄然默契，故惠能斥之為「知解宗徒」。

惠能祖師禪之「禪心」，其修養「不徒口誦」，蓋緣於「口誦」者，屬於概念之知解，概念之知解，僅及於知性一層面。過此，悟性一層面之精神境界，則非其所能至。「重在心悟」，蓋緣於悟者之展示其所悟者，非假借言語解說、譬喻啓示不可；而言語解說、譬喻啓示，又每每囿限於知性一層面而已。因此，乃不得已而運用「隨立隨掃」之遮詮方式，期於假借言語解說、譬喻啓示之時，隨即予以否定，而向上一機超升，臻於更上一層之精神境界，始為「心悟」。

是故，上文所引：①、六祖壇經、行由品第一、第九頁，神秀之偈曰：「身是菩提樹，心如明鏡臺，時時勤拂拭，勿使惹塵埃。」是屬於概念化之言語解說，意象化之譬喻啓示，所展示之悟境，僅及於知性一層面而已。而惠能藉此機緣而作偈曰：「菩提本無樹，明鏡亦非臺，本來無一物，何處惹塵埃？」蓋假借概念化之言語解說，意象化之譬喻啓示，但屬隨立隨掃、遮撥以反顯之方式，以展示其悟境已自知性一層面，向上一機超升而臻於悟性層之絕對性精神境界。②、牟宗三先生、佛性與般若、下冊、第三部、第二分、第一章、第二節、第一〇六九頁、有曰，「『即心即佛』是教」，繼之曰，「『非心非佛』便是禪」，又繼之曰，「『任汝非心非佛，我只管即心即佛』亦是禪」。夫「即心即佛」(第一層)是概念化之表詮。「非心非佛」，(第二層)是對概念化表詮所「立」之「即心即佛」、之「掃」之之「遮」詮。「任汝非心非佛，我只管即心即佛」，(第三層)則是對「非心非佛」所「掃」所「遮」者，爲避免滯泥「所掃所遮」，而復「掃」之「遮」之。表面上，似乎又回到「即心即佛」之原點；其實非也，蓋祇是假借「我只管即心即佛」，以遮撥「任汝非心非佛」。經此由第一層「即心即佛」，超升至第二層「非心非佛」；復由第二層「非心非佛」，超升至第三層「即心即佛」；此即而非即，非而非非之辯證發展，即牟宗三先生所示，「禪心」不捨不著之智照，超越一步步進入之過程，跨過一層層進升之層面，而藉遮撥以反顯之路數，頓然、玄然與最高之絕對性精神境界相默契。是爲牟宗三先生所謂之惠能所開「特重心悟」之宗風。

固然，惠能「特重心悟」，然而，現實上，頓然玄然默契其最高絕對性精神境界，豈是人人所能至，蓋根器利鈍，各有不同故也。牟宗三先生曰，「惠能尊經重教」。六祖壇經、般若品第二、第二三頁、曰：「師(惠能)陞座，……復云：『善知識！菩提般若之智，世人本自有之，只緣心迷，不能自悟，須假大善智識，示導見性。當知愚人智人，佛法本無差別，只緣迷悟不同，所以有愚有智。」夫「經」者，歷萬古而不易，放四海而皆準之常道。「教」者，善知識之示導也。故「經」所以定其規範，「教」所以啓其心智，二者皆進修之必要助緣。眾生之發願修道者，過程中，當然有賴於經、教以助其開悟；成德後，乃可言「無所住而生其心」。是以修道成德者，對於「尊經重教」，實在是必須「先通過，而後超越」之助緣。

(5)、牟宗三先生所申述之神會「如來禪」，其旨趣在「立如來禪」——牟宗三先生、佛性與般若、下冊、第三部、第二分、第一章、第二節、第一〇四五頁，引歷代法寶記、曰：「神會和尚，每月作壇場，爲人說法，破清淨禪，立如來禪；立知見。」並申之曰：「『立如來禪』，即立頓悟如來藏性，得如來法身也。」夫如來法身其內在根據爲如來藏性，如來藏性之通過實踐而呈現，則爲如來法身。而如來藏性，經過華嚴宗發展過程中之提煉，則爲「如來藏自性清淨心」。前文已述介牟宗三先生之言，華嚴宗之如來藏自性清淨心，乃通過超越分解而建立者，其後，爲神會之如來禪所會。是故，神會如來禪所謂之「立如來禪」，即立此「如來藏自性清淨心」爲所依之體。

(6)、牟宗三先生所申述之神會「如來禪」，其進路在「立知見」——牟宗三先生、佛性與般若、下冊、第三部、第二分、第一章、第二節、第一〇四二頁，有如下之申論：神會如來禪之「禪心」，既與華嚴宗之如來藏自性清淨心相會，並將不捨不著之般若智，收攝於如來藏自性清淨心中，而爲一個有所依止之實體性般若，(原註：「此實體性也許只是有實體性意味的一個虛樣子」)此即眾生之如來藏性。(佛性)如來藏性既收攝般若智於其中，故即具有靈知性或覺性。覺性或靈知性之所以爲覺性或靈知性，要必在「無念、無相、無住」之妙用上見。

「無念、無相、無住」之妙用所見之如來藏性，即爲空寂之體，亦即所謂「無所住心」；而所收攝之般若智，即其所生之心。神會即依此「應無所住而生其心」「立知見」。「立知見」之「知見」，即佛知佛見。「立」即令眾生開之、悟之、入之。「立知見」既是依「應無所住而生其心」而「立」。無所住心既收攝般若智於其中，般若智則成爲無住心之智照；無住心之智照，即是無住心之靈知性或覺性，此爲神會如來禪之眞心，故曰「靈知眞心」。

靈知眞心既是般若智之智照，故一則遍照一切法，不捨不著；再則自知、自見、自照、自證其自己之空寂無所住。是以神會如來禪之「禪心」，所立之知見，是佛之知，是佛之見；亦是靈知眞心之知，亦是靈知眞心之見。

綜上所述，固然，「佛心」唯一，而唯識宗、天臺宗、華嚴宗、禪宗，分別各自體悟，各自發展，各自有得。既經牟宗三先生之省察、判別、申述，則一一顯發其性質之特色，呈現其內容之蘊涵，開示其修養之理路；如是，佛光普照之心源，了然豁然，可得而契會矣。

## 第五節　牟宗三先生所指點之「藝術心靈」試詮

牟宗三先生於民國四十三年前後，在講座上，曾經以學術之觀點，揭示人類「心靈」之內容，應當包括儒家之「道德心」、道家之「道心」、佛家之「佛心」、西方所見長之「知性心靈」、（「認識心」）、以及「藝術心靈」、「政治心靈」。綜而言之，「心靈」唯一而已，但因相應人類實踐多元化價值，而展現其不同之層面。其後，牟宗三先生於論道、講學、著述之間，心智所集中者，大多在對儒家之「道德心」、道家之「道心」、佛家之「佛心」、西方所見長之「知性心靈」（「認識心」）之揭示。至於「藝術心靈」，則唯於討論道家之性格、以及生命之才性時，隨機指點其可開出藝術意識、藝術境界而已。[192]

所謂「藝術」者，乃化粗糙爲聖境。蓋宇宙、人間，於「物」，如山光水色；於「事」，如人情世故。凡此，皆屬自然性者、原始性者，亦即皆屬粗糙者。而人之面對諸如此類自然性、原始性之粗糙現象，總欲抒發其求眞、求善、求美之意願。夫求眞，乃屬於科學之活動；求善，爲屬於道德之活動；求美，即屬於藝術之活動。

求美之藝術活動，即欲對宇宙之「物」，人間之「事」加以美化。其使用以表達之符號：①、如果以音符譜出節奏，便是音樂。②、如果以形象繪成圖畫，便是美術。③、如果以動作象徵神態，便是舞蹈。④、如果以文字敘述情節，便是文學。……不論音樂、美術、舞蹈、文學，……其素材皆屬原始者、粗糙者。藝術工作者，對此原始、粗糙之素材，自有其獨特之感受。由於所面對者，屬於原始者、粗糙者，難免有不足、不安之感，因而抒發其理想性，以從事藝術創作。藝術創作之主體，即「藝術心靈」。

---

192 參見牟宗三先生、智的直覺與中國哲學、19、第二〇九頁、第二一四頁。以及才性與玄理、第一章、第四節、第四〇頁，同書、第二章、第二節、第四四頁。

牟宗三先生既於討論道家性格時，隨機指點其可開出「藝術意識」、「藝術境界」，循是，則亦可由道家「道心」之靈光，體悟其所涵攝之「藝術心靈」。本節即在遵循牟宗三先生所論之道家「道心」，嘗試推測詮釋其所涵攝之「藝術心靈」。至於如有不當、不諦之處，則筆者之過也。

㈠、牟宗三先生所指點之「藝術心靈」之性質試詮

⑴、牟宗三先生所指點之「藝術心靈」，既涵攝於道家之「道心」，則亦當屬於超越之存在——道家之「道心」，乃觀照萬物之變化，以順應其自然。蓋萬物者，不論爲宇宙之現象，人間之生活，莫不變化不已，而道家之「道心」，誠如莊子、應帝王篇、第一三八頁所言：「至人之用心若鏡，不將不迎，應而不藏，故能勝物而不傷。」此示其所以能觀照萬物之變化，以順應其自然者，乃因其爲超越之存在。

道家之「道心」所涵攝之「藝術心靈」，所面對宇宙之「物」、人間之「事」，不論其爲原始之粗糙、或爲重鑄之美妙，於藝術心靈之觀照下，莫不爲藝術心靈所涵攝。如果宇宙之「物」，人間之「事」，屬於具體層，則涵攝之之藝術心靈，當屬於超越層之超越存在。

⑵、牟宗三先生所指點之「藝術心靈」，既涵攝於道家之「道心」，則其「體」亦當爲「虛寂」，其「用」亦當爲「直觀」——道家之「道心」，乃體乎自然以爲心，「自然」者，其道自自然然而已，體此自自然然之道以爲心之「道心」，唯順應萬物萬事之自然，故莊子、應帝王篇、第一三八頁、曰，「至人之用心若鏡」。「用心若鏡」，則無所存主，無

所將迎，故曰「虛寂」。以「若鏡」之心觀照萬物，則萬物自生自化，而「道心」則無所照無所不照，此牟宗三先生所以謂之「圓照」。

道家之「道心」所涵攝之「藝術心靈」，其觀照宇宙、人間之物、事，亦「若鏡」然，無所存主，無所將迎，以保持其超越存在之「虛寂」。雖然，其觀照之形態，乃「直而無曲」(此牟宗三先生之語)者，即「直觀」是也。「直觀」當包括兩層次：①、感性之直觀，即以感官知其形相，以攝取為印象，所謂印象化是也。②、悟性之直觀，即以藝術心靈既感知其形相，並照徹形相之內涵。牟宗三先生、現象與物自身、第一二一頁、曰：「『一色一香，無非中道』，此中道之知，只知實相；實相一相，所謂無相。」此為藝術心靈之大用。

(3)、牟宗三先生所指點之「藝術心靈」，既涵攝於道家之「道心」，則亦當為一「自由之無限心」——道家之「道心」，既然「若鏡」，郭象、莊子、應帝王篇、注、第一三八頁、曰：「來即應，去即止。」此所以為自由。「來即應，去即止」，則物無不照，無不涵而歸於自己，故無限。

道家之「道心」所涵攝之「藝術心靈」，直觀其形相，徹照其內涵。自藝術心靈言之，乃保持其超越存在之地位，而花自開自謝，月自入自出，對藝術心靈之觀照，無滯無礙，此藝術心靈所以為自由。而藝術心靈之觀照，既保持其超越之地位，則亦為所照無所不照，此所以為無限。藝術心靈唯自由而無限，乃能直觀其形相，照徹其內涵，以呈現宇宙、人間之大美。

## (二)、牟宗三先生所指點之「藝術心靈」之內容試詮

(1)、牟宗三先生所指點之「藝術心靈」，既涵攝於道家之「道心」，則其內容亦當全體是「虛寂」——道家之「道心」，莊子、德充符篇、第九七頁，稱之曰「靈府」，又庚桑楚篇、第三四五頁，稱之曰「靈臺」。「靈」者，精妙機敏之稱也。靈府、靈臺，乃謂氣之靈。蓋生命者，爲陰陽之氣所結聚，「道心」即氣之最靈者。故莊子、刻意篇、第二三九頁、曰：「故曰，聖人之生也天行，其死也物化。靜而與陰同德，動而與陽同波。……虛無恬惔，乃合天德。」夫生命爲氣所結聚，「道心」爲氣之最靈，道家之「道」即指「自然」，「道心」即順應自然之「靈府」、「靈臺」，故其內容全體是「虛寂」。

道家之「道心」所涵攝之「藝術心靈」，以其爲道家之「道心」所涵攝，故亦當爲氣之靈，其作用不論直觀宇宙、人間事物之形相，並照徹其內涵，莫不順應其自然。若然，則「藝術心靈」之內容，亦當全體是「虛寂」。

(2)、牟宗三先生所指點之「藝術心靈」，既涵攝於道家之「道心」，其內容亦當蘊涵「玄智」——道家之「道心」，其觀照之作用，牟宗三先生稱之爲「圓照」。所謂「圓照」，一則觀照萬物之形相，是所謂「有」也；一則觀照其莫之運之自然，是所謂「無」也。萬物之形相，與莫之運之自然，乃渾然而圓融，一機而順化，是所謂「玄」也。此道家特顯之智慧，是爲「玄智」。

道家之「道心」所涵攝之「藝術心靈」，其觀照宇宙人間之形相，是一層次；照徹其

內涵，又是一層次。形相，固具體而可觀；內涵，則蘊蓄於形相之中，雖能意會；且亦彌綸於形相之間。形相及其內涵，亦渾然而圓融，一機而順化，亦所謂「玄」。

「藝術心靈」之作用，其歷程可大別爲二：①、欣賞：乃在即其形相以悟其內涵，如宋、嚴羽、滄浪詩話、詩辨所謂「入神」。[193]②、創作：則在顯其內涵而見於形相，即移情於形相之中，使其內涵通過藝術心靈之創作而重新呈現於形相。是以不論欣賞或創作，「形相」與「內涵」，於藝術心靈之觀照下，乃渾然而圓融。藝術心靈之出、入其間，以欣賞、創作之智慧，準道家之「道心」特顯之智慧而言，亦當名之爲「玄智」。此「玄智」即「藝術心靈」之內容。

(3)、牟宗三先生所指點之「藝術心靈」，既涵攝於道家之「道心」，其內容亦當蘊涵「理則」——牟宗三先生以爲道家之「道心」，其「智」用乃以「玄」之方式表達，故曰「玄智」。玄智之所觀照者，乃天道之「無爲而無不爲」，萬物之無所生、無所化而無不自生自化，是爲主觀之玄智所圓照之「玄理」。

道家之「道心」所涵攝之「藝術心靈」，其觀照宇宙之萬象，不論或爲音律，或爲顏色，或爲姿態，或爲情意，莫不各具其特殊之形相，其特殊之形相，亦莫不具其特殊之理則。「藝術心靈」不論順欣賞之歷程，即其形相以悟其內涵；或順其創造之歷程，顯其內涵而見

---

193 嚴羽、滄浪詩話、詩辨、第六頁、曰：「詩之極致有一，曰：『入神。』詩而入神，至矣！盡矣！蔑以加矣！」

於形相，皆須遵循其理則。例如，歐陽修、蝶戀花、曰：「淚眼問花花不語，亂紅飛過鞦韆去。」由藝術心靈之欣賞，選取若干類別之粗糙形相，通過創作之重組，其內涵則復見於形相，而「理則」實縱橫錯綜以彌綸於其間。此「理則」即「藝術心靈」之所涵以爲內容。

### ㈢、牟宗三先生所指點之「藝術心靈」之修養試詮

⑴、牟宗三先生所指點之「藝術心靈」，既涵攝於道家之「道心」，其修養功夫即在「致其虛靈」——道家之「道心」，其修養在於致如天之「虛」，守如地之「靜」，以任萬物之並「作」於道，復「歸」於道。蓋無作無爲而任其自然也。

「藝術心靈」既涵攝於道家之「道心」，不論欣賞之即其形相以悟其內涵，或創作之顯其內涵而見於形相，皆當修其虛靈。「虛」，則如天之自運，無作無爲，唯任其自然；「靈」，郭慶藩、莊子、庚桑楚篇、第三四五頁、「靈臺」、集釋曰：「案心有靈智，能住持也。」故「靈」則動轉無滯，應變無方。此靈智之所以通於玄智。是以致其虛靈之藝術心靈，則無物不照，無微不察，乃可以如莊子、人間世篇、第七四頁、所言之「乘物以遊心」。

至於藝術心靈「致其虛靈」之「致」，莊子、大宗師篇、第一〇三頁、曰：「其耆欲深者，其天機淺。」「耆欲」，即自然生命之「欲望」，欲望乃自然生命之實然要求，「深」則恣縱而陷溺。「天機」，成玄英疏之曰，「天然機神」，即天賦之任運而化之靈性。是以「致其虛靈」之道，乃在消融自然生命之欲望，而提昇其天賦任運而化之靈性。

⑵、牟宗三先生所指點之「藝術心靈」，既涵攝於道家之「道心」，其境界則在「與

物冥合」[194]——道家「道心」之修養，在於「致虛守靜」，其致虛守靜，並非隔絕宇宙人間，而是歸於絕對性自己。夫唯歸於絕對性自己，乃能透顯其玄智，一則觀照萬物之「作」於道而「歸」於道，莫之運而自然。一則「與物冥而循大變」，即「我」「物」冥合，隨順大化。斯爲大自由、大自在。

道家之「道心」所涵攝之「藝術心靈」，既致其虛靈，以歸於絕對性自己，亦透顯其玄智，於是，不論欣賞或創作，即投注其情意，物來而順應；「物」「我」渾然而冥合。滿心歡欣，即付與鳥鳴婉轉；山嵐迷漫，則爲之情緒悵惘。是以生命之脈動與宇宙人間之旋律，同其節拍。此爲「藝術心靈」所臻之精神境界。

依據上述分析，「藝術心靈」之觀照宇宙、人間，是以凡所美妙之樂章、絕俗之繪畫、輕盈之舞姿、出色之文學，皆爲寄寓藝術性之精神境界。

牟宗三先生以爲道家之「道心」，可以開出「藝術心靈」，誠然，例如：莊子書中，逍遙遊篇、第二頁，以大鵬、尺鴳爲象徵。應帝王篇、第一三九頁，以「七竅鑿而混沌死」爲比喻。秋水篇、第二六七頁，以濠梁游魚之樂爲啓示。……皆是即宇宙人間之欣賞，見藝術心靈之創作，「物」「我」渾然而冥合，如大宗師篇、第一〇九頁所曰，「兩忘而化其道」，若然，則粗糙化而聖境現矣。

準此以觀，若儒家者，例如，論語、先進篇、第七五頁，敘述孔子與弟子言志，曾點

---

194 郭慶藩、莊子、逍遙遊、題目、集釋、第一頁、曰：「與物冥而循大變。」

所對曰：「莫春者，春服既成，……」是徜徉於山顛水泊。孟子、梁惠王篇上、第二頁，孟子見梁惠王於沼上，藉鴻雁麋鹿之樂，教梁惠王「與民偕樂」。……亦屬即宇宙、人間以展示其藝術性精神境界，並反顯「道德心靈」之超昇至於極致，及乎天地境界，亦涵備「藝術心靈」焉，唯未特顯耳。

道家所開出之道家型「藝術心靈」，其映照宇宙、人間所展示者，純然爲自然價值之藝術精神境界。而儒家，心懷人間，情繫蒼生，故所映照之宇宙、人間，其所展示者，乃兼備自然價值與道德價值之藝術精神境界。道家與儒家之藝術境界，於映照自然性宇宙，人間一層次，實可相爲會通。而儒家所映照之道德性宇宙、人間一層次，則非道家所可企及。典型之實例，如東晉之陶淵明，其作品中，不論田園、山水、農家、僮僕、歸鳥、炊煙、……既展示自然之大美，亦流露人間之溫馨；既呈現自然性，亦兼備道德性，爲內儒外道之藝術精神境界，此所以爲高格。

## 第六節　牟宗三先生所指點之「政治心靈」試詮

「政治心靈」一觀念，亦爲牟宗三先生於民國四十三年前後，於講座上所揭示者。（參見前文）其後，牟宗三先生於論道、講學、以及著述之中，則亦似乎未再提及。雖然，「政治心靈」此一領域，於牟宗三先生所開拓之「心靈宇宙」中，又屬確確實實之存在。筆者以爲述介牟宗三先生所開拓之心靈宇宙，對「政治心靈」一領域，實不容或缺。所幸者，牟宗三先生之宏著「政道與治道」一書，[195]已反映「政治心靈」之大略。於是，乃繼述介牟宗三先生所開拓「藝術心靈」之例，亦自牟宗三先生所著之「政道與治道」一書，嘗試推測詮釋其「政治心靈」。至於如有不當、不諦之處，亦筆者之過也。

## ㈠、牟宗三先生所指點之「政治心靈」之性質試詮

牟先生所開拓之「心靈宇宙」，既包括悟性層儒家之「道德心」、道家之「道心」、佛家之「佛心」，與為道家「道心」所涵攝之「藝術心靈」；以及知性層所屬西方所見長之「知性心靈」；（「認識心」）至於「政治心靈」，自「政道與治道」一書所反映者觀之，則實涵攝於儒家之「道德心」，與西方所見長之「知性心靈」。

⑴、牟宗三先生所指點之「政治心靈」，自知性層言之，乃涵攝於知性層、為西方所見長之「知性心靈」——所謂「政治」，其「道」者，牟宗三先生於政道與治道、第一章、一、第一頁、曰：「政道是相應政權而言，治道是相應治權而言。中國在以前于治道，已進至最高之自覺境界，而政道則始終無辦法。」牟宗三先生分析「政治」之「道」，為相應政權之政道，與相應治權之治道。「政權」乃指國家之主權。中國人以前對相應政權之政道，「始終無辦法」，蓋謂政權與治權，始終糾結不清，一起為國君所執持。反觀西方之政治社會，已發展至政權與治權分離，「治權」屬於政府，「政權」則屬於全體國民。（所謂「民權」）

---

[195] 牟宗三先生、政道與治道，臺北市、廣文書局印行，民國五十年、二月、初版。

國民如何執持、行使其政權，（國家之主權）一者爲應享之「權利」，一者爲應盡之「義務」而已。國民所應享之權利，與所應盡之義務，則以法律明文規定之。以法律明文規定其應享之權利，與應盡之義務，則每一「擁有國家主權」之國民，於政治社會，皆爲一具有客觀地位之有限存在。此即西方政治社會發展所至之「政道」。故「政道」者，乃謂國民執持、行使其所「擁有國家主權」之方式。

牟宗三先生之申述西方所見長之知性層「知性心靈」，於現象與物自身、序、第七頁，與同書、第四章、2、第一二二頁，以及同書、同章、8、第一六六頁，以爲從自由無限心自我坎陷，（即「自覺地自我否定」）執持自己而靜處一邊，成爲「認知主體」，（即「知性主體」、「知性心靈」）而與物爲對，使物成爲對象。（主、客相對待）於是知性主體必然自發起現其純粹之「形式概念」；此時，知性主體轉而爲「架構之我」、「邏輯之我」、「形式之我」；（俱爲牟宗三先生之語）而所起現之形式概念，則「指向對象」，進行其了別活動。

「政權」既屬於全體國民，國民所應享之權利，所應盡之義務，既通過法律以明文規定之；此法律所規定之國民所應享之「權利」，所應盡之「義務」，即是起現於知性主體之「形式概念」。國民之所應享權利，所應盡義務，既經法律明文規定，則國民莫不成爲其所「指向之對象」，而於政治社會轉爲具有客觀地位之有限存在。如此，國民與國民之間，乃處於平等、相對待之局格，而各有其獨立之價值。此一規定國民執持、行使政權方式之法律、制度，即是所形成之一「政治架構」。依此「政治架構」而執持、行使政權，即牟宗三先生所謂之「政道」。遵照此一「政治架構」以執持、行使政權之「政道」，如果追尋其心源，固然出自「政治心靈」，亦實涵攝於牟宗三先生所言之「架構之我」。此架構之我，亦即是「知性主體」、「知性心靈」。

(2)、牟宗三先生所指點之「政治心靈」，自悟性層言之，乃涵攝於悟性層、為儒家之「道德心靈」——牟宗三先生於政道與治道、第一章、一、第二頁，既分別「政治」之道為「政道」與「治道」。政道部分，已推測詮釋如上文。治道乃相應治權而言，治權則屬於政府，政府執有治權以處理國民之公共事務。今世之民主政治，政權既屬於全體國民，治權則經由全體國民之選舉產生。我華族自古以來，皆為君主政治，政權與治權糾結不清，並為國君所執有。國君既執有政權與治權，政權部分已見上文，治權部分，國君執之以處理公共事務，甚至統治全體國民，其施措作為之方策、所謂「治道」者，唯存乎國君之一「心」。國若既執有治權，且執有政權，故其施措作為，每每隨心所欲，無所限制，甚至假藉「天命」，以肆行其權威。

牟宗三先生於現象與物自身、序、第六頁，有曰：「……先由吾人(道德心靈)的道德意識，顯露一自由的無限心，由此說智的直覺。自由的無限心，既是道德的實體，由此開道德界；又是形而上實體，由此開存在界。」[196]由此可知牟宗三先生所言之「道德心靈」，實備下列諸義：①、其性質為道德意義者。②、其境界屬於自由無限之超越存在。③、其作用則

---

[196] 依據牟宗三先生、現象與物自身、序、第一四頁，儒家、道家、佛家，三家所言之心靈，皆有「自由無限心」之一層面。

見「智之直覺」之慧悟。④、其層面乃是以開道德界之道德實體，以開存在界之形而上實體。

牟宗三先生於政道與治道、第二章、第二六頁，「論中國的治道」，分中國以往之治道，有三系統：一是儒家之德化治道，二是道家之道化治道，三是法家之物化治道。顯然，牟宗三先生所推崇、所嚮往者爲儒家之德化治道。其實，我華族歷來治國之君相，論政之臣士，亦受儒家精神之影響爲最深，今即據之以爲論。牟宗三先生、政道與治道、第二章、二第二八頁、曰：「儒家的『德』，是以親親、尊尊、倫常、性情、道德的心性（原註：仁、義、禮、智）來規定。……所以禮樂之教即是性情之教，德化即是性情人格之完成。（原註：性情不是我們平常所說的脾性，乃是指道德的眞實心言）所以儒家于治道方面，我們概之三目以爲體，此即親親、尊尊與尙賢。」夫國君執有治權，以施措作爲，固發自「政治心靈」，如果國君接受儒家學術之影響，以「道德意識」爲涵蓋原則，爲政牧民，足以化民成俗，則君爲聖君，相爲賢相，成就其德化之治道，則政治心靈彌綸道德意識矣。牟宗三先生、政道與治道、第一章、五、第二三頁、曰：「行施治權必依一定制度，而設各部門之機關，又必在其措施或處理公共事務上，而設一定之制度。凡此制度，皆隨治權走。此爲隸屬、委蛇、或第二義之制度。而維持政權，與產生治權之制度，則爲骨幹、根源，或第一義之制度。講政治，以第一義之制度爲主，此則屬於政道者。而第二義之制度，則屬於治權或治道。因而亦屬於吏治者，不屬於政治者。」夫牟宗三先生分析「制度」，有二：①、屬於政權或政道之制度，爲第一義之制度，如上文所述者是。②、屬於治權或治道之制度，爲第二義之制度，此爲國君所施設。屬於治權之制度，乃爲吏治之制度，固亦屬一吏治之架構。然而，既爲國君所施設，以

「隨治權走」，並運用之，故為出於國君之自由意志，而無所限制矣。此一政治心靈如果為道德意識所涵蓋，則屬儒家形態之「自由無限心」。既然，國君所施設並運用之之治道制度，為第二義之制度，則為屬於現實社會者；反之，而施設並運用之之自由無限心，自當屬於超越層之存在。國君之政治心靈，如果為道德意識所涵蓋，以表現其自由而無限，則其歷程即為道德智慧之直覺。道德智慧之直覺，乃「直而無曲」[197]者，即道德意識涵攝政治心靈之臨事，既「寂然不動」，且「感而遂通」，[198]直接貫注於是，無不物來而順應，合情且合理，德澤廣被及於天下蒼生矣。天下蒼生廣被於德澤，是政治心靈涵攝於道德心靈，為道德實體所開之道德界；德澤廣被於天下蒼生，是政治心靈涵攝於道德心靈，為形而上實體所開之存在界。

## (二)、牟宗三先生所指點之「政治心靈」之內容試詮

牟宗三先生於「政道與治道」一書，論中國與西方政治形態之不同，即溯源於心靈宇宙所表現之「理性」形態之不同著筆。蓋政道與治道、第三章、第四四頁起，及同書、第八

197 「直而無曲」，牟宗三先生之語也。參見認識心之批判、上冊、第一卷、第一章、第二節、一、第一二頁，及現象與物自身、第三章、第九九頁。

198 「寂然不動，感而遂通天下之故」，易經、繫辭上傳、第十章之語。見朱維煥、周易經傳象義闡釋、第四七八頁。

章、第一二九頁起，即以儒家者爲「理性之運用表現」、「理性之內容表現」，此形態之理性，牟宗三先生稱之爲「實踐理性」。於西方者爲「理性之架構表現」、「理性之外延表現」，此形態之理性，牟宗三先生稱之爲「觀解理性」。茲據之以述介。

(1)、牟宗三先生所啓示之「政治心靈」，其涵攝於「知性心靈」者，爲「理性之架構表現」、「理性之外延表現」——牟宗三先生、政道與治道、第三章、三、第五三頁、曰：「民主政治與科學，正好是這知性層上的『理性之架構表現』之所成就。」至於「理性之外延表現」，則爲「理性之架構表現」之所著落處。茲分別述介之。

①、「理性之架構表現」——所謂「理性之架構表現」者，牟宗三先生、政道與治道、第三章、二、第四八頁、曰：「須知媒介或橋樑，本身即是一個架構，一個建築物。這建築物本身之形成，是理性之架構表現。假如我們的『德』，要通過一個橋樑才能化出去，這便是理性之架構表現。」夫政治心靈之「政道」一層面，乃相應政權而言，「政權」乃指國家之主權。民主政治，國家之主權屬於全體國民，必須以法律規定國民所應享之權利，與所應盡之義務，使國民在政治社會，於相對待之局格中，成爲有限之客觀存在。然後，國民依是而執持、行使其政權。凡此國民所應享之權利，所應盡之義務，即是知性心靈所抒發之「形式概念」。以此形式概念（權利、義務）爲骨幹，規定國民於政治社會相對待局格中之地位，則國民之依是而執持、行使其政權，乃遵循理性而秩然有序矣。此以法律爲規定者，即是牟宗三先生所謂之「（政治）架構」。此一「（政治）架構」，乃所以持載「知性心靈」之「知性理性」而表現於政治社會，故牟宗三先生謂之爲「理性之架構表現」。

②、「理性之外延表現」——所謂「理性之外延表現」者，牟宗三先生、政道與治道、第八章、乙、一、第一四三頁、曰：「邏輯裏講概念，有內容與外延之別。……（概念）通過定義所確定之意義，既有其應用上之一定的範圍，此一定的範圍即此概念之外延。。……有了外延，它的範圍即客觀地被確定了。」所謂「表現」者，蓋謂知性心靈抒發其指謂權利、義務、法律、制度之「形式概念」，並確定所應用之範圍。所應用之範圍既經確定，則所應用範圍中之每一分子，亦皆自覺其爲所規範之客觀存在。於是，其所應用範圍之每一客觀存在分子之間，成爲一「對待關係」之「對列之局」。[199]

「對列之局」，使國民於法律、制度之規範下，成爲客觀而有限存在之一分子。於是，相應「政權」而言，則政權不再僅屬君主個人之所有，而是於法律、制度規定下，屬於全體國民所共有。[200]相應「治權」而言，則每一位享有政權之客觀存在之個體，皆當於法律、制度規定下，享其應享之「權利」，可參與治權之行使；亦盡其應盡之「義務」，以共同承當國家之責任。如是，始可稱之爲「民主政治」。

牟宗三先生所指點之「民主政治」，全體國民，於法律、制度之規定下，不論是分享政權，不論是分享治權，不論是各盡義務，莫不居於平等之地位，以見其人格之尊嚴。此乃牟宗三先生所謂「對待關係」之「對列之局」之意義。

---

199 參見牟宗三先生、政道與治道、第三章、三、第五二頁。

200 參見牟宗三先生、政道與治道、第三章、三、第五三頁。

(2)、牟宗三先生所指點之「政治心靈」，其涵攝於「道德心靈」者，爲「理性之運用表現」、「理性之內容表現」——牟宗三先生、政道與治道、第三章、二、第四八頁、曰：「從政治方面說，則理性之運用表現，便是儒家德化的治道。」至於「理性之內容表現」，則爲叩緊「理性之運用表現」「所由出之大源」言之。[201]茲分別述介之：

①、「理性之運用表現」——所謂「理性之運用表現」，牟宗三先生、政道與治道、第三章、二、第四六頁、曰：「我今說『理性之運用表現』則偏重在表現。表現是據體以成用，或承體之起用，這是在具體生活中，牽連著『事』說的。而這種運用表現中的『理性』，當然是指實踐理性。然而卻不是抽象地說，而是在生活中具體地說。所以這裏所謂理性，當該就是人格中的德性，而其運用表現就是此德性之感召，或德性之智慧妙用。」夫政治心靈之「治道」一層面，乃相應治權而言。「治權」，於以往之中國，乃隨政權並爲君主所執持；於民主政治，治權與政權分離，由經由選舉之執政者所執持，所以處理公共事務。牟宗三先生省察以往中國之治道形態，而寄託其理想，以爲執政者當本儒家之道德心靈，實踐其「道德理性」而爲政牧民。所謂道德理性，即孟子、公孫丑篇上、第四六頁，所分析，爲道德心靈所本具之四大端：仁、義、禮、智，及由四大端所綜攝之德目無數，亦各皆爲道德理性。運用此四大端及其所綜攝之德目，以處理公共事務，庶幾公共事務之處理，莫不合乎理性。如是，則君爲聖君，相爲賢相，蓋本其道德人格，盡其道德智慧，承體起用，以感召天下蒼

[201] 參見牟宗三先生、政道與治道、第八章、甲、一、第一三一頁。

生，而使天下蒼生，「各適其性，各遂其生」，臻於各自成就其自己。斯爲牟宗三先生所嚮往之儒家之「德化之治道」。

②、「理性之內容表現」——所謂「理性之內容表現」，牟宗三先生、政道與治道、第八章、甲、一、第一二九頁起，有下述之高見：（僅簡介其大意）「理性之內容表現」，乃謂儒家之政治思想，所欲成就者，即「存在之生命個體」。爲達成此一願望，道德心靈以「智之直覺形態」，抒發其道德理性，貫注於人民之實際具體生活，以及公共事務，期於凡事合乎「當然之理」。（例如，與父孝，與民信，……）此「當然之理」即理性之內容。夫當然之理，既爲理性之內容，而執政者運用之，以貫注於公共事務之處理，則公共事務彌綸一道德理性而秩然有序，國民自爾心誠悅服，安於生業，而偃然從化。

如果嘗試推測、詮釋牟宗三先生所啓示之「政治心靈」，則其內容全幅是「理性」。至於理性之「表現」方式，牟宗三先生直分之爲兩形態：一是，「理性之運用表現」、「理性之內容表現」，此爲相應「治道」而言，源於儒家之「道德心靈」一層面，爲儒家外王一面之實踐。由是可見儒家道德心靈之絕對性主觀精神，造化功深矣。一是「理性之架構表現」、「理性之外延表現」，此爲相應「政道」而言，出於西方所見長之「知性心靈」。此一西方見長之知性心靈，其相對性之客觀精神，乃所以貞定政權之安固。牟宗三先生於「認識心之批判」一書，既指出「知性心靈」，原屬人類「心靈宇宙」中之一層面；並疏導此知性心靈一層面，如何自道德心靈「辯證開顯」而出，以曲折成就外王之德業；（參見前文）則知性心靈當然是綜攝於道德心靈，亦自應回歸道德心靈，以相與圓融而爲一。

## 三、牟宗三先生所指點之「政治心靈」之修養試詮

牟宗三先生所啓示之「政治心靈」，應當如何修養？於「政道與治道」一書，雖未明言，但自然存在若干脈絡，可作嘗試推測詮釋之參考，茲述介之。

(1)、牟宗三先生所指點之「政治心靈」，爲「道德心靈」所涵攝，相應政道而曲轉「觀解理性」，重在獨立自覺——牟宗三先生既相應政權而言政道。牟宗三先生、政道與治道、第三章、三、第五三頁、曰：「政道是民主政體所以出現之本質的關鍵，故政道與民主政體之成立，皆是理性之架構表現，人民因其政治上的自覺而成爲『敵體』。」牟宗三先生指點政道源於政治心靈，政治心靈之表現其「政治架構」之觀解理性（知性理性）者，則涵攝於知性心靈，知性心靈出自道德心靈。道德心靈順外王之一路，抒發其理性，即坎陷其自己，（自覺之自我否定）而曲折轉出「觀解理性」。（「知性理性」）觀解理性之處理政權，以政權當屬全體國民，並以法律、制度，規定全體國民所應享之權利、與所應盡之義務，使全體國民於法律、制度之規定下，成爲客觀地位之有限存在。此一政治架構，乃出於觀解理性，（知性理性）故牟宗三先生稱之爲「理性之架構表現」。於此政治架構所規定下之國民，（即政治架構之「外延」，故牟宗三先生稱之爲「理性之外延表現」）皆是平等對待之關係。（牟宗三先生所謂『敵體』）因此，國民相應政權之政治心靈，應當本其觀解理性，（知性理性）於政治社會，自覺自己爲具有客觀地位之有限存在獨立個體，於相對待之政治架構中，享其應享之權利，盡其應盡之義務。斯爲政道之見其莊嚴。

(2)、牟宗三先生所指點之「政治心靈」，爲「道德心靈」所涵攝，相應治道而直抒「實踐理性」，貴在「存神過化」[202]——牟宗三先生既相應治權而言治道。牟宗三先生、政道與治道、第三章、二、第四七頁、曰：「理性之運用表現，是生活，是智慧，亦是德性。才、情、性、理一起都在內。這種表現說好是通達圓融，智慧高，境界高；說壞，則渾沌，拖泥帶水，而且易於混假成眞，落於情識而自以爲妙道，違禽獸不遠而自以爲得性情之眞。」牟宗三先生所指點之治道亦源於政治心靈，政治心靈之表現其「政治運用」之實踐理性（道德理性）者，則涵攝於道德心靈。道德人靈順外王一路，抒發其理性，以行使治權。治權屬於執政者。執政者之行使治權，乃直接投注其理想，以處理公共事務。如果執政者所投注之理想，是依據道德心靈所抒發之實踐理性，則如牟宗三先生、政道與治道、第八章、甲、一、第一三一頁、所言：「中國儒者的政治思想，全體是由這「實際的直覺心靈」而抒發，就實際的生活（原註：存在的生命個體）上事理之當然，而爲理性之內容的表現。」則執政者凡所施措作爲，無不合理合度。反之，如果執政者所投注之理想，雖然亦依據道德心靈所抒發之實踐理性，但卻服從氣性之剛柔，隨順情欲以好惡，偏離於中道而不得其宜矣。因此，牟宗三先生於政道與治道、第三章、二、第四七頁，有曰，「聖賢人格之感召，是理性之運用表現」。並以最能表現聖賢人格之感召力者，乃若孟子、盡心篇上、第一九一頁、所言之「夫君子所過者化，所存者神」。夫「存神」者，言心之所存著，如理如道，無不泛應而曲當。而「過

[202] 參見牟宗三先生、政道與治道、第三章、二、第四七頁。

化」者，即人格感召所至，無不偃然以從化。此示執政者之抒發其實踐理性，立即彌綸於人間社會。斯爲牟宗三先生所稱之儒家「德化之治道」。

依照牟宗三先生之省察，中國與西方政治之「道」，相對而言，於中國，言「治道」，實已發展至最高境界，尤其以儒家「德化之治道」爲主流。言「政道」，政權在皇帝手中，根本不合理。[203]於西方，言「治道」，實乏善可陳。言「政道」，則其民主政治，是爲理想、正義而奮鬥所獲得、[204]其實，中國之「治道」，所以特顯儒家「德化之治道」以爲主流，乃緣於我華族之意識形態，偏於絕對性主觀形態之道德理性。至於西方之「政道」，所以奮鬥、爭取而成就「民主政治」，則由於西方民族之意識形態，偏於相對性客觀形態之知性理性。牟宗三先生之作政道與治道，於省察、分析、批判之間，更寓有對於中國之治道、西方之政道，分別決定其功能，安排其層面，以期互補其不足。故於政道與治道、第三章、四、第五五頁，即題曰：「如何從運用表現轉出架構表現」。此外，牟宗三先生於現象與物自身、序、第七頁，則有直透心源之疏釋，茲述介之：

牟宗三先生所啓示之「政治心靈」，其「政道」一層面，既涵攝於知性層、爲西方所見長之「知性心靈」；(觀解理性)其「治道」一層面，則涵攝於悟性層、爲儒家之「道德心靈」。(實踐理性)而知性心靈則自當綜攝於道德心靈以爲一「心」，故知性心靈實自道德心

---

[203] 參見牟宗三先生、政道與治道、第三章、二、第四八頁。

[204] 參見牟宗三先生、政道與治道、第三章、四、第六〇頁。

靈所轉出。即，道德心靈為一自由無限心，自由無限之道德心靈，自我坎陷，（自覺之自我否定）而執持自己，靜處一邊，乃能與「物」為對，是化絕對性之主觀精神，為相對性之客觀精神。如是而轉出知性心靈，牟宗三先生稱之為「辯證之開顯」是故知性心靈應當綜攝於道德心靈，為道德意識所涵蓋。因此，政治心靈，不論是政道一層面之觀解理性，或者是治道一層面之實踐理性，皆屬道德心靈之外王實踐。

# 第七章　結論

「心靈」者，所以體乎乾坤而實踐價值也。乾之卦，所以象徵天道，故稱「乾道」；坤之卦所以象徵地道，故稱「坤道」。心靈之體乎乾坤，即體乎乾道並坤道，亦即以乾道並坤道爲體，以乾道並坤道存心。所謂「道」者，相應萬物之化生，道德之實踐，乃名其本源，言其作用，爲其行程，爲其規律也。夫天道主生，即萬物、萬事由之而生；地道主成，即萬物、萬事由之而成。據此，則乾道並坤道，乃相偕以意象化、概念化之方式，詮釋天地生成萬物、心靈實踐萬事之本源、之作用、之行程、之規律。先哲之作「易」，畫乾卦並坤卦，即示其心靈之涵蓋宇宙、人間，而體乎乾道並坤道，則乾道並坤道相偕而內在於心靈之中，以致其德量之無限。

論心靈之實踐，其終始歷程，當以儒家於先秦階段所建立之「道德心靈」，以及其後陸續吸收、消化之「陰陽學說」，相與融合而爲一系統，最足以詮釋之。茲述介之：

(一)、作爲主體性之道德心靈之內容，可分爲：(1)、悟性作用。(2)、知性作用。(3)、感性作用——「心靈」唯一，其內容、功能，則包括三層面：

(1)、悟性作用——心靈之悟性作用一層面，乃爲自由而無限者，（此牟宗三先生之說，亦稱之爲「無執之存有論」）其功能即在高度之慧悟能力。儒家之道德理性、道德智慧，道家之自然心靈、玄智，荀子認知心所本之虛壹而靜者，牟宗三先生所指點作爲西方所見長之認識心之道德涵蓋原則，佛家之般若智、一念無明法性心之法性心、如來藏自性清淨心等，皆屬此一層面，唯各家所體悟之性質各有不同耳。

(2)、知性作用——心靈之知性作用一層面，乃執持感性作用所感者，而抽象化、概念化，（觀念化）然後分析、比較、推理、綜合、判斷，（牟宗三先生稱之爲「執之存有論」）此爲意識活動之知解能力。儒家之道德意識，荀子之認知心，西方所見長之認識心，佛家之第六意識等，皆屬於此一層面。至於道家之玄智，佛家之般若智，則必須假借「遮撥意識活動」以反顯其無執無著之自由而無限。

(3)、感性作用——心靈之感性作用一層面，乃五官眼、耳、鼻、舌、身，相對外在之現象，色、聲、香、味、觸，而生眼識、耳識、鼻識、舌識、身識。此爲感官作用之感知能力。乃屬原始生命之本能作用。儒家之孔子、孟子、荀子，道家之老子、莊子，莫不隨機而提及。而西方所見長之認識心，佛家之唯識宗，則更皆有系統性之闡釋。

心靈之活動，感性作用一層面是基礎。其上之知性作用一層面，是藉之以知解。復上之悟性作用一層面，則或藉是二者以慧悟，藉是二者以實踐；或藉是二者以遮撥而反顯、而超升。然後而透顯其通達之智慧。

(二)、作爲持載「心靈體現乾道並坤道以生以成」之氣化作用，可分爲：(1)、氣化作用結聚爲材質。(2)、氣化作用鼓盪爲氣機——「心靈」之體現其乾道並坤道，即是實踐爲具體。

實踐爲具體，即落於形而下一層面，則乾道以生，屬陽之感，坤道以成，屬陰之應。陰陽，氣也。陰陽之感應作用，即是氣化作用。氣化作用可有下列兩種功能：

⑴、氣化作用之結聚是爲材質——氣化作用，如果自其靜態觀之，則陽感陰應，陰感陽應，自然結聚而爲材質，且各表現其氣性。於是，乃見具體之萬象。萬象之稟於陰陽之氣之結聚而爲材質，且各表現其氣性者，或爲偏於陽剛，或爲偏於陰柔；或爲清靈而智巧，或爲重濁而敦厚。……故或如石者之堅實，或如水者之隨和；或如哲士之慧思，或如忠臣之安守。……凡此，其爲氣之結聚則一，唯其各自表現之氣性則有殊。

⑵、氣化作用之鼓盪是爲氣機——氣化作用，如果自其動態言之，陽感陰應，陰感陽應，一來一往，感應不已，則動力運焉。斯爲「氣」之鼓盪。所謂「機」者，關竅也。夫氣之鼓盪之所至，即是其機(關竅)之所在。氣機鼓盪，所至所在，則動力運乎其中，匯成一股勢力，以激發萬象之變化。氣機鼓盪所運之動力，其匯成之勢力，或爲磅礴而莫測，或爲接觸而迴旋；或爲呼喚而興發，或爲寧靜而省思。……故或如春雷之驚蟄，或如微風之漣漪；或如豪傑之挽瀾，或如賢者之化俗。……凡此，其爲氣機之鼓盪則一，唯其動力所運而匯成之勢力則有殊。

屬於形而下一層面，由氣化作用所結聚之材質，所鼓盪之氣機，其功能乃在持載屬於形而上一層面之心靈諸活動，以使實踐爲具體化。

如果以儒家爲例，心靈活動，心靈既體乎乾道並坤道，乾道並坤道，乃天地生成萬物之理，所謂「天理」。心靈之體之，即於悟性層建立其主體性。此天地生成萬物之理，即是天地之生機，孔子名此生機曰「仁」。孟子乃攝此生機義之仁，以歸之於心，始名「仁心」。孟子並分析此心爲仁、義、禮、智四端，如是，乃貞定此心之道德價值，故爲「道德心靈」。

道德心靈之呈現其自己，乾道以生，坤道以成，則轉出知性層，成爲相對待之局格。相對待之知性層，於自然宇宙，即爲陰陽相對待、相感應所象徵者，老子、第四十章、第五一頁、所謂「有」也。而於人間生活，則爲意識活動。意識活動，亦可爲陰陽相對待、相感應所象徵。此意識活動，於儒家爲「道德意識」，如大學、經文、第一頁、曰：「……知止而后有定，定而后能靜，靜而后能安，安而后能慮，慮而后能得。物有本末，事有終始，知所先後，則近道矣！」是也。蓋①、以道德理性爲涵蓋原則。②、運用觀念以思辨言、行之規律，而累積經驗也。於西方所見長之「認識心」，則爲知性意識。知性意識乃運用概念，以思辨物、事之理則，以成就知識。於佛家，唯識宗有第六意識，其「五俱」者，在緣塵以了別。其「獨頭」者，在緣法以思慮，思慮其「自性」、其「實相」；並遍及過去、現在、未來；唯難免因隨善惡之緣以流轉，而造染淨之業。

知性層之意識活動，則必須以感性層之感知作用爲基礎。已述介於前文。

以儒家爲例，既吸收、消化「陰陽學說」，以建立其「實踐之學」。則道德心靈之呈現其悟性層之道德理性，轉出知性層之道德意識之自覺，且以感性層之感性作用爲基礎。如是，則完成道德實踐之心靈內在歷程。

心靈之道德實踐內在歷程，既已完成，則必須通達於形而下之具體世界。周濂溪、通書、誠幾德第三、曰：「誠無爲，幾善惡。」蓋謂道德心靈至誠至善，無作無爲，唯順應自然。及其發端而生心動念，始有善惡之分別。

其實，道德心靈之實踐，既發端，則落入形而下氣化作用之具體層，即以氣化作用所結聚而成之材質，爲持載之資具；以氣化作用所鼓盪而生之氣機，爲變化之動力。（案：氣化作用，即陰陽之相感相應，以此，形成相對待之局格。如是，則①、如果陰陽之相對待、相感應，爲象徵乾道之生，坤道之成，則爲繫於乾道、坤道，而屬於形而上者。②、如果陰陽之相對待、相感應，爲詮釋氣化作用，如何結聚爲材質？鼓盪爲氣機？以持載乾道之生、坤道之成，而爲其資具與動力，則落入具體層，而屬於形而下者。③、落入形而下，以爲持載資具與動力之氣化作用，於價值上乃屬於中性者）

觀乎自然宇宙，心靈之悟性層，所體之乾坤，即是「生理」。轉出知性層，所謂相對之局格，則如易經、繫辭上傳、第一章、第四五二頁、所言，「乾知大始，坤作成物」。於此層面，如果以「陰陽之說」象徵之，則「陽」象徵乾道之主生，「陰」象徵坤道之主成。及其呈現而落入形而下之具體層，則陽爲陽氣，象徵「乾道主生」而爲新陳；陰爲陰氣，象徵「坤道主成」而爲代謝。（坤道、陰氣，可象徵「成」之，亦可象徵「化」之）陽氣所感，陰氣所應，所結聚之材質，各有其氣性，故「木」之條達，「火」之光燥，「土」之厚重，「金」之堅固，「水」之柔順。而氣機則鼓盪焉，於是，「品物流形」，[205]「鳶飛戾天，魚躍於淵」，[206]……此心靈體乎乾坤所至之「天人合一」精神境界。

[205] 見易經、乾卦、象傳、第六頁。

[206] 見詩經、大雅、旱麓篇、第一二四頁。

論乎價值世界，人間社會，其原始生命，固人與萬物爲同類。而貞定人格之尊嚴，則有待於人文之化成。夫心靈於悟性層所體之乾坤，即是「天理」。轉出知性層，所謂相對待之局格，則爲「道德意識」。例如，以父子有親、夫婦有別、……等倫常爲「經」，即是乾道之生；以政治、經濟、……等制度爲「緯」，即是坤道之成。如果以陰陽爲象徵，則倫常之教化是陽之感，制度之規範是陰之應。落入形而下之具體層，則「經」交「緯」織，陽感陰應，氣化作用成矣。其所結聚之材質，其所表現之氣性，如「經」有永恆性，「緯」有時宜性。而氣機之鼓盪焉，則風化自推移；父慈子孝，政通人和。……此心靈體乎乾坤之天文，成乎人間之人文，亦爲心靈體乎乾坤所至之「天人合一」精神境界。

至於「幾善惡」，乃相應個體生命之踐履而言，蓋謂道德心靈，其悟性層，體乎乾坤之「天理」，屬於絕對善者。方其轉出知性層，爲「道德意識」，亦屬於善者。而感性層之感性作用，乃爲其基礎，則屬於中性者。一旦落入形而下之具體層，「天理」之實踐，必須假借氣化作用以爲持載之資具，氣化作用屬於中性者；陽氣所感，陰氣所應，所結聚之材質，有剛柔，有清濁，有厚薄，……之差別，亦屬於中性者；陰陽所感應、所鼓盪之氣機，其程度，有強弱，有急緩，……之不同，仍然屬於中性者。不過，當氣化作用之持載道德理性以實踐，而爲所率，即所謂「以理率氣」，則原則上當爲道德理性所善化。然而，由於所結聚之材質，所表現之氣性，每有偏差，所鼓盪之氣機，或較柔弱，以致造成對道德實踐之滯礙，是爲「氣質之限」。或者氣機所鼓盪，過於剛強，導致情欲之恣縱，是爲「情欲之累」。凡此「氣質之限」、「情欲之累」，皆可能影響道德理性之實踐，不能充量呈現。尤其是情欲之恣縱，一旦或悖理，或違法，或傷情，則為罪惡矣，蓋亦一念之間而已，故曰「幾善惡」。

既然「幾善惡」，綜觀道德之實踐，概約可有下列諸形態：①、道德理性順乎自然，通過消融氣化作用而實踐之。此即孟子、盡心篇上、第二〇〇頁、曰：「孟子曰：『形色，天性也，惟聖人然後可以踐形。』」是為聖人所至之境界。②、道德理性，通過自覺反省，以豁顯道德意識，通過氣化作用而實踐之。此即孟子、盡心篇下、第二一四頁所曰：「（孟子曰）湯武，反之也。」是為賢者所用之功夫。③、如果本其原始生命，出於實然反應，無所自覺，其行為，或偶然有合於道者，而未必盡合於道。乃若易經、繫辭上傳、第五章、第四六五頁、曰：「……百姓日用而不知，故君子之道鮮矣！」是為百姓之習慣性生活。

由於心靈之實踐其理性，必須假借氣化作用之持載，是以欲求道德理性之充量呈現，則必須稟具秀出而渾厚之氣質生命，始能發揮其持載之極致功能，此世俗所謂之「才」也。蓋「才」者，超凡之創造能力也。而「才」者，如果依其功能之性質，可分為三類：①、才情。才情乃表現於文學、藝術、音樂之創作……。②、才智。才智則表現於學術之研究、謀略之運籌、……。③、才氣。才氣即表現於功業之經營、局勢之推拓、……。才者，既為得之於氣化作用之秀出而渾厚者，則不論是才情、才智、才氣，皆為屬於中性者。因此，其所表現之「持載價值」，大體上有下列幾種可能：①、自覺以持載道德理性之實踐，是為道德者。②、不自覺於持載道德理性，但其創造或有偶合於「道」，亦為道德者；但或未必盡合於「道」，則為非道德者。③、或縱其情，或詭其智，或暴其氣，以流於「惡」，即為不道德者。

此外，當其發揮才華，鼓盪氣機以創造，每爲遵循一拋物線過程，其始也，可能是瘋狂創造，極見精彩絕倫；其究也，可能如江郎才盡，一若凡夫俗子。再者，當其瘋狂創造之時，往往大量消耗其自然生命，同時必須恣縱情欲，以彌補虧損。於是乎，對於道德、風俗之教化，法律、制度之規範，無不爲其所超越；但見其大浪漫！大自在！此一類型之奇特生命形態，豈父母所得而生？社會所得而教？必亦皇天后土之所縱！名山大川之所育！其可遇之乎！其可求之乎？

國家圖書館出版品預行編目資料

歷代聖哲所講論之心學述要

朱維煥述要. – 初版. – 臺北市：臺灣學生，2001 [民 90]
面；公分

ISBN 957-15-1087-4 (精裝).
ISBN 957-15-1088-2 (平裝)

1. 哲學 – 中國

120 90011455

# 歷代聖哲所講論之心學述要（全一冊）

述要者：朱維煥
出版者：臺灣學生書局
發行人：孫善治
發行所：臺灣學生書局
臺北市和平東路一段一九八號
郵政劃撥戶：○○○二四六六八號
電話：(○二)二三六三四一五六
傳真：(○二)二三六三六三三四
本書局登記證字號：行政院新聞局局版北市業字第玖捌壹號
印刷所：宏輝彩色印刷公司
中和市永和路三六三巷四二號
電話：二二二六八八五三

定價：精裝新臺幣四六○元
平裝新臺幣三九○元

西元二○○一年七月初版

12037

ISBN 957-15-1087-4 (精裝)
ISBN 957-15-1088-2 (平裝)